La Calabria in America

La Calabria in America

Racconti di Famiglie Calabresi emigrate

Niall Allsop

Traduzione di Denise Milone
Revisione a cura di sabrina zumpano

In copertina e pagina 182: Photography Collection, Miriam and Ira D Wallach Division of Art, Prints and Photographs, The New York Public Library, Astor, Lenox and Tilden Foundations.

Pagina 114: Palisades Amusement Park; courtesy Vince Gargiulo, www.palisadespark.com

Pagina 154: American Tobacco cigarette production in Brooklyn; courtesy Dick Elliot.

Pagina 286: The Barge Office; Print Collection Maggie Land Blanck; Frank Leslie's Illustrated Newspaper.

La maggior parte delle fotografie in archivio sono state fornite dalle famiglie che ho incontrato. Alcune sono di pubblico dominio.

ISBN-10: 1537346377
ISBN-13: 978-1537346373

Impaginazione: Niall Allsop; niallsop@mac.com

A tutti i calabresi che hanno avuto il coraggio di sognare

In memoria di Caterina Pungitore (1955–2016)
madre di Denise Milone

TITOLO INGLESE: *THANK YOU UNCLE SAM*
MA, PERCHÉ 'UNCLE SAM?

Le lettere iniziali, 'U' ed 'S' del soprannome U̲ncle S̲am sono state utilizzate come personificazione degli Stati Uniti fin dalla Seconda Guerra di Indipendenza del 1812–1813.

L'iconico poster 'Uncle Sam' è apparso per la prima volta come strumento di propaganda per il reclutamento nell'esercito americano nel 1917, quando gli Stati Uniti fecero il loro ingresso nella Prima Guerra Mondiale. L'immagine era stata creata dall'artista illustratore James Montgomery Flagg, e si dice sia una rappresentazione del viso dell'artista.

Ringrazimenti per Thank you Uncle Sam

I owe a debt of gratitude to many people for helping me complete *Thank you Uncle Sam* but there are three who deserve special mention:

Kay Bowen was, as ever, always there with support, help and advice and occasional refreshments.

Carolina Ventrella's assistance in steering me through the many pitfalls in Americanizing the text was over and above the call of duty.

Jennie Cariddi for allowing me to use the title of her diary for this book.

For their hospitality, generosity, time and patience, I would like to thank the Calabrian-American families who are the backbone of this book.

The Cubello family in the Bronx: Luigi Cubello, Vilma Cubello and Dora Cubello-Villani.

The Cortese families in Albuquerque: Debi Bartucci, David Cortese, Deborah Cortese, Sue Cortese, Mary De Luca, Mike De Luca, Cristin Fuller, David Fuller, Eli Fuller, Ethan Fuller, David Goodman, Jim Goodman, Monica Goodman, Bert Leyva, Shay Leyva, Anthony Lovato, Jeanne Shaw, Joe Smith, Adam Triolo, Tañia Triolo, Dedi Van Winkle, Grant Van Winkle, Russ Van Winkle and Zane Van Winkle.

The Sculco families in New Jersey: Anastasia Fontaiña, José Fontaiña, Manuel Fontaiña, Rose Fontaiña, Jennifer Mandrachia, Anna Rubano, David Rubano, Jonathan Rubano, Joseph Rubano, Sara Rose Rubano, Antonio Sculco, Gino Sculco, Gino B Sculco and Sina Audia Sculco.

The Scida family in Long Island: Pat Scida and Rosalie Scida.

The Piezzo families in Long Island: Joanne Bifulco, Anthony Miriello, Katrina Piezzo, Luigi Piezzo, and Marion Vaccaro.

The Farese family in Long Island: Johnny Farese and Mary Farese.

The Cariddi families in New York and Massachusetts: Mary Bergeron, Frances Brown, Antoinette Cariddi, David Cariddi, Gail Ann Cariddi, Jennie Cariddi Tamasi, Joseph Cariddi, Rose Cariddi, Alice Manica, Louie Manica, JoAnn Maselli, Katherine Mogavero, Christopher Tamasi, Cynthia Tamasi, Kristie Tamasi, Leonard Tamasi, Leonard Tamasi Jnr, Michael Tamasi, Nico Tamasi and Sophia Tamasi.

The Fragale family in Chicago: Anthony Fragale and Pepe (Gerardi) Fragale.

The Ventrella family in Chicago: Carmela (Morelli) Bonocore and Carolina (Bonocore) Ventrella.

The Piro family in Wisconsin: Angelo Piro, Domenica Piro, Ippolito Piro and Ralph Piro.

The Fonte families in Wisconsin: Lucia (Iovine) Fonte, Tommaso Fonte, Dennis McGreal, Patrick McGreal, Sylvia (Fonte) McGreal, Brian Sharkey, Vittoria (Fonte) Sharkey, James Roiniotis, Jimmy Roiniotis, MaryAnn (Fonte) Roiniotis and Tommy Roiniotis.

In addition, the following all gave of their time, energy and support:

In Albuquerque: Janice Mundy and Judge James Parker.

In London: Graham Allsop.

In Manhattan: Hélène Arnoult and Sara Ng.

In New Jersey: Matthew Higgins, Daniela Maddaloni, 'Mitch', the *Saigon Café* (Danny, Karen, Kim & Steve) and Sherrie Vamos.

In Pennsylvania: Carmela Capellupo-Beaver.

In Washington: Eddie Lloyd at Mrsimcard.

In Calabria: Maria Rita Aprigliano, Gino Bubba, Dott. Manlio Cappa, Dott. Bruno Cortese, Maurizio Cortese, Rosalba Gerardi, Silvana Gerardi, Victoria Kelly, Letterina LeRose, Ciccio Marzano, Denise Milone, Klizia Mirante, Agata Miriello, Anna Miriello, Ornella Miriello, Pasquale Piro, Salvatore Piro, Vittorio Pisani, Mariana Postolache, Dott. Rocco de Rito, Isabella Scida, Filomina Scida, Giuliano Stoica, Carlo Tigano, Giuseppe Tigano, Gustavo Tigano e Raffaele Vizza.

Ringraziamenti per La Calabria in America

In aggiunta ai Ringraziamenti dell'edizione inglese originale, *Thank you Uncle Sam*, per questa edizione italiana, *La Calabria in America*, c'è una sola persona che sento il bisogno di ringraziare su tutti: Denise Milone.

Fin dal primo momento in cui Denise si è imbarcata in questo progetto, abbiamo concordato che uno solo fosse il criterio da seguire: non ci sarebbe stata una scadenza, il tempo non era essenziale, qualsiasi altra cosa fosse capitata nella vita di Denise, sarebbe stata sempre più importante del libro. E molte cose sono accadute. La Denise Milone che mi ha mandato il primo capitolo nel gennaio del 2014 non era la stessa Denise Milone che ha chiuso il libro ormai ultimato nell'estate del 2016.

Alla fine del 2013, Denise ed io avevamo già lavorato insieme a pochi e più brevi progetti di traduzione.

Nell'ottobre di quell'anno mi fu chiesto di presentare i miei libri al pubblico, nel castello di Santa Severina: si era diffusa la voce che mi dilettavo nell'oscura arte della scrittura ed i miei amici Santa Severinesi volevano avere un assaggio di quello che avevo scritto … e, ovviamente, lo volevano sentire in italiano.

Denise non solo tradusse brani scelti dai miei diversi libri, ma li lesse anche ad alta voce ad uno sbalordito uditorio.

Sbalordito non da quello che avevo scritto, ma dalla bella sintassi italiana che Denise aveva portato nelle sue traduzioni e dalla sua elettrizzante voce. Quando aveva letto un estratto da *Thank you Uncle Sam* (all'epoca non ancora pubblicato), avevo potuto vedere come alcuni, tra il pubblico, asciugavano lacrime di commozione. Anche Denise aveva notato la reazione dell'uditorio e ricordo che mi disse quella sera che *Thank you Uncle Sam* doveva essere tradotto in italiano … motivo per cui decise di prendere in mano la situazione e, inaspettatamente, mi si era presentata con quel primo capitolo tradotto nel gennaio del 2014. Il mio italiano non era buono abbastanza da comprendere ogni parola della sua traduzione, ma quello che capivo era che, non so come, aveva trasmesso l'essenza di quello che avevo scritto e lo aveva rivestito di un italiano profondamente bello. Ora toccava a me rimanere sbalordito ed asciugare lacrime di commozione.

Nel corso dei mesi successivi, molte email attraversarono l'etere tra Crotone e Santa Severina, dato che Denise cercava non solo di tradurre le mie parole, ma di capire i miei processi mentali e di dar loro una voce italiana. Fino ad allora non avevo mai realizzato di essere incline a usare in modo così virtuale un linguaggio intraducibile.

———

Ma Denise non era convinta del fatto che dovessi accettare la sua traduzione com'era una volta per tutte e così cominciò ad insistere perché venisse letta da un altra persona italiana. Quell'onere cadde sulla nostra comune amica— e per Denise, ancor prima sua collega a scuola—la professoressa Antonella Parisi.

So quanto Denise abbia apprezzato i commenti di Antonella e le sue, seppur rare, correzioni; questo paio di occhi extra mi servirono inoltre a conferma del fatto che il mio istinto, circa la padronanza di Denise della lingua italiana e la sua abilità ad interpretare il mio stile di scrittura, non sbagliava.

Fu per me un momento importante quando Antonella mi disse che poteva sentire la mia voce nella traduzione di Denise; avevo sempre sospettato che fosse così, ma a causa del mio italiano, non potevo esserne assolutamente certo. Grazie Antonella, per il tuo tempo, le tue osservazioni, la tua perseveranza e attenzione ai dettagli; è stato divertente lavorare con te ed il tuo contributo non è stato sottovalutato ... ed il tuo inglese è meglio di quello che pensi.

E alla fine, quando tutte le correzioni di Antonella erano state inserite, ho voluto un paio di occhi italiani che scorressero il testo una volta finito. Conoscevo la professoressa Silvana Gerardi da circa otto anni. Non è solo una cara amica, ma è anche considerata una delle più capaci insegnanti di italiano del posto. Tanto a livello personale, quanto a livello professionale, il benessere di Silvana era per me non solo importante, ma fondamentale. In seguito, infatti, Silvana propose alcuni suggerimenti di correzione che Denise è stata felice di apportare. Grazie Silvana, non solo per il tuo contributo a questo progetto, ma anche per la tua tenace amicizia.

Un aspetto del progetto che ci ha provocato non pochi mal di testa: il titolo italiano. Ci chiedevamo se una diretta traduzione del titolo inglese, *Grazie Zio Sam*, sarebbe stata compresa dal pubblico italiano nel suo elemento essenziale: 'US' di 'Uncle Sam' per indicare United States. Gli Stati Uniti, avrebbero potuto perdersi. Eravamo tutti d'accordo nel pensare che avrebbe potuto non essere compreso, cosa che ci portò alla ricerca di un'alternativa.

Vorrei ringraziare tutti coloro che sono stati coinvolti in questo processo, ed in particolare il compagno di Denise, Massimo Papini. Gli input di Massimo, sono andati ben oltre quanto richiesto e sono stati molto apprezzati. Vorrei inoltre ringraziare Massimo per il suo importante contributo nell'editing finale del libro, per la sua pazienza e la sua amicizia.

Adesso che *La Calabria in America: Racconti di Famiglie Calabresi Emigrate* è finalmente finito, rimango sbalordito dal risultato raggiunto da Denise. La sua dedizione è stata risoluta e l'esposizione del mio inglese nel suo italiano, niente più che un capolavoro.

Niall Allsop | Settembre 2016

Sono ormai passati otto anni da quando *La Calabria in America: Racconti di Famiglie Calabresi Emigrate* è stato pubblicato per la prima volta e, quello che è iniziato come un progetto per migliorare alcune delle fotografie del libro, si è presto trasformato in una rielaborazione in altri ambiti.

È qui che sono entrate in gioco le prodigiose capacità linguistiche di Sabrina Zumpano e con esse un nuovo sguardo alle caratteristiche grammaticali e stilistiche essenzialmente inglesi della prima edizione. Sono stato più che felice di osservare il modo clinico in cui maneggiava la sua penna rossa.

Pur non cambiando nulla del carattere del libro, Sabrina è riuscita in qualche modo a creare una versione più precisa delle mie parole e per questo le sono veramente grato.

Sabrina Zumpano, sei una donna dai molti talenti e ti sarò per sempre debitore.

Niall Allsop | Novembre 2024

La traduzione è al massimo un'eco

George Borrow | autore inglese | 1803–1881

INDICE

PREFAZIONE

Ho incontrato per la prima volta Niall Allsop e sua moglie Kay Bowen nell'estate del 2012.

Ed all'epoca, non potevo ancora immaginare quanto una delle tante casuali conoscenze di quell'estate, si sarebbe rivelata determinante. Dopo quel primo incontro, avevo letto in rapida successione i due libri di Niall, *Stumbling through Italy* e *Scratching the toe of Italy*, resoconti delle peregrinazioni in Italia ed in Calabria della coppia. Ma quando Niall mi parlò del progetto che lo avrebbe portato negli Stati Uniti, per raccogliere e registrare racconti di immigrati calabresi, non potei non appassionarmi alla sua indagine, perché anche nella mia famiglia c'era stata una storia di emigrazione per parte paterna. Avrebbe potuto fare riferimento alle mie cugine del New Jersey e così, prima della sua partenza, gli passai il numero della più giovane, Daniela, che sarebbe stata lieta di incontrarlo.

Ricordo fu per me un'esperienza emozionante ricevere una telefonata da Daniela, proprio mentre conversava amabilmente, nel suo salotto di Fair Lawn (New Jersey) dove non ero mai stata, con il mio amico irlandese di Santa Severina. Nel 2013, il diario di viaggio di Niall alla scoperta dei calabresi d'America, *Thank You Uncle Sam* era ormai opera compiuta.

Ho amato questo libro fin dalle sue prime pagine.

I protagonisti non avevano solo raccontato le loro storie, ma avevano avuto il coraggio di raccontare se stessi, senza nascondere nulla, senza tacere perplessità, ansie e paure. Raccontare le proprie vicende familiari ad uno sconosciuto, per quanto cordiale ed irresistibile Niall possa rivelarsi, non deve essere stato semplice. Così come credo sia accaduto a tutti i lettori di questo diario di viaggio, (di viaggi in realtà ve ne sono descritti molti), ho immediatamente avuto l'impressione di avere a che fare con individui straordinariamente coraggiosi. Perché alle difficoltà del racconto e dello svelarsi, aggiungevano la narrazione del momento più difficile e doloroso della loro intera esistenza, quello dell'emigrazione. Questo momento era stato il salto nel buio più spaventoso della loro vita e tuttavia espressione, anche se per ragioni diverse, di un unico grande bisogno: pretendere di vivere un'esistenza migliore. Non posso nascondere quanto questo aspetto mi abbia sempre fortemente colpito, in ogni singola storia narrata: uomini e donne mossi da una determinazione spesso disperata.

In occasione del Premio Siberene del 2013, nella cornice del castello di Santa Severina, ho aiutato Niall, a cui quella sera veniva consegnato un riconoscimento, ad offrire una lettura in italiano di alcuni estratti dei suoi libri. Avevo accolto la sua richiesta con entusiasmo, soprattutto perché Niall aveva previsto la lettura di brani tratti da *Thank You Uncle Sam*. Il pubblico santaseverinese dimostrò di apprezzare non poco la scrittura di Niall. E come non farlo. Conoscevano ormai bene tanto lui, quanto Kay, sua moglie, la garbata e amabile presenza di questi due 'stranieri', ormai consolidatisi nella loro comunità. Niall raccontava della nostra gente da un punto di vista culturalmente 'altro' e per questo coinvolgente. Le pagine poi relative ad una delle tante storie di emigrazione selezionate per quell'uditorio, toccarono le corde più profonde di tutti i presenti in sala.
Fu quella sera che compresi che sarebbe stato un peccato non arrivare ad una traduzione dell'intera opera.

La traduzione italiana del libro di Niall Allsop stava prendendo vita e lo faceva con uno scopo ben preciso: restituire ai protagonisti delle storie narrate la loro voce italiana, quella stessa voce che avevano dovuto mettere da parte quando erano emigrati in America. Avremmo permesso in questo modo, non solo a noi, semplici spettatori, ma soprattutto alle famiglie degli emigrati rimaste in Italia di conoscere meglio i propri cari e riconoscersi nelle loro storie, ricostruire identità e patrimoni altrimenti perduti.
In quanto al lavoro di traduzione, non è stato certo un compito facile. Per prima cosa, ho temuto che troppo della voce di Niall si perdesse nella mia resa italiana. Ma, tenendo fisso davanti a me il motto, purtroppo sempre valido, per cui in una traduzione qualcosa si perde, qualcosa si guadagna, sono comunque andata avanti. Del resto, ho sempre saputo di avere una buona carta da giocare: l'amicizia di Niall, dell'autore del libro, che ho continuamente interrogato su significati, intenzioni, parole ed espressioni spesso incontrate per la prima volta. Per fortuna già conoscevo, e conoscevo

bene la sua voce, la sua ironia, la sua capacità di descrivere la realtà. In nessun altro modo questa traduzione avrebbe potuto prendere corpo.

La presenza chiarificatrice di Niall ed il supporto di Kay sono stati determinanti ed hanno spesso riacceso un entusiasmo che veniva meno. La traduzione ha richiesto tempo, anche perché inserita tra le pieghe della mia vita e degli eventi che l'hanno caratterizzata in questi ultimi anni. Molte volte sono stata costretta ad interrompere il lavoro ed ogni volta, con sempre maggiore difficoltà, a tornare a ritesserne i fili. Mi chiedevo se, a causa di questi continui smottamenti, ne sarebbe mai venuto fuori un lavoro coerente ed organico, nel pieno rispetto dell'opera dell'autore.

A questo proposito Niall ed io siamo stati molto fortunati perché supportati, nelle revisioni approntate, da persone competenti e capaci, Antonella Parisi e Silvana Gerardi, colleghe, ma soprattutto amiche, che ci hanno regalato la loro pazienza e da cui ho sempre ricevuto affetto ed incoraggiamento.

Ma accanto a Niall e Kay, Antonella e Silvana, tanti sono i volti che riesco ad intravedere dietro a questo lungo percorso.

Non posso non ringraziare infatti l'intera comunità di Santa Severina, che fin dal primo momento mi ha sempre accolta con grande affetto.

Ringrazio il mio compagno Massimo, per la sua silenziosa e preziosa presenza che sempre ha saputo e sa sostenermi, la mia famiglia, mio padre Lorenzo, mio fratello Damiano e mia madre che, anche nella sua dolorosa assenza, so che continua a guardarmi, ancora divertita e commossa dalle storie che le leggevo.

Denise Milone | Settembre 2016

CAMPANIA   BASILICATA

Ionian Sea

CALABRIA

Marano Marchesato

San Giovanni
in Fuori

Stróngoli

COSENZA

*Sila
Mountains*

Casabona

Santa Severina

Roccabernarda

Scandale

Mesoraca

CROTONE

*Tyrrhenian
Sea*

Fossato Serralta

Sersale

CATANZARO

Ionian Sea

VIBO VALENTIA

Straits of Messina

SICILY

**REGGIO
DI CALABRIA**

GENOA

ROME

NAPLES

CROTONE

PALERMO

Appunti al testo

Oltre ai cinque principali centri provinciali della Calabria, la mappa qui riportata indica solo le città calabresi menzionate nel testo, molte delle quali luoghi di nascita degli emigranti presenti in questo libro.

La mappa più piccola mostra i tre porti italiani da cui sono partite la maggior parte delle navi che hanno navigato tra l'Italia e New York (Genova, Napoli e Palermo). Quasi tutte le navi degli emigranti presenti in questo libro sono salpate da Napoli.

La maggior parte delle storie sono facilmente comprensibili, quando si fa riferimento ai legami familiari riportati, ma due di queste hanno una caratterizzazione più marcatamente genealogica. In questi casi, ho allegato, per maggiore chiarezza, la mia versione del loro albero genealogico. In entrambi i casi, si tratta di un'albero genealogico incompleto, dal momento che si concentra solo sui principali protagonisti.

Ho cercato di essere coerente nel mio uso delle parole 'emigrante' ed 'immigrato'. Fino a quando la gente non ha messo piede negli Stati Uniti, mi riferisco a loro come 'emigranti'; in seguito sono 'immigrati'.

Molte di quelle contenute nel libro sono vecchie foto, alcune non particolarmente chiare, altre danneggiate, ma non sono altro che un accompagnamento al testo.

Prologo

Il pilota ci avverte che è una fredda e chiara sera di novembre a New York. Ha ragione. È trascorsa meno di una settimana da quando l'uragano *Sandy* ha gettato scompiglio sulla città, per cui una serata calma e serena è più che benvenuta. Mentre mi trovo ancora all'interno del terminal, mi dirigo verso la lunga serpeggiante coda che, alla fine, mi permetterà di uscire nell'apparente calma degli Stati Uniti d'America.

Mentre aspetto il mio turno, richiamo alla mente la procedura: passerò al funzionario il mio passaporto; il funzionario, senza alcuna espressione sul viso, lo controllerà per confermare che ho completato il mio *ESTA* (*Electronic System for Travel Authorization* / Sistema Elettronico per l'Autorizzazione al Viaggio) e che il mio ingresso è stato autorizzato; lui (o lei) esaminerà la *green card* compilata sull'aereo, prenderà la mia foto e le mie impronte digitali elettroniche, mi chiederà perché sto andando in America e quanto tempo mi fermerò, spillerà la ricevuta della *green card* e, dopo aver firmato con uno svolazzo, timbrerà il passaporto e mi augurerà "buona giornata" prima di far cenno ad un'altra persona. Ci vorranno non più di due minuti: è la vita nel mondo moderno.

Ripenso al mio giovane amico Vincenzo che ha fatto questo viaggio due volte in un anno. In entrambe le occasioni con l'intenzione di lavorare negli Stati Uniti insieme ai membri della sua famiglia, da lungo tempo, trasferitisi qui dalla Calabria. La prima volta era tornato a casa dopo un mese. Aveva deciso che l'America non faceva per lui, sentiva nostalgia di casa e a Long Island preferiva la Calabria ed i suoi paeselli. Ci ha riprovato quattro mesi più tardi, preferendo la certezza di un lavoro nell'edilizia in America alle incertezze della natìa Calabria, più preparato a fronteggiare la lontananza da casa e la lingua. L'ultima volta che l'ho sentito stava lavorando come pizzaiolo in Virginia.

Mentre la coda si muove lentamente, inevitabilmente, i miei pensieri vagano, indietro nel tempo e cerco di immaginare come deve essere stato per tutti quegli immigrati che, in altre epoche, si erano messi in fila per guadagnare l'ingresso negli Stati Uniti d'America, la terra della speranza, dell'opportunità e del lavoro: la terra della libertà. Fino agli anni Sessanta molti erano venuti per mare e dalla fine del diciannovesimo secolo fino al 1924 tutti erano entrati nel paese attraverso il Centro Federale per l'immigrazione di Ellis Island, accanto alla simbolica statua della Libertà. È la prima volta che vengo in America da solo, senza nessuno che mi accolga agli arrivi. Provo un senso di inquietudine, di apprensione, di incertezza su come me la caverò senza Kay o il mio occasionale compagno di viaggio, mio nipote Graham o, come lo chiamo io, Neff.

Poi, mentre riesco ad avanzare per un'altra decina di passi, mi scrollo di dosso la mia malinconia e ritorno alla realtà e al fatto che senza dubbio, sono infinitamente molto più fortunato di quanti avevano dovuto mettersi in fila ad Ellis Island e alle prime strutture di accoglienza sulle coste più a sud di Manhattan con poco più dei vestiti indossati e la forte fiducia nel fatto che la vita non potesse essere peggio da questa parte dell'Atlantico. Per quanto mi riguarda, quando penso alla disperazione di questa gente, mi vengono subito in mente gli irlandesi fuggiti dalla Grande Carestia alla metà del diciannovesimo secolo. Ricordo che qualcuno una volta ha detto: se stendi una croce nell'acqua per ogni emigrante irlandese morto attraversando l'Atlantico, allora puoi camminare fino in America.

Mi trovo in testa alla fila, ancora una o due veloci domande, ancora un altro po' di tecnologica stregoneria prima di calpestare il suolo americano. Vado avanti. La persona che mi interroga è una donna ed è gentile. Soltanto per un momento provo imbarazzo per la mia precedente stereotipata ipotesi … fino a quando, con estrema forza, mette un timbro sul mio passaporto e mi augura "Buona giornata". Un minuto e cinquanta secondi.

Sono stanco e abbandono la mia originaria intenzione di prendere la navetta per portarmi dall'aeroporto *JFK* alla *Penn Station* di Manhattan e poi un taxi giallo giù per il *Lower East Side*, per scegliere un'alternativa più costosa, un taxi di porta in porta, dall'aeroporto a *Clinton Street*.

Il taxi attraversa il *Queens*, una zona di New York in cui non ero mai stato, e dal momento che è buio ricorderò a malapena. Il mio tassista si lamenta di aver dovuto aspettare in coda per tre ore per il rifornimento nel caos della Manhattan post-Sandy. Non sembra essere così impressionato dagli sforzi fatti per portare rifornimento in città.

La mia mente vaga altrove e ritorna al pensiero dell'immaginaria passeggiata attraverso l'Atlantico su tutte quelle croci. Proprio perché vengo dall'Irlanda del Nord, so qualcosa delle statistiche della Grande Carestia e del numero di persone che dissero addio all'Irlanda e alle sue patate guaste alla ricerca soltanto di cibo e di un' esistenza più giusta. Guardando fuori dal finestrino, nel riflesso delle luci, faccio mentalmente qualche calcolo … il numero di miglia dall'Irlanda all'America, la lunghezza media di una croce, il numero calcolato di individui (qualcuno dice un trenta per cento) che non videro mai le coste dell'America, e concludo che non sarebbe possibile camminare fino a lì. Forse si potrebbe saltare fino in America, ma non camminare. E poi, per di più, la mia stima della lunghezza media di una croce potrebbe essere assolutamente erronea.

Quando il taxi imbocca *Williamsburg Bridge,* il collegamento con Manhattan, vedo il profilo di una città che, a causa dell'uragano *Sandy* e delle sue conseguenze, non mostra il suo solito volto vibrante e scintillante. Tuttavia non smette mai di ipnotizzare e di sorprendere e quando mi dirigo attraverso il ponte, dritto verso le proprietà ristoratrici di uno o meglio tre bicchieri di vino rosso ed una buona notte di sonno, sono semplicemente felice di essere qui.

Adesso tutto quello che devo fare è trovarmi qualche calabrese.

NIALL ALLSOP

INTRODUZIONE

La genesi di questo libro è complessa.

Alcuni anni fa, mentre stavamo programmando la nostra prima vacanza in Calabria, lessi *Calabrian Tales*, uno straordinario libro di Peter Chiarella, la storia della vita della sua famiglia in Calabria, fino al momento in cui, nel 1920, suo padre Raffaele emigrò negli Stati Uniti.

Calabrian Tales è l'affascinante racconto delle sofferenze e delle vicissitudini di una famiglia attraverso diverse generazioni, che si conclude quando Raffaele e sua madre decidono di lasciare la natía Calabria per costruirsi una nuova vita in America.

Nel capitolo finale del libro, Chiarella descrive la scena a bordo della *Dante Alighieri*, mentre si avvia verso l'uscita dal porto di Napoli. A bordo, suo padre Raffaele, voltatosi indietro, guarda la sua patria e si chiede se mai la rivedrà.

Per Raffaele, come per milioni di italiani per lo più provenienti dal Sud e dalla Sicilia, questo momento fu l'inizio di una nuova storia.

Allora, così come adesso, non riuscii a non appassionarmi a quello che sarebbe successo dopo. Come se l'era cavata la famiglia di Raffaele nel paese che aveva scelto come nuova dimora? In che modo Peter Chiarella e la sua famiglia erano poi diventate le persone che sono oggi?

Nell'estate del 2011, quasi tre anni dopo che io e mia moglie ci eravamo trasferiti nella piccola cittadina di Santa Severina, su una collina nella provincia di Crotone, in Calabria, ci venne presentato un 'Americano' seduto fuori ad uno dei tanti bar della piazza. Gino Sculco parlava come un americano, vestiva come un americano, ma era in realtà nato e cresciuto a

Santa Severina; lui e sua moglie erano in vacanza. Gino ci disse che vivevano nel New Jersey ed erano tornati a Santa Severina per un paio di mesi, per recuperare delle vecchie amicizie e, come avvenne quell'estate, per dare l'ultimo saluto ad alcune di quelle.

Successivamente le nostre strade si incrociarono altre volte: in occasione di due funerali; fuori dal Jolly Bar, dove tutti gli amici di Gino si riunivano e giocavano a carte; nella bellissima piazza del paese e nei suoi dintorni. Incontrammo, poi, anche sua moglie Sina, nel cortile della casa di famiglia, in Via dei Bizantini. Per altri motivi ero interessato al nome di 'Sculco', ma Sina mi spiegò in seguito che, anche se c'era un'altra famiglia in città con lo stesso cognome, non c'erano tra loro legami di parentela, si trattava di due famiglie distinte.

Nel solo e unico ristorante del centro storico, più tardi, quella stessa estate, ci imbattemmo in un conoscente il quale ci presentò una sua amica, Elvira Arabia, che, come poi si scoprì, veniva da un posto 'vicino a Chicago'. Anche Elvira era in vacanza, per visitare parenti e amici a Santa Severina, la sua città natale.

Nel marzo del 2012, Kay ed io visitammo Sersale sulle colline ai piedi della Sila Piccola e qui, in una piccola piazza, ci trovammo a conversare con un gruppo di anziani abitanti del piccolo centro. Fuori, sotto l'azzurro del cielo, uno di loro, che si presentò con il nome di Nicola, cominciò a parlare in inglese con una marcata pronuncia americana.

Nicola era nato a Sersale, ma negli anni Cinquanta si era trasferito con la sua famiglia nell'Indiana dove aveva trascorso la maggior parte della sua vita lavorando. Ormai in pensione e con una famiglia americana ancora negli Stati Uniti, Nicola aveva deciso di ritornare nel suo paese per vivere il resto dei suoi anni con gli amici della sua infanzia. Mi sentii particolarmente commosso dalla sua storia, dalla sua decisione e dal fatto che questo cittadino americano, ancora fosse così attaccato alle sue radici calabresi.

All'inizio dell'aprile del 2012 ricevetti una mail da un certo Davide Brightbill, che viveva nel nord della Florida. Davide aveva letto il mio libro, *Scratching the toe of Italy* (V*erso la punta dello stivale*) e aveva giustamente ipotizzato che, con ogni probabilità, da Santa Severina, avremmo potuto vedere, attraverso la valle, San Nicola dell'Alto, il paese natale del nonno. Anche se a Davide e sua moglie era stata di recente riconosciuta la cittadinanza italiana, non avevano mai visitato la Calabria.

Gli spiegai che l'attuale sindaco e vice sindaco di San Nicola dell'Alto portavano entrambi lo stesso cognome di suo nonno: 'Basta'. A sua volta mi accennò alcune storie della sua famiglia in Calabria, legate ad un misterioso feudo, una terra che avrebbe dovuto o meno appartenere ad un cugino e al senso di perdita avvertito nella voce della nonna, quando gli parlava della sua terra, in Calabria.

Era una storia commovente ed ero ansioso di incontrare Davide, un giorno, quando avrebbe, infine, realizzato la sua ambizione di tornare a casa, a San Nicola.

Ormai stava venendo alla luce l'idea di scoprire qualcosa di più su queste famiglie calabresi e dei motivi che le avevano condotte ad un cambiamento così drastico nelle loro vite. Poi, due eventi, non collegati fra loro, attirarono la mia attenzione.

Alla fine dell'estate del 2012, mi imbattei in un sito web contenente, tra le altre cose, brevi racconti di famiglie italiane emigrate in America. In genere, erano storie scritte da 'americani' di prima o seconda generazione. Alcuni erano racconti di poche righe, altri di mille parole o anche più. Quasi senza rendermene conto, mi ritrovai a cercare le poche storie collegate alle famiglie che avevano lasciato la Calabria.

Ne trovai una in particolar molto commovente: la storia della famiglia Cubello, proveniente da Fossato Serralta, vicino Catanzaro. Presi mentalmente nota di quanto un giorno mi avrebbe fatto piacere contattarne lo scrittore, Luigi Cubello.

Non molto tempo dopo, parlando con l'ex-sindaco di Santa Severina, Bruno Cortese, gli chiesi ingenuamente se fossero molte le persone del paese emigrate negli Stati Uniti. Quando mi disse che aveva parte della sua famiglia lì, rimasi più che sorpreso e fui ancora più sorpreso quando mi disse che suo padre in realtà era nato in America e lui aveva ancora parenti stretti ad Albuquerque, nel New Mexico. Rimasi particolarmente affascinato perché, per tutti quegli anni, da quando conoscevo Bruno, né lui, né nessun altro dei nostri molti amici in comune aveva mai menzionato la parte americana della sua famiglia. La sua persona e la sua vita erano così concentrate su Santa Severina che l'idea che avrebbe potuto avere così dirette connessioni con l'America risultava quasi un'incongruenza.

Questi diversi segnali, e quest'ultimo incontro in particolare, mi servirono a mettere a fuoco in modo ben preciso le mie intenzioni. Quando incontrammo successivamente Bruno, gli dissi che stavo programmando un viaggio negli Stati Uniti per visitare alcune famiglie calabresi e sarei stato entusiasta di visitare la sua, ad Albuquerque. Fu due settimane ed un paio di promemoria più tardi che finalmente ottenni un indirizzo email.

Programmai la mia visita negli Stati Uniti per novembre e questo per due motivi.

In primo luogo, sono una di quelle strane persone a cui piace, ogni quattro anni, rimanere sveglie fino a tardi per guardare i risultati delle elezioni presidenziali americane e mi sarebbe dispiaciuto non cogliere l'occasione di trovarmi effettivamente negli Stati Uniti il 6 novembre.

In secondo luogo, ero proprio curioso di sapere se l'annuale festa del Ringraziamento (22 novembre quell'anno) fosse davvero il disastro familiare che molti film americani sembravano ritrarre.

Nel tempo tra questi due eventi, speravo di trovare almeno dieci famiglie calabresi che avrebbero sopportato di avermi intorno e di rispondere a qualche domanda.

Trovare le famiglie fu molto più difficile di quanto mi aspettassi perché, in generale, le contattavo senza alcun preavviso ed in modo informale, a volte al telefono, a volte via email, altre attraverso una terza parte in causa. Inizialmente, molti di loro si mostrarono piuttosto scettici ed io scoprii che il contatto via email era quello di maggior successo, dal momento che si aveva il tempo di rifletterci su e si poteva controllare il mio sito web per verificare se io fossi effettivamente chi dicevo di essere. Per email, inoltre, potevo fornire un elenco più dettagliato del genere di cose di cui avrei voluto parlare.

Oltretutto, cominciavano a correre voci sul fatto che fossi interessato alle famiglie emigrate negli Stati Uniti e quindi non fui sorpreso quando ricevetti una chiamata da un amico il quale mi parlò di una coppia di americani che avrebbe voluto incontrarmi e soggiornava presso un agriturismo del luogo, Le Puzelle.

La mattina seguente Kay ed io facemmo colazione alla pasticceria del paese con Luigi e Katrina Piezzo provenienti da Valley Stream, Long Island (New York) ed erano stati accompagnati dalla loro amica neo-zelandese, Grace Chan, la quale preferiva descrivere se stessa come Kiwi-Cinese.

Quella mattina, la pasticceria si rivelò essere il luogo più adatto al nostro incontro perché i due proprietari, Antonio e Paolo, erano membri della famiglia Quaranta, e si dava il caso che, per parte di nonno, fossero legati proprio a Luigi. Luigi e Katrina (anche lei di origini neozelandesi) visitavano l'Italia per la prima volta, per contattare i parenti di Luigi a Santa Severina.

Luigi era legato anche ad un'altra famiglia del luogo che conoscevamo bene, la famiglia Miriello, nella cui casa avevamo festeggiato recentemente il sessantesimo compleanno di Vittorio Miriello (era stata Agata, la sorella di Vittorio, ad organizzare il nostro incontro con Luigi, Katrina e Grace).

Nei giorni successivi ci incontrammo per cinque volte e decisi di andare a far loro visita a New York. Casualmente anche Grace si sarebbe trovata a New York nello stesso periodo e così al mio itinerario fu aggiunta una cena per rivederci, così come un pernottamento a Valley Stream.

Alla fine un certo numero di famiglie, ma anche di singole persone avevano accettato di incontrarmi, tra cui Gino e Sina Sculco nel New Jersey, Luigi Cubello nel Bronx (New York) e la famiglia di Bruno Cortese ad Albuquerque. Avevo sperato di poter arrivare a visitare David Brightbill in Florida ed Elvira Arabia 'vicino a Chicago', ma questo non accadde.

Oltre ad Albuquerque, il New Jersey, il Bronx e Long Island, il mio ben pianificato itinerario mi portava a Schenectady nello stato di New York, Chicago, Kenosha nel Wisconsin meridionale (dove venni invitato a trascorrere il Ringraziamento con una famiglia calabrese) e Reading in Pennsylvania.

Accanto a famiglie di origine santaseverinese, speravo di visitare anche persone provenienti da Crotone, Roccabernarda, Strongoli, Sersale e Fossato Serralta, tutti calabresi, dunque, delle province di Crotone e Catanzaro.

Il mio obiettivo originario era semplicemente quello di visitare le famiglie, ascoltare, annotare i loro racconti e scrivere un libro con circa una dozzina di capitoli, per riportarne la storia. Non avevo nessun chiodo sociologico o politico da battere, non avevo nessuna aspettativa in particolare. In verità, non sapevo se un'impresa di questo genere avrebbe prodotto o meno qualcosa degno di nota. Ero soltanto interessato alle loro storie, al perché la loro famiglia fosse emigrata, se la realtà e il 'sogno' avevano poi finito per coincidere e come vivevano ora in America. Naturalmente tutto questo non era niente di più di una spoglia ossatura, l'essenziale di ciò che volevo scoprire. La parte affascinante sarebbe stata ciò che queste persone, con le loro storie, avrebbero poi messo su quello scheletro.

Ma l'intervento di forze esterne, come l'uragano Sandy ad esempio, iniziarono lentamente a cambiare questa considerazione di base e decisi di sostituirla con l'idea di un diario di viaggio che, oltre a documentare il tempo trascorso con queste famiglie, avrebbe dovuto includere altri incontri, una parte inevitabile ed essenziale del mio breve viaggio di ventidue giorni attraverso una piccola parte d'America. Avevo già scritto resoconti di questo genere ovviamente (*Tenere il passo con i Lawrence* e *Inciampando per Italia*), e quindi non fu una sorpresa se, dopo aver messo piede in America, non appena mi fu possibile, mi sentii spinto a registrare le mie esperienze.

Il risultato, *La Calabria in America*, presenta dunque questi due filoni, che inevitabilmente e inesorabilmente si fondono in uno solo. Detto questo, il nucleo del libro è costituito dal tempo trascorso con le famiglie e con individui accomunati solo dalla loro comune origine calabrese.

A volte ho trascorso solo poche ore con la gente, a volte mi sono fermato per una notte o poco più.

Alcune famiglie si erano trasferite in America all'inizio del ventesimo secolo, altre più di recente, negli anni Sessanta.

Alcune delle persone che ho incontrato avevano circa sessanta, settanta e ottanta anni, altri al confronto erano molto più giovani.

Alcune storie sono intriganti ed intricate, altre semplici e prevedibili.

Alcune storie hanno elementi genealogici complessi; altre possono essere descritte da non più di un solo rigo.

Qualche volta ho ottenuto molte informazioni su una famiglia prima di incontrarla, più spesso, quasi nulla.

Alcune famiglie avevano mucchi di foto da mostrare, altre pochissime.

Alcune persone le avevo già incontrate, la maggior parte mi era completamente sconosciuta.

Tutte le loro storie e le loro esperienze sono al tempo stesso uniche e comuni – non sono più che ricordi soggettivi, storie ed occasionali scheletri negli armadi, condivisi con uno sconosciuto.

———

Quando ero già in America, la famiglia che viveva in Pennsylvania dovette annullare il nostro incontro.

Per puro caso, mentre ero in viaggio, mi imbattei però inaspettatamente in altre tre famiglie con radici calabresi e ne ho incontrate due.

Non ho potuto visitare la terza, la cui storia è qui presente: anche se ero passato vicino alla loro casa, a Chicago, non mi fu possibile farci un salto. Così, mentre mi spostavo da un posto ad un altro, lentamente, iniziai a sbrogliare la matassa delle loro storie e ad abbracciare il concetto del capitolo virtuale.

———

Una riflessione finale: in due occasioni nei giorni precedenti alla mia partenza, i miei amici mi avevano chiesto se fossi consapevole dell'ironia che c'era in quello che stavo facendo poiché ritenevano, giustamente, che anch'io fossi un immigrato. Fino ad allora non avevo mai pensato di avere qualcosa in comune con le persone che volevo incontrare, anche a causa della diversa epoca, delle circostanze differenti e, soprattutto, del diverso momento della vita in cui era avvenuto il nostro trasferimento.

Il confronto era, come avvertii all'epoca, scarsamente degno di nota ma, detto questo, quasi tutti i calabresi incontrati nei miei viaggi hanno dato inizio alle nostre conversazioni cambiando le carte in tavola e chiedendomi perché fossi andato a vivere in Calabria. In alcune occasioni, è stato come se mi fossi recato a casa loro, per essere io l'intervistato.

Dico questo perché il fatto di aver condiviso alcune loro esperienze (con le riserve di cui sopra) si è rivelato un vantaggio che mi ha permesso di comprendere più pienamente la vita di entrambi, da una parte quella degli americani di Calabria e dall'altra la mia, quella di un calabrese d'Irlanda, arrivato in Calabria passando per la Gran Bretagna.

Niall Allsop | Santa Severina | Agosto 2016

———

Infine vorrei ringraziare di nuova sia Denise Malone che Sabrina Zumpano per i rispettivi contributi alla trasformazione di *Thank you Uncle Sam* in *La Calabria in America*.

Niall Allsop | Santa Severina | Novembre 2024

ACCLIMATARSI

Il taxi mi fece scendere a *Clinton Street* nel *Lower East Side* di Manhattan e trascinai la mia valigia su, per cinque piani, fino a quella che sarebbe stata la mia 'casa' per i successivi cinque giorni. Dopo le presentazioni con Sara, la donna che mi ospitava, non avevo certo l'energia di uscire alla ricerca di cibo e così me andai direttamente a letto, a godermi il meritato riposo. Ed invece, trascorsi una notte agitata: la mia mente, combattendo con il sonno, solleticava il pensiero che probabilmente avevo appena lasciato uno dei miei telefoni (un telefono inglese e l'unico che avrebbe funzionato negli *States*) sul taxi. Ed era così.

Ma non tutto era perduto.

Come se avessi previsto questa eventualità, avevo ordinato un iPhone e una SIM americana prima di lasciare l'Italia ed erano già stati recapitati a Luigi e Katrina a Long Island, e speravo, così, di vedere uno dei due quel giorno, per la consegna ufficiale.

Ma, per prima cosa, dovevo bloccare l'attuale numero. – Nessun problema!– pensai, avrei dovuto essere in grado di farlo con una certa facilità attraverso il sito web della *Virgin*. Mi ci collegai usando il mio iPad. Purtroppo, a dispetto del fatto che avevo un username ed una password di sicurezza, non potevo usare il mio account della *Virgin* per bloccare il telefono smarrito. Avevano avuto un'idea migliore: dovevo chiamarli su un numero speciale per "quelli-che-smarriscono-i-telefoni-all'estero".

Lasciai che questo pensiero attraversasse il mio cervello stanco. Avevo perso il telefono ed il solo modo per bloccarlo era chiamare la Virgin dal telefono ormai smarrito. L'idea sembrava alquanto strampalata. Forse, quando un giorno avessi recuperato il mio nuovo telefono, ci avrei provato.

Nel frattempo avevo bisogno di scrivere una mail a Katrina per organizzare l'incontro con Luigi.

Luigi era già andato al lavoro, nel lunedì di Manhattan e, come da accordi con Katrina, stava aspettando una mia chiamata, in modo da poterci dare un appuntamento. Le spiegai la situazione del telefono e Katrina, da dietro le quinte, assunse il ruolo di 'base di controllo' delle informazioni e così organizzò con successo per me e Luigi un appuntamento all'ora di pranzo vicino Times Square.

Nel frattempo ritenni di aver avuto un'illuminazione … inviai tutti i dettagli del telefono, compreso l'esatta cifra che avevo speso quel mese, a mio nipote Graham, o come lo chiamo io Neff, e gli chiesi di contattare il numero inglese della *Virgin* e mettere fine alla faccenda. Li chiamò, ma fu tutto inutile. Non fecero altro che ripetere il solito scoraggiante messaggio: il solo modo per bloccare il mio numero era telefonare personalmente con il telefono che avevo perso.

Lasciai perdere e decisi invece di fare un salto nei paraggi, nei miei paraggi, quelli del mio alloggio, per cercarmi dei punti di riferimento prima di dirigermi verso la parte nord della città. La mia base per i primi cinque giorni, un appartamento a *Clinton Street*, si trovava all'estremità a sud del *Lower East Side*, un vibrante quartiere al confine con Little Italy e Chinatown.

Era una zona che, per tradizione, aveva ospitato degli immigrati, ma poi si era gradualmente imborghesita. Scoprii presto che la 'mia' fine di *Clinton Street* si trovava alla fine di un'area medio-borghese, una comunità mista, con più vecchi, leggermente fuori moda, ma non meno interessanti negozi e caffè, seguiti da ristoranti alla moda e bar a non meno di un minuto a piedi sulla stessa strada. Ebbi il sospetto che per i successivi cinque giorni mi sarebbe spettato il compito di diventare un loro abituale frequentatore.

Avevo trovato la mia base a *Clinton Street,* come avevo fatto per tutti i miei alloggi, attraverso il sito web Airbnb, dove i viaggiatori potevano prenotare, a prezzi ragionevoli, stanze singole in appartamenti e case del luogo. Più tardi, nel corso della settimana, avevo intenzione di spostarmi a *Jersey City* nel New Jersey, dove mi sarei procurato una nuova base prima del mio ritorno in Italia.

Pensai che, dopo tutto, ero fortunato ad essere qui. L'uragano *Sandy* a dire il vero non aveva causato molti danni materiali in questa parte della Manhattan meridionale, ma l'energia elettrica era mancata per quasi una settimana e la gente e gli affari si stavano da poco rimettendo in sesto. I negozi, i ristoranti e i bar che contavano su frigoriferi e congelatori erano stati particolarmente e pesantemente colpiti e la scarsità di carburanti aveva compromesso le consegne. Per i newyorkesi, un tale caos era roba da film apocalittico e non quello che ci si aspetterebbe possa accadere nella Grande Mela.

Dopo essermi procurato i miei punti di riferimento, scelta la mia cena, così come il mio bar post-cena e dopo aver scoperto un negozio che svendeva a prezzi davvero scontati tutto l'equipaggiamento per la maratona di New York che era stata cancellata, mi diressi verso la fermata della metropolitana ad *Essex Street*, acquistai un biglietto valido per sette giorni e mi avviai verso l'esuberante cuore di Manhattan e verso Times Square.

Era veramente strano vedere Luigi nel suo ambiente. Ci eravamo incontrati soltanto a Santa Severina qualche settimana prima e qui ci stavamo salutando come vecchi amici alla maniera italiana, ma su un marciapiede di Manhattan. Era l'una in punto e la gente si riversava fuori dagli uffici, camminando, tenendo ben strette le proprie tazze di caffè da asporto o parlando ad alta voce al cellulare; ciascuno, nella propria direzione, contribuiva al frenetico scenario dell'ora di pranzo a Manhattan. Ci unimmo alla folla alla ricerca di cibo e di un posto più tranquillo dove fermarci a parlare.

Durante il nostro pranzo, Luigi mi descrisse con una forte emozione i suoi pochi giorni a Santa Severina; dire che la considerava un'esperienza tale da avergli cambiato la vita, non era un' esagerazione. Si espresse con entusiasmo sulle persone incontrate, sostanzialmente estranei, ma che lo avevano accolto nelle loro case e nelle loro vite in modo così aperto e disinteressato. Riguardo a questo aspetto del carattere dei calabresi, anche io potevo confermare, da quelle che erano state le nostre esperienze, che per noi era avvenuta esattamente la stessa cosa, anche se, diversamente da Luigi, noi non avevamo neppure dei parenti.

Più di una volta lo vidi commosso nel ricordare i tanti gesti cortesi rivolti al suo indirizzo, nel considerare le singole persone, e si fermava a ricordare quei momenti speciali con gli occhi della sua immaginazione. Tutto quello che potevo fare era confermare e ripetere che la nostra esperienza della generosità calabrese era stata proprio come la sua. Anche lui era stato accettato nella loro comunità con lo stesso incondizionato calore sperimentato anche da Katrina e Grace.

Poco prima di separarci, ci occupammo dell'affare più importante di quel giorno e Luigi mi consegnò la busta con il mio nuovo telefono, avvertendomi che Katrina lo aveva già messo in carica per me. A questo punto, la generosità americana non mi sembrò molto diversa da quella calabrese.

Alla fine organizzammo di incontrarci al ristorante vietnamita a Chinatown quel martedì alle sei; anche Grace sarebbe stata lì, così come un'altra amica neozelandese di Katrina.

Tornato a *Clinton Street*, impostai immediatamente il mio nuovo telefono, ma solo per scoprire che non avevo comprato la Sim adatta per chiamare in Gran Bretagna. Una telefonata ed il pagamento di una piccola somma ad Eddie Lloyd alla *Mrsimcard,* risolse quel problema nel giro di un minuto e finalmente ottenni ciò che mi serviva per occuparmi della *Virgin Mobile-* eccetto per il fatto che il numero sul loro sito web per "quelli-che-smarriscono-i-telefoni-all'estero" non rispondeva.

Continuai a provare. Il numero squillava, ma non rispondeva nessuno, neppure una voce registrata.

Cominciavo a seccarmi. Chiamai Neff e gli chiesi di telefonare ancora una volta ai suoi 'nuovi amici' della *Virgin* e di spiegare la situazione 'trappola' nella quale mi trovavo: prima non avevo un telefono e non potevo chiamare, adesso avevo un telefono, ma non ottenevo nessuna risposta.

Neff, più giovane e con un cervello avvezzo alla tecnologia, escogitò una soluzione ingegnosa. Avrebbe impostato il suo telefono in modo da inoltrare tutte le chiamate al numero della *Virgin* nel Gran Bretagna, così che, quando gli avessi telefonato, la mia chiamata sarebbe stata automaticamente deviata a quel numero, l'unico per "quelli-che-smarriscono-i-telefoni-più-vicino-a-casa".

Funzionò e alla fine riuscii a comunicare con un essere umano che annotò tutti i miei dati e bloccò il mio telefono prima che io potessi scivolare in una impassibile, ma sanguinaria, ira e dicessi la mia sul loro cosiddetto 'servizio'.

Prima di lasciare la Calabria avevo deciso che, nel corso del mio soggiorno in America, non avrei mangiato pizza o pasta. Se si mangia fuori in Italia, è pressoché impossibile trovare altro se non cucina italiana e, nonostante mi piaccia molto, non volevo sprecare l'opportunità di provare tutti i meravigliosi cibi di altre culture disponibili in America. Così quella sera cenai in un vicino ristorante tailandese, prima di attraversare la strada verso il Cocoa Bar dove discussi su quale potesse essere il posto migliore per vedere i risultati delle elezioni presidenziali la sera successiva, con la giornalista iraniana dell'*Huffington Post*, Shirin Barghi e con la sua compatriota proveniente da Londra e che lavorava dietro il bancone del bar.

Il suggerimento più interessante era dirigersi verso Times Square dove certamente si sarebbe trovato almeno un maxi schermo, se non addirittura tre. Nonostante la sua attrattiva, in quel momento, il solo pensiero di fare una cosa del genere mi sembrò una maratona. Avevo un improvviso colpo di sonno e non pensavo che Times Square potesse trovarsi sulla mia agenda. Forse dopo una buona notte di sonno mi sarei sentito più in forma. Del resto, questa volta, non avevo telefoni a cui pensare.

Era l'alba del giorno delle elezioni e, ancora mezzo addormentato, mi trascinai in cucina per un bicchiere d'acqua.

Da domenica, il giorno del mio arrivo, non avevo più visto Sara, la mia ospite, così fui più che sorpreso quando si aprì una porta (porta che io avevo immaginato essere quella della camera di Sara) e ne venne fuori una completa sconosciuta che mi offrì la sua mano. - *Bonjour, Niall!* - mi disse in un perfetto francese - *Je m'appelle Hélène*. E poi, in un inglese quasi perfetto - Condividiamo l'appartamento mentre Sara è dal suo ragazzo.

Un pensiero gentile, pensai tra me e me, che Sara mi avesse trovato una coinquilina … e perfino francese!

Hélène veniva da Saint Tropez, consegnava yachts per guadagnarsi da vivere e si trovava a New York per fare il tifo per un'amica che 'non' stava correndo nella maratona.

Era stata sul momento una questione controversa. Nel periodo successivo all'uragano *Sandy*, correre o non correre, questo era il problema. Il sindaco, Michael Bloomberg, all'inizio aveva detto "si", poi aveva cambiato registro quando alcuni di quelli che erano stati maggiormente colpiti da *Sandy*, abilmente incoraggiati dai media, avevano dato vita ad una protesta. Solo pochi giorni prima di lasciare la Calabria, avevo potuto vedere entrambe le parti in causa, ed era una di quelle questioni in cui non c'era giusto o sbagliato, solo prospettive diverse di persone colpite in modo differente dall'uragano. Dopo aver ascoltato l'eloquente Hélène parlare della sua amica, fu difficile non pensare che il sindaco potesse aver commesso un errore.

Uno dei problemi dei maratoneti era che, a causa della precedente decisione di andare comunque avanti, molti erano già arrivati a New York da tutto il mondo. L'amica di Hélène, Justine, era venuta solo perché aveva sentito l'iniziale assenso del sindaco Bloomber (aveva lasciato la Francia convinta che la gara venisse disputata, ma quando era atterrata a New York, invece, era stata cancellata).

Justine aveva corso già in numerose occasioni, ma effettivamente essere selezionati è, letteralmente, una lotteria: c'è approssimativamente una possibilità su dieci di essere scelti. Poi, c'è il duro programma di allenamento, il trovare una sistemazione e il viaggio. Da ciò che Hélène mi disse, Justine era oltremodo seccata dalla cancellazione della gara, era distrutta. Forse quella sarebbe stata la sua sola ed ultima speranza di partecipare alla maratona ed era rimasta sbalordita da quello che era accaduto.

D'altro canto, molti nel post-*Sandy*, a New York e nel New Jersey erano rimasti più che sconvolti, le loro vite erano state messe sottosopra e probabilmente non sarebbero state più le stesse. Era una richiesta difficile. Ed era anche difficile ignorare l'appassionato sostegno di Hélène per la situazione della sua amica. Tutto questo prima di colazione.

Hélène ed io avevamo missioni separate da compiere quel giorno, ma ci organizzammo per cenare insieme quella sera e guardare le elezioni che si svolgevano tardi, dando per scontato di riuscire a trovare un bar con una televisione, anche se io ancora non avevo rinunciato all'opzione di Times Square.

Ero in America, dopotutto, per parlare con dei Calabresi e, così, trascorsi il resto della giornata a prepararmi per la visita la mattina dopo, a Luigi Cubello, a Pelham, nella zona nord-est del Bronx. Avevo già calcolato che si trovasse a circa una mezz'ora di treno da uno dei miei luoghi preferiti di New York, il *Grand Central Terminal* (anche questo distante mezz'ora di metropolitana da 'casa').

Vista la mattinata abbastanza movimentata – un'altra ragione per la quale pensavo che una nottata in Times Square non fosse una buona idea – decisi di andare al *Grand Terminal* e dare un'occhiata a quale fosse il mio binario, rinnovando così la mia intimità con questo affascinante luogo. Suppongo si possa definire 'una prova'.

Era la prima volta, in assoluto, in cui mi trovassi al *Grand Central Terminal* con l'intenzione di comprare un biglietto del treno e, a dire il vero, a considerare di prendere un treno. Trovai ancora una volta straordinario che un luogo così imponente, sontuoso e maestoso fosse anche una stazione ferroviaria perfettamente funzionante. Tornai indietro nel tempo a quando, qui, incontrai due amici che, sebbene vivessero nel Tennessee, venivano da Long Island a New York e non erano mai stati in questa stazione. Ricordo di avergliela mostrata. Erano sbalorditi dal fatto che un posto come questo fosse praticamente dietro la loro porta e non lo avessero mai visto prima. La ragione era, con ogni probabilità, abbastanza semplice: i treni provenienti da Long Island arrivano alla *Penn Station* a Manhattan, a pochi isolati di distanza.

Per fortuna, nella foga del risanamento edilizio degli anni Cinquanta e

Sessanta, i piani per demolire il *Penn Station Terminal* erano stati messi da parte. L'originale impianto della *Penn Station*, al contrario, non aveva avuto la stessa fortuna.

Con il mio biglietto in mano, telefonai a Luigi, gli dissi quale treno stessi aspettando e feci in modo di confermargli i miei nuovi spostamenti della mattinata. Inoltre gli diedi il mio numero americano.

Ritornato alla base, fatti i miei 'compiti di viaggio', riesaminai ciò che già sapevo riguardo a Luigi, sua madre e sua sorella e mi preparai ad incontrare il primo calabrese che mi fosse completamente sconosciuto. Ero un po' nervoso, incerto su cosa mi aspettasse e, ancora peggio, su che cosa ci si aspettasse da me.

———

Dopo un'altra splendida cena tailandese, Hélène ed io prendemmo nota dell'assenza di un televisore al *Cocoa Bar* e ci dirigemmo verso il *Salt* Bar, letteralmente il palazzo accanto alla porta del nostro appartamento, perfino con lo stesso numero civico. Qui c'era un televisore, anche se un televisore un po' capriccioso, che fu sintonizzato sulle elezioni. Comparivano anche, di tanto in tanto, delle immagini dei festeggiamenti in corso, lontani circa 40 isolati, a Times Square.

I risultati elettorali non erano certo il programma preferito di Hélène, e da osservatore esperto di questo tipo di cose, le spiegai cosa stesse accadendo e cosa era stato previsto dagli exit poll e dagli opinionisti. Il bar stava diventando più affollato a mano a mano che la situazione cominciava a scaldarsi. Secondo i miei calcoli, c'era un solo supporter di Romney in quel posto: come ci si aspetterebbe a New York ed in particolare nel *Lower East Side*, il fronte di Obama era in ascesa e cominciava a sentire l'odore della vittoria.

Già dalle dieci e un quarto, Hélène ne aveva avuto abbastanza e ritornò all'appartamento, mentre io rimasi fino a quando non fu chiaro come si stavano mettendo le cose. Mentalmente alla fine ammisi di non avere energie per Times Square. E sapevo anche che lo avrei rimpianto per sempre. Nonostante ciò, quasi tutti nel Salt Bar apparivano felici come la gente che si poteva vedere a Times Square e noi avevamo dei vantaggi: un ambiente confortevole e una bella selezione di whiskey irlandesi.

Prima di lasciare il *Salt* scarabocchiai un appunto per Hélène sul retro di uno dei biglietti da visita del bar e glielo lasciai sul tavolo della cucina, poi me ne andai a letto. Diceva semplicemente "*Obama won, Romney zero*". Sperai che afferrasse il gioco di parole. (In inglese si pronuncia *won*, che significa 'ha vinto' ed è lo stesso di *one*, che significa 'uno').

Mi sono imbattuto per la prima volta nella storia della famiglia Cubello per caso, sul sito *Italiamerica*, che presenta i segni inequivocabili di un sito web non più aggiornato da diverso tempo.

Qui Luigi Cubello ha scritto, in modo aperto e commovente, del bisnonno, del prozio, dei suoi genitori e della loro esperienza come calabresi in America.

Nello stesso sito c'erano anche altre tre storie che ho trovato interessanti, ma Luigi era stato l'unico a non fidarsi del form generale per le mail di contatto e fortunatamente aveva aggiunto il suo attuale indirizzo di posta elettronica.

Ho cercato di contattare via email quattro persone, ma solo Luigi ha ricevuto la mail a lui indirizzata. I miei sospetti riguardo alla mancata manutenzione del sito erano fondati, perché gli altri contatti si sono perduti nell'etere (nonostante successivamente sia riuscito a rintracciarne un altro)

In seguito io e Luigi ci siamo scambiati numerose lettere ed ho così deciso di fargli visita nella sua casa del Bronx.

MIA MADRE ULTIMAMENTE NON INSEGUE PIÙ MOLTE CAPRE ...

Arrivai alla stazione di Pelham appena dopo le dieci e fui accolto da Luigi Cubello, un uomo dall'aspetto distinto di quasi sessant'anni, dai cortissimi capelli bianchi e la barba simile a quella di Van Dyke. Durante il breve tragitto in auto verso la sua casa, ci mettemmo a confrontare due dei nostri film preferiti, *Il colpo della metropolitana (Un ostaggio al minuto)* e *Pelham 123—Ostaggi in Metropolitana*, due versioni della stessa storia di un dirottamento ferroviario, girate a trentacinque anni di distanza. Concordavamo sul fatto che fossero entrambi ottimi film, ma che nulla avrebbe potuto eclissare lo scaltro, ironico sorriso sul volto di Walter Matthau nella scena finale dell'originale.

Una volta a casa, fui presentato alla madre di Luigi, Vilma, una donna minuta, ma piena di energia, che aveva superato gli ottant'anni. Luigi mi aveva già spiegato che Vilma parlava un 'suo' inglese, e avrei potuto non capire tutto ciò che avrebbe detto. La sua sola lingua era in realtà un misto di inglese e italiano: qualche volta iniziava una frase in una lingua per concluderla nell'altra. Considerai che quelli che parlavano solo inglese, come i commessi dei negozi ad esempio, avevano qualche problema con quella lingua, ma, per quanto mi riguardava, in genere riuscivo ad afferrarne il senso.

Perché potessi apprezzare com'era la vita in Calabria nella metà degli anni Cinquanta, Luigi mi mostrò una raccolta, su DVD, di vecchi filmati di famiglia, alcuni dei quali erano stati girati nei dintorni di Fossato Serralta, il loro paese natale, ancorato ai più bassi pendii delle montagne della Sila, a nord di Catanzaro.

L'occasione era stata offerta dalla visita dei nipoti di Luigi Calogero, bisnonno di Luigi, che, con le rispettive famiglie, erano arrivati in Calabria dal New Jersey e dal Bronx. Prima di raggiungere Fossato Serralta avevano visitato Londra, Parigi, Roma, Venezia e Madrid. In viaggio avevano anche acquistato una Jaguar, che avevano imbarcato al rientro negli Stati Uniti.

Il bisnonno Luigi ed il prozio Giuseppe Cubello erano entrambi andati in America nel 1910, anche se era improbabile si fossero conosciuti prima di emigrare: appartenevano a generazioni diverse, avevano viaggiato separatamente tre mesi l'uno dall'altro, ed inoltre abitavano in paesi a qualche collina di distanza.

Luigi mi parlò con orgoglio di questi pionieri della sua famiglia; sapeva che avevano fatto qualcosa di straordinario perché avevano voluto una vita migliore. Avevano anche dato un contributo personale alla loro terra d'adozione: Luigi (il bisnonno) aveva fatto parte della forza lavoro dei circa 1500 operai (principalmente italiani) che costruirono il Dam Kensico nello stato di New York, ancora oggi fondamentale per l'approvvigionamento idrico della città, mentre Giuseppe aveva combattuto nella prima guerra mondiale, quando nel 1917 l'America era entrata nella mischia.

Come molti altri, avevano fatto entrambi ritorno nella nativa Calabria; Giuseppe si era sposato, era poi tornato in America e vi era rimasto, mentre l'ormai anziano Luigi era rientrato a Fossato per trascorrervi i suoi ultimi

Luigi Calogero nel 1955.

giorni. Lo potevo vedere nel filmato, nei suoi novant'anni, uscire dalla vecchia casa di famiglia e, riluttante, farsi aiutare a scendere le scale di pietra per guadagnare il centro della scena con i suoi nipoti americani e la loro cinepresa. Il suo giovane aiutante era il nipote più grande, Domenico, zio del Luigi che era mio ospite, fratello di Giuseppe (padre di Luigi), che, dopo la morte del padre, era diventato a tutti gli effetti il capo famiglia.

Nel filmato di Fossato c'era anche un bambino dai capelli ricci, di diciotto mesi appena, prima nelle braccia di sua madre, poi di corsa tra le galline sulle sue gambe insicure, mentre manifestava l'eccitazione di quel giorno per quegli sconosciuti venuti da un altro paese. Mi voltai a guardare Luigi per vedere quanto fosse cambiato ... mi chiedevo cosa ne fosse stato di tutti quei capelli; mi meravigliai, al contrario, di come sua madre Vilma, seduta di fronte a me, non fosse cambiata per niente.

Dunque, la famiglia Cubello aveva l'emigrazione nel sangue e mi chiedevo se questa visita da parte di Fiana (moglie di Frank, defunto prozio di Luigi), della figlia Maria e della nuora Margarita, non avesse rappresentato per i genitori di Luigi la spinta a partire ed attraversare l'Atlantico, meno di un anno più tardi.

Luigi e Vilma convennero sul fatto che per qualche tempo c'era stato qualcosa nell'aria: se in America ci fossero già dei parenti, sarebbe stato un incentivo. Tanto per cominciare, non c'era molto lavoro a Fossato e nelle sue vicinanze, e quello che c'era, in genere, era stagionale. Anche Fossato all'epoca si stava piegando alla violenza degli elementi naturali, poiché inondazioni e frane erano diventate sempre più frequenti, meno di dieci anni prima, la zona del paesino, conosciuta come Noce, era stata completamente spazzata via. Soprattutto però, bisognava tenere in considerazione la salute del padre di Luigi, Giuseppe, e la possibilità di una migliore assistenza sanitaria in America. A quel tempo la famiglia non era certa di che cosa soffrisse esattamente Giuseppe. Con il senno di poi, però, e grazie ad internet, avevano capito che soffriva di una febbre reumatica causata da mal di gola.

L'intenzione della famiglia di lasciare Fossato fu avvolta dal riserbo. Legato a tutto questo c'era infatti l'idea, ancora oggi diffusa in Calabria, del malocchio, la superstiziosa convinzione che un individuo, soltanto con lo sguardo, possa portare sfortuna, e peggio ancora, a qualcun altro. Vilma raccontava ai suoi figli storie su come il bene e il male intorno a loro fossero mescolati, che San Francesco, il loro santo patrono, li avrebbe protetti e che dovevano sempre stare in guardia dagli inganni e difendersi dall'invidia.

Per darmi un'idea della loro cautela prima della partenza, Vilma mi raccontò la storia del vestito di suo marito. Il completo per il viaggio negli Stati Uniti era stato acquistato in segreto e, dal momento che Luigi non aveva mai avuto un vestito prima, quelli che pensavano potessero gettare il malocchio su di loro, vennero tenuti all'oscuro della sua esistenza, così come delle ragioni della sua esistenza.

Certamente negli Stati Uniti avevano il sostegno di una famiglia e, prima della partenza dalla Calabria, Vilma aveva la certezza di un lavoro e un appartamento in America, grazie a Betty e Johnny, gli zii di Giuseppe. Nel dicembre del 1955 Vilma ottenne il suo passaporto, a cui vennero allegate le foto dei suoi due figli. La famiglia decise di partire ad aprile.

Mentre Vilma mi raccontava del loro viaggio, arrivò la figlia Dora, sorella di Luigi. Per Dora, cinque anni più grande del fratello, lasciare Fossato ed i parenti era stato più traumatico. A differenza di Luigi, Dora, che aveva sette anni, sapeva cosa stava succedendo e non era felice di lasciare amici e famiglia.

Tuttavia partirono, e prima si diressero a Catanzaro, poi a Sant'Eufemia, oggi meglio conosciuta come Lamezia Terme. Qui presero il treno in

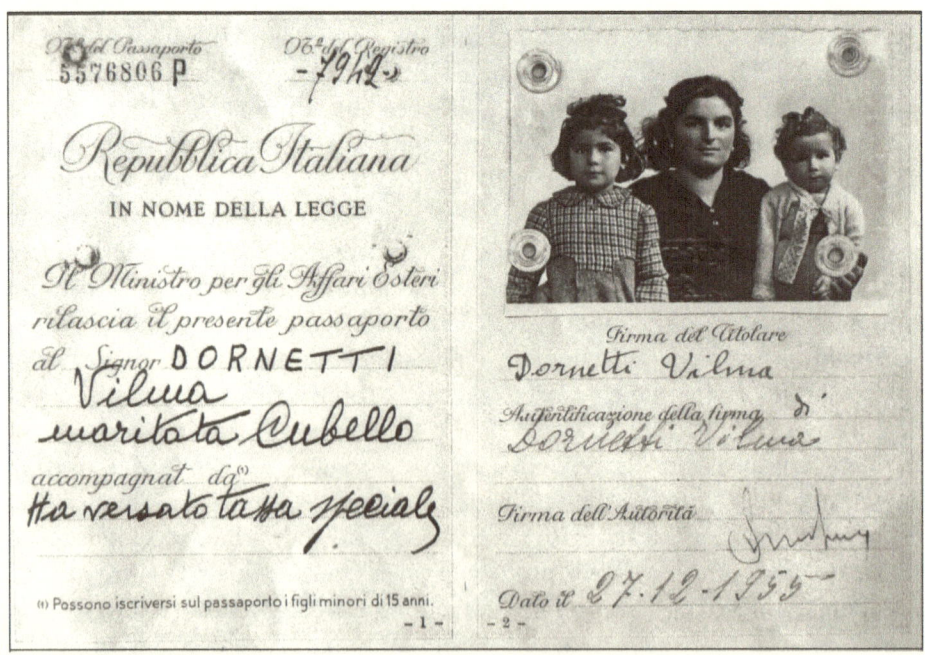

Il passaporto italiano di Wilma, Dora e Luigi quando la famiglia era emigrata.

direzione nord per Napoli, da dove salparono il 14 aprile del 1956. Pagarono i biglietti della traversata con un prestito di 200 dollari dell'organizzazione Carità Cattoliche, prestito che dovettero saldare una volta stabilitisi in America.

Il viaggio in se stesso fu in realtà ben diverso da quello affrontato da molti nella prima parte del secolo. Per cominciare, fu molto più veloce (arrivarono a New York il 23 aprile) e la nave era un'imbarcazione moderna con bar, sale da pranzo, perfino del personale che si occupava dei bambini quando i genitori andavano a ballare in sala. Ma più si avvicinavano a New York, più Giuseppe e Vilma prendevano consapevolezza che avrebbero dovuto far fronte ad un possibile problema.

Con Giuseppe in condizioni di salute precarie, erano consapevoli del rischio che non gli venisse consentito di entrare negli Stati Uniti. Negli anni in cui gli immigrati passavano attraverso il centro di ispezione di Ellis Island, tutti venivano sottoposti ad esami medici per eventuali problemi di salute e le famiglie sapevano bene che, in questa fase, potevano essere separate e uno dei loro cari poteva essere messo in quarantena, fino allo svolgersi di ulteriori indagini. Si sapeva del rischio di poter essere rispediti al proprio paese di origine. Ellis Island aveva smesso di esaminare immigrati nel 1924 (anche se ebbe in seguito altre funzioni: fu infatti un centro di detenzione e di deportazione fino al 1954), ma la prassi di sbarazzarsi di chiunque sembrasse non essere in salute, sia mentalmente che fisicamente, continuò ad essere applicata.

Per ovviare a questa possibilità, Giuseppe indossò il suo abito nuovo (Luigi crede sia stato l'unico abito mai posseduto da suo padre) e Vilma usò i suoi cosmetici per dargli un colorito più sano. Da parte sua, Giuseppe non si staccò mai dal fianco della moglie, appoggiandosi a lei come ad una stampella mentre Vilma portava in braccio il piccolo Luigi, con Dora aggrappata alla gonna della madre.

La loro trovata ebbe successo e lunedì 23 aprile del 1956, Vilma Dornetti, Giuseppe Cubello, Dora Cubello e Luigi Cubello fecero il loro ingresso negli Stati Uniti per iniziare una nuova vita.

Ma non dimenticarono mai la loro 'vecchia' vita: le cose che avevano considerato preziose in Calabria erano partite con loro, come ricordi indelebili.

Vilma rievocava immagini di fredde notti invernali, con la sua famiglia seduta attorno al caminetto a mangiare formaggio, soppressata e pane che il padre affettava e distribuiva: la gente era povera, ma mai affamata.

Le zie e gli zii americani di Giuseppe Cubello (da sinistra a destra) Betty, Johnny, Frank e Rose. Betty e Johnny aiutarono la famiglia ad emigrare e fu la moglie di Frank e la sua famiglia a visitare l'Europa e Fossato negli anni Cinquanta. Luigi era molto legato a suo zio Johnny (un barbiere), meno a sua zia Betty: infatti, sebbene fosse stata lei ad accompagnare Giuseppe a tutte le sue visite mediche, non lasciò che mai nessuno dimenticasse come avesse aiutato la famiglia. Persino, disse a Dora e a Luigi che non avrebbero mai ottenuto nulla se non grazie al suo aiuto.

Dopo cena raccontava ai suoi due figli della vita a Fossato, dei loro nonni, delle gioie e degli stenti del crescere poveri, in Calabria. Sentivano parlare di terremoti, terribili tempeste, inondazioni, frane e misteriose superstizioni.

Ma più di tutto, Vilma non aveva mai dimenticato il giorno in cui si trovava fuori, sul ripido pendio di una collina a pascolare capre ed una di quelle era corsa via ... ed era stato proprio mentre inseguiva la capricciosa fuggiasca che aveva cominciato ad avere le doglie e poco dopo era nato Luigi.

Ed insieme, lei e Giuseppe, avevano raccontato ai loro figli la storia di come si erano incontrati la prima volta e si erano innamorati; di come Giuseppe avesse chiesto al padre di Vilma il permesso di sposarla e a lei aveva detto che sarebbe stato suo per sempre.

Nel breve brano scritto sul sito *Italiamerica*, Luigi ha descritto tutto questo con poche semplici parole "sono nato povero, ma mi sono sentito davvero ricco di tradizioni".

Appena tre giorni dopo il suo arrivo in America, Vilma cominciò a lavorare per *Pappagallo*, un'azienda d'alto livello nella produzione di calzature, con sede a Manhattan. Qui timbrava l'entrata alle otto del mattino e l'uscita alle quattro e mezza del pomeriggio. Dora ricordava che, nei weekend, sua madre portava a casa dei mocassini che avevano bisogno di qualche delicato ritocco nella decorazione, piccoli fiocchi per esempio, e facevano insieme quel lavoro.

All'epoca vivevano in un trilocale a *Fulton Avenue*, nel quartiere *Morrisania* del *South Bronx*, non lontano dallo Zoo. C'era già una consolidata comunità italiana nella zona, ma la famiglia Cubello non ne fece mai veramente parte. Al contrario, i loro legami erano in genere familiari: zie e zii, e rispettive famiglie, facevano sempre un salto da loro. Una piccola comunità calabrese in divenire.

C'erano in tutto quattro famiglie Calogero, tre delle quali nate in America, e per la maggior parte si trattava di persone più anziane dei Cubello. I figli dei cugini erano per lo più americani di seconda generazione e così Dora e Luigi sperimentarono direttamente cosa volesse dire essere un americano e presto assimilarono il nuovo stile di vita e la nuova lingua. Ma i Cubello rimasero legati anche alle loro radici calabresi e Luigi ricordò che, quando visitavano i loro parenti, mangiavano, il vino scorreva in abbondanza e poi facevano la loro comparsa fisarmoniche e tamburelli, preludio ad un'autentica danza calabrese (avendo io stesso preso parte a serate come queste, so che possono essere un'esperienza indimenticabile).

Nonostante avesse accanto la famiglia di Giuseppe, Vilma ricordò come all'inizio provasse nostalgia soprattutto per i suoi genitori, ma anche per i colori e i profumi della Calabria: le ciliegie, i fichi, le olive, i fagioli, i ceci, le nocciole, i biscotti di panpepato, i *cavalluzzi* (cavallini fatti di provolone). E poi c'erano gli annuali riti della campagna come la fiera a Taverna, la più grande della zona e la macellazione in inverno del maiale, un evento che coinvolgeva tutta la famiglia; ogni singola parte dell'animale veniva usata per produrre qualcosa da mangiare, dalla soppressata allo stinco, dalle salsicce allo zampone. E le feste … l'America celebrava il giorno del Ringraziamento, ma solo l'Italia aveva la Befana e il Ferragosto. Dora e la sua famiglia ancora conservavano la tradizione della Befana, una vecchia donna, quasi una strega, che su un manico di scopa consegnava regali ai bambini.

Ma la famiglia Cubello diede anche inizio a delle proprie tradizioni ed in estate, ogni sabato e domenica, con la famiglia e gli amici calabresi, andava ad *Orchard Beach*. Chiunque arrivasse per primo assicurava un posto anche per gli altri, per trasformare questo luogo in una piccola oasi per tutti quelli che venivano da Fossato Serralta e dai suoi dintorni. Si rilassavano,

Cena di famiglia nell'appartamento di Fulton Avenue, non molto tempo dopo il loro arrivo negli Stati Uniti. Da sinistra a destra: zia Betty, la figlia adottiva Violetta, zio Johnny, la famiglia Cubello (Giuseppe, Dora, Luigi e Vilma) e zia Elena, moglie dello zio Johnny. La foto fu scattata dallo zio Sam, marito della zia Betty.

mangiavano e chiacchieravano fino al calar del sole, il momento di tornare a *Fulton Avenue*.

Per Luigi e Dora i weekend ad *Orchard Beach* evocavano ricordi d'infanzia che non avevano mai dimenticato e mai avrebbero dimenticato. Luigi mi disse che avrebbe potuto scrivere un libro su quelle meravigliose estati calde ad *Orchard Beach*, quando ci si sentiva in armonia con il mondo intero.

Mentre Vilma continuava a lavorare da *Pappagallo* per mantenere la famiglia, Giuseppe combatteva per riacquistare la salute. Luigi ricordò quanto tutto questo frustrasse il padre, un uomo orgoglioso, un uomo con ambizioni, un uomo con senso dell'umorismo, un uomo che gli italiani avrebbero definito simpatico. Costruiva dei giocattoli per i suoi bambini, piccole sedie in legno per le bambole di Dora, vagoncini di legno per Luigi e minuscole case di cartone per il presepe, il tradizionale villaggio da sistemare accanto all'albero di Natale.

La salute di Giuseppe stava migliorando. Andava a scuola per imparare l'inglese. Si prendeva cura dei suoi bambini e preparava la cena: qualsiasi cosa potesse fare per alleggerire il carico su Vilma e per aiutare a sbarcare il lunario. Con Vilma, addetta a confezionare tutti i vestiti dei bambini, i Cubello erano una famiglia autosufficiente; non erano benestanti, ma non mancava loro nulla.

Da solo, nel seminterrato del palazzo di cinque piani senza ascensore in cui abitavano, viveva George, custode del palazzo, un americano, nero, senza neppure un dente in bocca. Ad ogni Natale la famiglia Cubello aveva sempre abbastanza da poter dare a George un pasto per ringraziarlo del suo lavoro. Luigi interpretava la gentilezza ed il rispetto dei suoi genitori verso George come una caratteristica importata dalla Calabria. Nel riconoscere il bisogno di quell'uomo, richiamavano alla mente la propria situazione di bisogno e riversavano su George il rispetto e la compassione che erano stati loro dimostrati tanto in Calabria quanto in America.

———

Alla fine del 1960 Giuseppe era abbastanza in forma per lavorare e aveva trovato impiego in un laboratorio fotografico del posto. A tavola, parlava animatamente del futuro e di come le cose si stessero mettendo molto meglio per la sua famiglia. Quel Natale, Babbo Natale superò se stesso e Dora e Luigi ricevettero più giocattoli e regali di quanti mai ne avessero ricevuti in passato. Quello era stato il miglior Natale che mai Luigi possa ricordare.

Cinque anni e due giorni dopo aver messo piede in America, il 25 aprile del 1961, Giuseppe Cubello morì; Luigi aveva sette anni, Dora dodici.

Nel corso di un pranzo infinito, un pranzo calabrese preparato da Luigi con
dei meravigliosi peperoni misti, se ricordo bene, mi raccontarono degli anni
successivi alla morte di Giuseppe e di come Vilma si fosse presto rimessa in
piedi e fosse andata avanti, sempre concentrata sulla sua famiglia. Avrebbe
potuto fare ritorno in Italia, ma sapeva che i suoi figli avevano maggiori
possibilità in America; avrebbe anche potuto ricevere i sussidi statali, ma
questo non era da lei.

Tipico di Vilma era, invece, lavorare sodo per la sua famiglia e fare tutto
quello che poteva per finire quello che lei e Giuseppe avevano cominciato.
Ed eccola là, questa grande donna, seduta a tavola davanti a me,
l'incarnazione stessa della forza e del coraggio, doti che aveva mostrato
quando, fatti sedere i suoi due figli, aveva spiegato loro che, senza il padre,
avrebbero dovuto lavorare tutti quanti. Ovviamente, famiglia e amici la
aiutarono ma era chiaramente una donna particolare.

Ottenne la cittadinanza americana, però non dimenticò mai i suoi parenti

Una foto di famiglia al *Crotona Park* scattata alla fine degli anni Cinquanta, al tempo in cui
Giuseppe godeva di buona salute; nella foto compare anche la figlia della zia Betty, Violetta
(davanti a sinistra).
La strada visibile a destra è *Crotona Park Avenue* che corre parallela a *Fulton Avenue*.

a Fossato Serralta e regolarmente inviava loro pacchi e denaro. I pacchi, in genere contenenti caffè e Camel (sigarette), venivano rivestiti di stoffa e Vilma cuciva a mano tutto insieme, così da assicurarsi che fossero completamente foderati ed il contenuto al sicuro.

La famiglia continuò a passare i weekend estivi ad *Orchard Beach* ed inoltre trascorreva due settimane ogni estate, con lo zio Giuseppe e la sua famiglia, a nord dello Stato, ad Albany. Una volta, fecero un viaggio di quattro giorni a Washington DC, dove visitarono la tomba del presidente Kennedy.

Kennedy era stato il primo presidente americano della famiglia Cubello e, come in molte altre case americane, c'era una foto di Kennedy e della moglie Jackie appesa alla parete del soggiorno. Per la famiglia Cubello il "loro" presidente era stato carismatico, forte ed autorevole.

Per Luigi gli eventi internazionali del 1961 e del 1962, la vicenda della Baia dei Porci e la crisi missilistica di Cuba, furono diversivi che lo aiutarono a non pensare alla perdita del padre. Ma aveva già acquisito il senso dello stato e, a nove anni, si sentiva sufficientemente patriottico da voler combattere per l'America. In questo periodo aveva anche un'altra distrazione, la nuova musica filtrata attraverso l'Atlantico, quella dei Beatles soprattutto.

Nel pomeriggio del 22 novembre del 1963, quando frequentava la terza classe, Luigi tornava come sempre a casa da scuola; lui ed alcuni suoi amici erano saliti su una collinetta che si trovava dietro casa e, mentre stava giocando, sentì che il suo presidente era stato ucciso. Come tutti gli altri, la famiglia seguì alla televisione i successivi eventi: l'omicidio di Lee Harvey Oswald e il funerale di Kennedy.

Altri eventi traumatici diedero forma al suo sentirsi 'americano': l'assassinio di Martin Luther King e quello di Bobby Kennedy. Come era successo anche a me, Luigi aveva sentito la perdita di Bobby Kennedy anche più di quella di suo fratello; la morte di King ebbe però un impatto più immediato sulla sua vita: vivevano in un quartiere multirazziale e, quando il giorno successivo andò a scuola, non poté non provare un senso di vergogna e perdita insieme.

Sette anni dopo la morte del padre, Luigi e Dora tornarono in Calabria per la prima volta; Luigi aveva quattordici anni e Dora diciannove. Fu lo stesso anno in cui *Pappagallo*, situato all'angolo tra la *5th Avenue* e la *17th Street*, non lontano dal *Flatiron* e dalla *Union Square*, fu acquistata dalla *US Shoe Corporation*. Mentre ascoltavo la storia del loro viaggio, ero sempre più

Novembre 2012: Vilma Dornetti, Luigi Cubello e Dora Cubello-Villani.

sbalordito da ciò che Vilma aveva realizzato in America in soli dodici anni.

Nel 1968, quando Vilma e i suoi due figli si imbarcarono su un aereo dallo *JFK* a Roma, avevano due tragitti da percorrere.

Il primo li condusse a Fossato Serralta dove visitarono famiglie ed amici che avevano visto per l'ultima volta una decina di anni prima. Naturalmente, i parenti diedero loro il benvenuto a braccia aperte e mostrarono quella sorta di incondizionata generosità ed infinita amabilità calabrese che Vilma, Luigi e Dora stavano dimostrando a me proprio quel giorno. Ma soprattutto il giovane, impressionabile Luigi aveva sperimentato la freschezza dell'aria e il blu del cielo, quel profondo blu calabrese che merita di essere un colore a sé. C'è il blu di Prussia, allora perché non un blu di Calabria? E il cielo notturno, cristallino: una volta di stelle luminose che custodisce il silenzio seducente e affascinante, ma soprattutto, calabrese.

Sotto il blu profondo e la sua trasparente limpidezza, Luigi mi disse di essersi sentito a casa. Tutte le storie e i ricordi dei suoi genitori a proposito della loro terra natale improvvisamente avevano un senso e cominciò a capire cosa avesse reso lui, Luigi Cubello, l'uomo che era: un calabrese che viveva in America, un americano con profonde radici in Calabria.

L'itinerario numero due li portò a visitare tutti i luoghi 'simbolo' dell'Italia che, se la famiglia fosse rimasta a Fossato Serralta, avrebbe potuto non vedere mai. Con i loro biglietti del treno *Europass*, visitarono Napoli, Pompei, Roma, Firenze, Venezia, Torino e addirittura il Belgio, dove viveva la sorella di Vilma, per poi tornare a Roma e da lì verso la loro casa a New York.

Quando Vilma, Dora e Luigi mi raccontarono questa storia, rimasi ancora più meravigliato quando seppi quello che questa piccola e forte donna era riuscita a fare in così breve tempo e da come, dopo appena dodici difficili anni in America, avesse avuto la risolutezza fisica ed emotiva per viaggiare da un continente all'altro e attraverso i continenti con i suoi due figli. E, ovviamente, se l'era anche potuto permettere.

Probabilmente c'era voluto qualcosa di più della semplice risolutezza per lasciare Fossato Serralta per la seconda volta e senza un marito. Avrei voluto averle fatto delle domande a proposito.

Dopo il trasferimento di *Pappagallo*, Vilma ottenne per sei mesi un lavoro a tempo determinato in un ospedale del posto e quando il suo contratto terminò, le venne chiesto di rimanere.

I suoi figli, una volta cresciuti, sono andati al college; Dora è diventata un'insegnante, Luigi un funzionario statale. Entrambi hanno da tempo lasciato il nido.

Tutti e tre sanno che, come famiglia, hanno fatto la cosa giusta a venire in America. Sono persone umili, fiere delle loro conquiste e nonostante i disagi sopportati, in particolare la perdita del padre, hanno affrontato le discese e le risalite della loro vita e sono diventati, come altri prima e dopo di loro, italo-americani

Come Dora mi disse: "Siamo italiani fieri e fieri del contributo che gli italiani hanno dato a questo paese".

E per Luigi e Dora c'è un'importante gratificazione: la madre gode finalmente i frutti della sua fatica.

Nonostante le timide proteste della madre, a Luigi piace pensarla cosi:

"Mia madre ultimamente non insegue più molte capre ... invece ogni tanto dà da mangiare alle slot machine di Atlantic City".

SU E GIÙ

Una tormenta fuori stagione, proveniente da nord-est, stava gettando enormi quantità di neve su New York e sul New Jersey, mentre Luigi affrontava il traffico di *Pelham*, sulla strada che tornava alla stazione. Fortunatamente i treni erano ancora in servizio ed io mi ritrovai presto sulla via del ritorno verso il *Grand Central Terminal*.

Il *Grand Central Terminal* era elegante come sempre, invece, i suoi passeggeri erano ridotti proprio male. Quelli che si dirigevano verso i treni, scrollavano gli ombrelli, pestavano i piedi per levarsi la neve dalle scarpe e dagli stivali, sbatacchiavano cappelli e berretti contro i cappotti, disposti a qualsiasi cosa per dimenticare quell'inaspettato cambiamento meteorologico.

Quelli che, come me, si dirigevano fuori per buttarcisi dentro, lo facevano con scarso entusiasmo. Alcuni attendevano ancora qualche minuto sulle porte, per prepararsi psicologicamente al balzo nella bianca umidità sferzata dal vento; altri pensavano che se fossero rimasti lì abbastanza a lungo, sarebbe tutto passato; qualcuno, con del tempo a disposizione, tornava indietro e si dirigeva al bar più vicino, mentre altri ancora mettevano tutto il loro impegno ad improvvisare dei copricapo di fortuna, con giornali, valigette e borse.

Sapevo di non avere una via di fuga e così mi lanciai direttamente fuori nella *42nd Street* e corsi attraverso la tormenta di neve per quattro isolati fino alla linea *M* della metropolitana, che mi avrebbe portato giù dritto ad *Essex Street*. La corsa attraverso alcuni isolati, schivando pozzanghere fangose e sconsiderati autisti, mi riportò al mio appartamento a *Clinton Street*. Ero bagnato fradicio e sporco di fango, in uno stato pietoso e pensai: "*devo ricordarmi di prendere il cappello la prossima volta*".

Hélène, al contrario, trovò la cosa molto divertente.

La sera prima eravamo rimasti impressionati da quello che avevamo visto sul menu del *Salt Bar* e così avevamo deciso di tagliare la corda camminando nella neve e di fare un salto alla porta accanto, per mangiare e bere. Avevamo stabilito di incontrarci per le sette e mezza e questo mi avrebbe dato il tempo di controllare i miei appunti sulla famiglia Cubello.

La nostra ultima serata (Hélène il giorno successivo si sarebbe diretta a Rhode Island) trascorse piacevolmente, non fosse stato per uno strano individuo del posto, che sembrava passare gran parte del suo tempo a cercare di offendere in ogni modo un barista incredibilmente tollerante, mentre intanto stringeva amicizia con noi e ignorava la donna con cui era venuto, e tutto contemporaneamente. Mi confidò, anche se non ne capivo il perché, di essere stato da poco risarcito per diversi milioni di dollari, per un incidente in motocicletta che lo aveva lasciato zoppo. Avevo intenzione di fargli una domanda scontata: "Zoppo dove?" ma lasciai perdere. Successivamente scoprii da qualcun altro che la sua farsa sull' essere un milionario zoppo, di fatto, era vera.

Ad ogni modo, io ed Hélène eravamo molto più impegnati a cercare di svuotare il contenitore della sangria e così lo lasciammo alle sue farneticazioni e … ai suoi milioni.

La mattina dopo Hélène partì per la *Penn Station* e Rhode Island ed io lavorai ancora sui miei appunti, prima di dirigermi ancora una volta in centro, per vedere di trovare una custodia per il mio iPhone. La ricerca si rivelò infruttuosa, dal momento che il mio iPhone era ormai considerato obsoleto. Non essendo l'ultimo modello, tutti i suoi accessori erano già stati consegnati ad un deposito di rottami … o eBay come viene chiamato qualche volta. Poco prima delle cinque e mezza, partii per il mio appuntamento delle sei in punto con Luigi, Katrina, Grace ed una sconosciuta amica.

Il piano era: prendere il treno della linea *J* che mi avrebbe condotto da *Essex Street* a *Canal Street*, da dove, a piedi, in poco tempo, avrei raggiunto il ristorante *Thaison*, a *Baxter Street*. E sarebbe andata proprio così, se non avessi preso il treno della linea *J* nella direzione opposta, attraverso il fiume, verso Brooklyn. Mi sembrò il più lungo tragitto tra una fermata e l'altra sul sistema metropolitano di New York che avessi mai percorso, anche se si era svolto soprattutto in superficie.

Correndo e contemporaneamente controllando il mio orologio, scesi le scale alla stazione di *Avenue*, schivai il traffico della sera mentre mi lanciavo in strada, salii le scale dall'altra parte e saltai sul treno che tornava indietro verso Manhattan e *Canal Street*, appena in tempo prima della chiusura delle porte.

Arrivai a *Canal Street* alle sei meno un minuto e, come al solito, mi ritrovai per un attimo spaesato quando tornai al livello della strada (perché raramente sono certo del lato su cui andrò a finire). Corsi per quella che pensavo fosse *Canal Street* e mi avvicinai ad una donna nel bel mezzo della strada.

-Mi scusi, saprebbe dirmi dov'è Baxter Street?- le chiesi senza fiato.

Invece di rispondermi, mi diede un abbraccio. Pensavo che la fortuna avesse cominciato a girare dalla mia parte, fino a al moemnto in cui non vidi, con la coda dell'occhio, una donna kiwi-cinese che riconobbi e che rideva a crepapelle sullo sfondo. Chi mi stava abbracciando era Katrina. Fuori dal contesto di Santa Severina, dove c'eravamo incontrati l'ultima volta, semplicemente non l'avevo riconosciuta dentro quel suo cappello di lana. La donna kiwi-cinese che rideva era Grace; e la donna confusa vicino a lei era l'amica di Katrina, un'altra neozelandese, Raewyn.

Clacson di auto impazienti ci riportarono alla realtà e, quando fummo nuovamente al sicuro sul marciapiede, venni formalmente presentato a Raewyn, all'angolo di *Baxter Street*. Due minuti più tardi stavamo spiegando l'accaduto ad un meravigliato Luigi, che intanto era già arrivato al ristorante.

Dopo cena, concludemmo la serata facendo visita ad una pasticceria italiana, in quello che era rimasto della zona di Manhattan conosciuta come *Little Italy*.

Per caso qualche anno prima, Kay ed io avevamo visitato proprio questa zona, il cui epicentro è *Mulberry Street,* in occasione a settembre della Festa di San Gennaro, la più grande festa italiana dell'anno. Anche allora, a quanto pare, quella zona era solo l'ombra del passato, siccome con il passare degli anni era diventata più cinese e meno italiana. Quando la più consolidata comunità italiana aveva avuto successo e si era trasferita nel Queens, a Brooklyn, a Staten Island e nel Bronx, una nuova ondata di immigrati, soprattutto cinesi, si erano trasferiti qui e adesso abitavano gran parte della stessa area.

L'equilibrio si era leggermente capovolto e questo era il motivo per cui avevamo potuto goderci una cena vietnamita ed un minuto dopo rimpinzarci di deliziosa pasticceria italiana. Dato sfogo alle nostre dolci debolezze, scoprimmo di avere tutti, escluso Luigi, lo programma per la mattina successiva. Era il mio ultimo giorno a New York prima di attraversare l'Hudson verso il New Jersey e volevo passeggiare sulla *High Line*; Katrina, Grace e Raewyn avevano in mente esattamente la stessa cosa e così decidemmo di incontrarci alle undici all'estremità nord della *High Line*, sulla *30th Street* vicino alla *10th Avenue*.

La *High Line* è una linea ferroviaria sopraelevata in disuso, che invece di essere demolita secondo il piano originale degli anni Ottanta e Novanta, è stata convertita in un parco in linea retta, il parco nel cielo. Si trattava di un progetto così insolito all'interno di un paesaggio tipicamente urbano da rendermi impaziente di dare un'occhiata.

Era ancora presto quando feci ritorno a *Clinton Street*, questa volta senza il viaggio extra attraverso Brooklyn, e il tempo era più che sufficiente per dire addio ai miei amici del *Salt* e del *Cocoa Bar*. Era passata la mezzanotte quando finalmente, barcollando, tornai nel mio appartamento chiedendomi sul momento se mai sarei riuscito a svegliarmi per tempo la mattina seguente per visitare la *High Line*.

Avevo anche dimenticato di risolvere la questione a proposito di una email di Airbnb ricevuta poco prima e che mi prospettava qualcosa di inaspettato. Airbnb mi ricordava la mia seconda prenotazione nel New Jersey a partire dal 13 novembre ed io me ne sarei andato il pomeriggio successivo per soggiornarvi solo una notte (lasciando però la mia valigia) per poi tornare lunedì 12 novembre, dopo il mio viaggio ad Albuquerque, almeno così credevo. Ero troppo stanco per pensarci … decisi di risolvere la cosa quando mi fossi trovato nel New Jersey e, se necessario, prenotare nella zona di Newark la notte 'persa'.

La *High Line* era nata come ferrovia a lenta percorrenza al livello della strada e correva lungo la *10th Avenue*, ma quando, nei primi del Novecento, il traffico dei veicoli era aumentato, era aumentato anche il numero di incidenti e morti causati dall'incrociarsi della ferrovia con il traffico. La situazione peggiorò al punto da soprannominare la *10th* la 'strada della morte' e, alla fine, ragioni di sicurezza portarono all'introduzione dei *West Side Cowboys*, 'uomini-segnale' che cavalcavano davanti ai treni sventolando una bandiera rossa. Ovviamente non il modo più conveniente per gestire una ferrovia. Per questo motivo, si progettò la *High Line:* per portare la ferrovia al di *sopra* del livello stradale, tra gli isolati, parallelamente alla *10th Avenue* e lontano dal traffico e dal caos della strada.

Venne aperta ai treni nel 1934 e collegata direttamente con le fabbriche e i depositi dislocati lungo il suo tragitto. Nel giro di vent'anni però, il traffico su strada era aumentato e, proporzionalmente, la ragion d'essere della *High Line* fu superata.

Negli anni Sessanta venne demolita la sezione più a sud e l'ultimo treno percorse il *Meatpacking District* nel 1980. Il suo carico: tre vagoni di tacchini surgelati.

L'idea di un parco sopraelevato in linea retta inizialmente era sembrata al governo una mera utopia, ma dieci anni di tenacia e pazienza ottennero dei risultati e nel giugno del 2009 ne è stata aperta al pubblico una prima sezione. Una seconda sezione è stata inaugurata due anni dopo, e una terza ed ultima, molto più breve, all'estremità settentrionale, dovrebbe essere inaugurata nel 2014. Inutile dire che è stato un grande successo e la *High Line* può essere già considerata una grande attrazione turistica di New York.

Il tratto a piedi dalla metropolitana alla *6th Avenue*, attraversando la *10th*, non presentò particolari sorprese … ma non riuscii a non sorridere quando fotografai un enorme cartellone pubblicitario sul fianco di un edificio che, solo due giorni dopo le elezioni presidenziali, utilizzava la sconfitta di Mitt Romney come fosse una trovata pubblicitaria. Mi chiedevo se fosse mai esistita un'altra versione di riserva e con un nome diverso nella cornice.

Nonostante il freddo fosse pungente, la *High Line* era affollata di turisti che da quasi ogni angolo del mondo approfittavano di questa insolita e gratuita vista di Manhattan da una parte e, oltre l'Hudson, del New Jersey dall'altra. Era novembre e la vegetazione era meno generosa di colori rispetto a come si sarebbe presentata in primavera e in estate; tuttavia con un po' di fantasia non era difficile immaginare quale grandioso posto potesse esser. Forse aver visto delle foto su un sito web mi aveva aiutato.

Eravamo in cinque perché si era unita a noi un'altra amica di Katrina, una donna per metà irlandese e per metà americana, Genie, molto più informata di tutti noi sulla *High Line*.

La *High Line* corre per quasi venti isolati dalla *30th Street* verso *Gansevoort Street*, un isolato sotto la *12th Street*; tra la *17th* e la *16th Street*, attraversa la *10th Avenue*. Le zone a sud e ad ovest (fino al fiume Hudson) corrispondono all'incirca al il *Meatpacking District*, che, all'apice del suo splendore, vantava la presenza di 250 macelli e impianti di imballaggio. Al giorno d'oggi, è più probabile imbattersi, del tutto casualmente, in una esclusiva boutique di moda.

Ma la *High Line* è anche un posto di grande stile. Per completare le aree verdi, c'è una creativa mescolanza di vecchio e nuovo, grazie all'utilizzo di legno, acciaio e cemento e al modo in cui questi materiali trasformano qualcosa di essenzialmente lineare in una passerella con curve, angoli e … carattere. Ci sono piccoli angoli in cui il passato parla da sé, c'è molta arte pubblica e tante bacheche per tutti gli affamati di ulteriori informazioni. Per chi, invece, ha fame e basta, ci sono posti a sedere in gran quantità alle uscite, dove, scendendo alcuni gradini, c'è sempre qualcosa per stuzzicare l'appetito.

Noi cominciammo ad avvertire un certo appetito verso la *16th Street* e così scendemmo al *Chelsea Market*, l'ex sede centrale della *New York Biscuit Company*. Qui si può mangiare di tutto ed acquistare ingredienti particolari provenienti praticamente da ogni angolo del mondo. Ci sono alcuni negozi di vestiti ed un'insolita postazione per articoli casalinghi, ma fondamentalmente il *Chelsea Market* si occupa di cibo. Tutti i miei piani per l'acquisto di una piccola valigia per il volo del giorno dopo per Albuquerque svanirono.

Tuttavia il *Chelsea* non è un mercato dove si possono acquistare tutti i tipi di prodotti freschi. Ce n'è qualcuno, ma questo non è un posto dove stare a tastare frutta e verdura o entrare in trattative con il commerciante. Veramente, l'unico 'tastare' si verificò quando credetti, erroneamente, che l'uomo che mi stava passando accanto con un' invitante selezione di crostini su un vassoio stesse offrendo degli assaggi gratuiti … mi rimproverò quando tentai di prenderne uno e mi apostrofò, senza mezzi termini, perché io non facevo parte del gruppo dei partecipanti, paganti, del tour di degustazione del mercato.

A parte questi esclusivi crostini, la scelta di cibo era incredibilmente varia e, con le ali ai piedi, fummo abbastanza fortunati da accaparrarci un tavolo

Fare amicizia sulla *High Line*

per cinque senza causare un incidente internazionale; poi, dopo aver fatto attentamente la guardia, a turno, alle nostre sedie, ci mettemmo a cercare qualcosa di nostro gradimento.

Era novembre, un giorno piuttosto freddo e rimasi sbalordito al pensiero di come questo luogo sarebbe stato in piena estate ... (se mai sarò di ritorno per allora, dovrò ricordarmi di portare una sedia).

Tornati sulla *High Line*, ci fermammo per una foto, prima di scendere al livello della strada a pochi isolati più avanti, a quello che doveva essere letteralmente il capolinea.

Mi era piaciuta la *High Line*: un'idea geniale, eseguita con gusto, incisiva e ... gratis. Il *Chelsea Market* mi aveva lasciato perplesso. Lo avevo trovato attraente per un verso, ma anche irritante. Attraente perché vado matto per tutta quella varietà di cibi diversi ed irritante perché così mi fanno sentire genuinità e rusticità tutte artificiali, combinate a prezzi gonfiati. Detto questo, sarebbe difficile visitare questo posto per quello che mi attrae ed evitare ciò che mi irrita.

Volevo tornare al mio appartamento a *Clinton Street* non più tardi delle tre e mezza nella speranza di poter chiudere i miei bagagli e di mettermi sulla strada verso il New Jersey prima dell'ora di punta del venerdì sera. Così, tornati al livello della strada, chiesi a Katrina di indicarmi la stazione della metropolitana più vicina. Ed invece lei fece di meglio, mi ci accompagnò e, lungo il tragitto, passammo per *Bleeker Street* dove c'era ancora un'evidente presenza della comunità italiana che si era stabilita qui prima del trasferimento di Little Italy a *Mulberry Street*. Questa era, se volete, la Little Italy più vecchia, parte del meno conosciuto *West Village*.

Lungo *Bleeker Street* c'erano un paio di ottime gastronomie italiane ed una di queste, *Faicco's Italian Specialities*, aveva servito la locale comunità italiana dal 1900, nella sua prima sede, sulla vicina *West Houston Street*; si era trasferita poi a *Bleeker* negli anni Cinquanta e ora si occupava di una clientela più cosmopolita. Il naso attaccato alla vetrina non era abbastanza e così fummo costretti ad entrare per la porta. A mio parere *Faicco* era meglio di qualsiasi cosa il *Chelsea Market* avesse avuto da offrire: era una gastronomia italiana buona come non ne avevo mai viste.

Un po' oltre, passammo davanti a *John's* di *Bleeker Street*, una pizzeria italiana pluripremiata che occupa lo stesso posto dal 1929 ... il segreto del loro successo è il loro semplice messaggio, "no pizza al taglio, no prenotazione, solo contanti, dentro o fuori", ma, immagino anche pizze davvero buone.

Ci salutammo a *Washington Square* sulla *6th Avenue*, mi diressi alla metropolitana e ritornai a *Clinton Street*. Ero stanco e stavo pagando il prezzo per il mio giro notturno nei bar.

Il piano era semplice: finire di chiudere le valigie, dirigermi ad *East Houston Street*, salire su un taxi che mi portasse al World Trade Center e prendere il treno della *PATH* verso *Grove Street* (la *PATH – Port Authority Trans Hudson* – è la metropolitana extracittadina che collega Manhattan al New Jersey e corre sotto il fiume Hudson), infine una breve passeggiata verso la mia nuova 'casa' a *Wayne Street*. Credevo ci avrei impiegato quarantacinque minuti in tutto, cosa che, ipotizzavo, mi avrebbe dato il tempo per trovare un negozio dove acquistare una piccola valigia e degli asciugamani (nell'appartamento di *Wayne Street* non ne venivano forniti). Tutto quello che avrebbe potuto andare storto, andò storto.

In realtà la prima parte del piano funzionò: alle quattro avevo trascinato la mia pesante valigia giù dal quinto piano e l'avevo spinta poi lungo *Clinton Street* alla ricerca d'un taxi. Svoltai a Houston, attraversai la strada e cominciai a cercare seriamente un taxi; iniziò a piovigginare. Ci vollero venti minuti prima che riuscissi a dire –Stazione *PATH World Trade Center*, per favore". E aveva anche smesso di piovere.

Pagai il tassista e attraversai la strada verso la stazione, dove incontrai due uomini della sicurezza i quali mi dissero che la stazione era ancora chiusa per almeno una settimana, se non di più, e non ci sarebbero stati treni *PATH* verso il New Jersey. A quanto pare, la stazione era stata inondata dall'uragano *Sandy*. In effetti sapevo che una settimana prima la fermata del World Trade Center era stata chiusa, ma il giorno prima avevo sentito per caso dire da due persone che era stata riaperta. Del resto il tassista non mi aveva detto niente della sua chiusura nonostante sapesse che, ovviamente, stavo andando lì per prendere un treno. I due uomini mi dissero che le più vicine fermate in servizio erano quelle di *Christopher Street* o della *9th Street*. Così continuando a camminare e a trascinare la mia valigia, mi diressi verso la più vicina strada principale per prendere un altro taxi.

La *PATH* corre in direzione nord sud sotto la *6th Avenue*, cosa di cui venni a conoscenza quando il mio secondo tassista mi fece scendere alla stazione della *9th Street* e mi spiegò che un ingresso si trovava su un lato della *6th Avenue*, l'altro sul lato opposto. Non c'erano sottopassaggi di collegamento tra le stazioni.

Trascinai la mia valigia giù verso i binari e mi fermai lungo il tragitto a comprare un biglietto da una macchina self-service. Poco prima di attraversare la barriera, controllai ancora una volta il mio itinerario e realizzai di essere sul binario sbagliato. Così, portai la mia valigia indietro al livello della strada, attraversai la *6th Avenue*, scesi versi l'altro binario e oltrepassai la barriera. Non ero ancora completamente sicuro di trovarmi sul binario giusto e chiesi ad una donna se il treno che si avvicinava mi avrebbe portato nel New Jersey. Con sicurezza, scosse la testa e mi disse che avevo bisogno dell'altro binario.

Ritornai al livello della strada, attraversai la *6th Avenue* ancora una volta e fui costretto a comprare un altro biglietto (avevo usato il primo quando avevo oltrepassato la barriera sull'altro binario). La mia valigia stava cominciando a diventare più pesante, le mie braccia più stanche. Ma alla fine, almeno, mi trovavo su un treno.

Quando venne annunciato che la prossima stazione sarebbe stata la *14th Street,* non avevo davvero ben capito, ma quando fu comunicato che la successiva sarebbe stata la *23rd*, cominciai a preoccuparmi. Chiesi ad un uomo accanto a me se mi stessi dirigendo verso il New Jersey o verso la zona nord di Manhattan. Ancor prima che potesse rispondermi, sapevo già cosa mi avrebbe detto. In sostanza avevo trascorso un'ora ad aumentare la distanza tra me e la mia meta, Jersey City, anziché il contrario.

Tornato al livello della strada sulla *23rd*, attraversai la *6th Avenue* per quella che, speravo, sarebbe stata l'ultima volta. Era ormai l'ora di punta di venerdì pomeriggio quando scesi verso il binario in direzione sud, dopo aver comprato, ovviamente, un altro biglietto. Dire che ero esausto, sarebbe stato un eufemismo.

Alla fine, poco prima delle sei, dopo aver dato la mia ultima scalata ai gradini della metropolitana, lasciai pesantemente cadere la valigia per la prima volta nel New Jersey. Dopo aver afferrato ancora una volta il mio bagaglio, tenendo ben presente tutti i miei punti di riferimento e con braccia pesanti come piombo, mi misi alla ricerca di *Wayne Street*.

Quattro isolati e quattro piani più tardi, finalmente misi a riposo la mia valigia; sembrava passata una vita da quando qualche ora prima, quello stesso giorno, avevo passeggiato lungo la *High Line* nel debole sole di novembre.

***

Meno di un'ora più tardi, armato di un voucher con il 20% di sconto per *Bed, Bathroom and Beyond* (*BB&B*) per gentile concessione della mia ospite Sherrie, tornai indietro verso la stazione di *Grove Street* e continuai a camminare verso *Marin Boulevard*, nell'ignoto, alla ricerca di una valigia e di asciugamani. Sherrie mi aveva anche dato il numero di una compagnia di taxi, per prenotare la mia corsa della mattina dopo molto presto, verso il

La mia base di controllo a *Wayne Street*, a Jersey City.

Newark Liberty Airport. Telefonai alla compagnia di taxi mentre percorrevo *Marin Boulevard*, quando mi capitò un imprevisto non ancora considerato: la persona all'altro capo dell'apparecchio mi chiese il mio numero di telefono. Ebbi un momento di vuoto mentale, fu come se mi avesse chiesto di contare alla rovescia a partire da cento, in russo.

Spiegai del mio nuovo telefono e dissi che avrei chiamato più tardi. Sapevo che sarei stato in grado di trovare il mio numero, ma decisi, in quel momento in particolare, semplicemente di non riuscire a pensarci. Oltretutto, avevo un altro piano.

Alla cassa di *BB&B*, chiesi al brufoloso ragazzo che prendeva i miei soldi se potevo avere in prestito la sua penna. Lui mi diede la penna ed io gli consegnai il mio telefono – Il patto è questo: tu trovi il mio numero per me, io lo scrivo, tu mi restituisci il telefono, io ti restituisco la penna … e poi pago per la valigia e gli asciugamani – dissi. Tutte le operazioni furono completate con successo, gli strinsi la mano e lo ringraziai per la sua tecnologica giovinezza. Prenotai il mio taxi.

Alle otto rientrai a *Wayne Street* dopo aver sottolineato sul mio itinerario un vicino ristorante tailandese dove pensavo avrei potuto mangiare. Su consiglio di Sherrie, cenai invece al *Saigon Café* a cinque minuti di strada a piedi e secondo lei di gran lunga il miglior ristorante della zona. Sherrie aveva ragione e quella sera, inconsapevolmente, cominciai a stringere amicizia con una splendida famiglia vietnamita, i genitori Danny e Kim, ed i loro figli Steve e Karen, così come con la loro squisita cucina, un eccellente Pinot Nero e altri amichevoli clienti.

Quella sera, prima di crollare a letto, mi ricordai di chiedere a Sherrie della mia prenotazione, se fosse per il 12 o per il 13 di novembre; lei mi confermò che avevo prenotato dal 13 al 26 novembre e che c'era qualcun altro che avrebbe soggiornato da lei il 12. Non so come, ma non avevo prenotato per la sera del 12 novembre, la sera in cui sarei tornato da Albuquerque. E quando le dissi che probabilmente avrei trovato qualcosa a Newark per quella notte, mi consigliò di non farlo. In effetti, non non mi aveva detto che Newark fosse l'altra faccia della luna, ma era questa l'impressione che mi aveva dato. Non lo sapevo ancora, ma sarebbero venuti momenti in cui avrei ricordato la nostra conversazione e mi sarei pentito di non aver dato ascolto al consiglio di Sherrie.

La prima volta che contattai la famiglia del mio amico Bruno Cortese ad Albuquerque, nel New Mexico, non ottenni una risposta immediata.

Più tardi ne avevo scoperto il motivo, grazie al fratello di Bruno, Maurizio—giustamente, Mary De Luca e Jim Goodman lo avevano contattato per verificare che io fossi chi dicevo di essere.

Quando Mary mi rispose, mi confermò di essere felice di ricevere una mia visita, perché potessimo parlare dei suoi legami con la Calabria ed i Cortese: così prenotai i miei voli ed una stanza per due notti.

Pochi giorni più tardi un altro membro della famiglia di Albuquerque, Tañia Triolo, mi inviò una mail in cui insisteva perché al contrario mi fermassi da lei e suo marito Adam.

Così fu stabilito che Mary sarebbe venuta a prendermi all'aeroporto, avrei cenato con la sua famiglia e poi mi avrebbero accompagnato da Tañia.

Il giorno successivo, domenica, ci sarebbe stata una riunione di famiglia a casa di Tañia, dove tutti avrebbero portato le loro foto dei Cortese, documenti, ricordi e domande in attesa di una risposta.

UNA STORIA ... TRE FAMIGLIE

I miei voli, quello da Newark a Dallas-Fort Worth e quello successivo per Albuquerque, erano arrivati in orario ... e si erano rivelati una vera e propria sorpresa perché avevo scoperto che era possibile usare il Wi-Fi a pagamento durante il volo, nonostante tutte le spaventose storie che alcune compagnie aeree avevano fatto circolare. Ignorando il consiglio di Sherrie, mentre mi trovavo in volo sopra il Tennessee, alla fine avevo prenotato una camera a Newark per il 12 novembre.

Mary e sua figlia Monica vennero a prendermi in aeroporto e così mi portarono a fare un veloce tour di Albuquerque. Mary mi spiegò che aveva prenotato un tavolo per le cinque e trenta in un ristorante del posto, Antiquity, dove ci avrebbero raggiunti il marito Jim e David, gemello di Monica. Dopo cena mi avrebbero portato da Tañia e Adam. La nostra prima tappa fu la casa dove aveva vissuto Bruno Cortese, nonno del mio amico di Santa Severina che porta il suo stesso nome.

Grazie ad un casuale incontro di poche settimane prima a Santa Severina con il giudice James Parker e sua moglie Janice, entrambi di Albuquerque, già sapevo che nei primi anni del Novecento c'era stata una significativa migrazione di italiani in questa città, soprattutto dal nord dell'Italia ed in particolare dalla zona di Lucca.

C'era sempre stato da lavorare in ferrovia e molti immigrati italiani avevano ricevuto la loro prima busta paga dalla *Atchison Topeka Santa Fe Railroad*. La ferrovia era stata, per molti, un modo per raggiungere un obiettivo ben preciso: guadagnare velocemente molto denaro ed essere in grado di metterne da parte per il futuro ... un concetto di cui, a quel tempo, non avevano quasi mai sentito parlare in Italia.

Ma non era stato per lavorare in ferrovia che Bruno Cortese era venuto ad Albuquerque. Mary mi raccontò che Bruno, emigrato nel 1912, si era inizialmente stabilito ad Elkhart nell'Indiana del Nord, dove viveva suo cugino Francesco; qui nel 1916 aveva sposato Louise Fortino ed era poi finito ad Albuquerque nel New Mexico.

Louise era nata ad Albion, nel Michigan; suo padre era italiano, molto probabilmente calabrese, dal momento che Fortino era un cognome abbastanza diffuso nella zona di Cosenza, ma sua madre era nata a Philadelphia, figlia di un amore clandestino tra una donna tedesca e un uomo italiano sposato, inizialmente emigrato senza la sua famiglia.

Bruno aveva ventotto anni e Louise diciassette quando era rimasta incinta e c'era stata, a quanto pare, qualche iniziale obiezione all'idea di un matrimonio, probabilmente a causa della differenza di età. Così erano fuggiti insieme, lontano quel tanto che bastava per raggiungere la chiesa episcopale del luogo, e dove, nonostante fossero entrambi cattolici, si erano sposati.

Quattro anni più tardi, Louise fu contagiata dalla terza, ma meno letale ondata di influenza spagnola ed in seguito aveva contratto la tubercolosi. Era risaputo che un clima caldo e asciutto avrebbe potuto migliorare le sue condizioni di salute, e da qui, nel 1921, il trasferimento della famiglia ad Albuquerque, a circa 1800 metri più in alto, con i due figli, Anthony ed Elizabeth, madre della Mary che avevo davanti.

In effetti erano stati in molti a venire ad Albuquerque nello stesso periodo

La casa di Bruno Cortese e della sua seconda moglie, Angela Parisi, sull'*11th Street NW* Albuquerque. Bruno viveva ancora qui prima della sua morte avvenuta nel 1980, all'età di 91 anni. Aveva comprato la proprietà nel 1929 con un prestito bancario di 2000 dollari.

e per la stessa ragione ed una significativa parte della crescita economica della città era stata alimentata dall'industria della 'sanità'. C'erano un certo numero di cliniche specializzate nel trattamento di questa patologia lungo la *Central Avenue*, a cui era stato anche dato il nome di 'Polmoni Avenue' e 'Strada della Tubercolosi'.

Ma l'anno successivo, Louise, sconfitta dalla malattia, morì nel *Southwest Presbyterian Sanatorium* della città, l'ospedale presbiteriano di Albuquerque. Louise Fortino era ovviamente la nonna di Mary e la bisnonna della diciannovenne Monica.

Sulla strada che conduce dall'ospedale all'Università del New Mexico, notai dai cartelli stradali che la *Central Avenue* reclamava la sua fetta di notorietà come parte della più famosa Route 66, che corre tra Chicago e Los Angeles (da sempre la Route 66 è parte integrante della cultura e della storia americana).

Durante il nostro giro in macchina, nei dintorni del campus universitario frequentato da David, gemello di Monica, continuammo a parlare del nonno di Mary e di come in realtà fosse emigrato in America per ben due volte, la prima nel 1906 all'età di diciotto anni, ed ancora sei anni più tardi nel 1912, quando si era stabilito ad Elkhart, si era messo a lavorare come calzolaio e aveva sposato Louise.

Nel 1905 il fratello maggiore di Bruno, Vincenzo, era stato il primo ad emigrare e si era trasferito a Buffalo, a nord dello Stato di New York. Ma stranamente, quando Bruno l'anno successivo era emigrato, era andato a Brooklyn, New York, dove a *Box Street* viveva lo zio Giuseppe Rizza. Forse ad un certo punto, Bruno era stato a Buffalo, come vogliono i racconti di famiglia, ma quando aveva fatto ritorno in Calabria nel 1910, si venne a sapere che durante la sua permanenza in America aveva vissuto a Cicero, un sobborgo di Chicago con un'ampia comunità di italiani, di cui gran parte aveva trovato impiego nella *Western Electric*.

Sembra che il primo viaggio di Bruno nel 1906 non facesse parte di un suo progetto o di un progetto familiare, ma che piuttosto fosse stato costretto dalle insistenti pretese della famiglia di una donna alla quale era sentimentalmente legato perché si sposassero. In sostanza, aveva lasciato la Calabria improvvisamente, e di nascosto, per sfuggire alla possibilità di essere trascinato in un matrimonio che non voleva.

Ad essere precisi, non si conoscono le ragioni che lo avevano spinto a ritornare in Italia nel 1910. Forse aveva ricevuto notizia di non aver più nulla da temere circa il suo matrimonio, e che la donna del suo passato era stata promessa ad un altro. Anche ciò che lo spinse a ritornare in America

Il giovane Bruno Cortese e a fianco Bruno con la sua prima moglie Louise
ed i suoi due bambini.

I figli di Bruno e Louise, Anthony ed Elisabeth poco prima che venissero in Italia nel 1924.
Bruno con la sua seconda moglie, Angelina Parisi.

nel 1912 rimane un mistero. Probabilmente, il motivo determinante era stato rappresentato dalle precarie condizioni economiche della vita in Calabria e Bruno, del resto, aveva avuto un assaggio dell'esistenza che avrebbe potuto condurre sull'altra sponda dell'Atlantico.

Dopo la morte di Louise, Bruno aveva continuato a condurre un'esistenza agiata ad Albuquerque come calzolaio, fino a quando non aveva deciso di ritornare in Calabria, all'inizio in casa della sua famiglia a Mesoraca, con i suoi due figli Elizabeth e Anthony. Era il 1924 e Bruno era già un cittadino americano, così come lo erano anche i suoi figli; il fatto che di lì a poco si sarebbe risposato presto (nell'agosto di quell'anno) e che sarebbe rientrato in America, suggerisce l'ipotesi che Bruno fosse tornato in Calabria con l'unico scopo di trovare per sé una moglie calabrese e, per i suoi figli, una matrigna.

Decidemmo di prenderci una pausa dai racconti di famiglia per fare un piacevole giro a piedi nella città vecchia.

L'Albuquerque storica è famosa per la sua bassa architettura in stile *Pueblo*, uno stile ripresentato in molti dei più moderni edifici all'interno ed intorno all'Università. La dominante terracotta e i blu che vi fanno da contrasto, le gentili forme arrotondate e quelle lineari, la sensazione di poter guardare il cielo senza posare gli occhi in alto, tutte queste cose insieme davano alla città vecchia un fascino unico. Era come camminare sul set di un film western, ma senza cavalli. Inoltre, quando più tardi vidi alcune foto della città così come doveva apparire nel 1920, questa mi ricordò esattamente un classico Western americano e mi chiesi come la famiglia Cortese avesse potuto reagire a quella strana vista. Forse non avevano mai visto così tanti film Western quanti ne avevo visti io.

Guardando il panorama dall'alto del più antico edificio della città, la chiesa di San Filippo Neri, quelle che erano state case, negozi ed uffici erano diventati ristoranti, café, gallerie, librerie, boutique e negozi di artigianato ed ormai avevano fatto della città vecchia un'attrazione turistica, anche se, dall'impressione che ne avevo avuto, aveva conservato la sua dignità ed era un posto dove gli abitanti di Albuquerque ancora amavano fare acquisti.

Iniziava a fare freddo e così ci affrettammo al ristorante *Antiquity,* dove incontrammo Jim, il marito di Mary e suo figlio David e dove, come sempre mi accade, divenni il solo protagonista della scena, dovendo spiegare come e perché fossi finito in Calabria. Non che la cosa mi dispiacesse.

Mentre cenavamo, messa per un po' da parte la storia della famiglia

Cortese, parlammo invece delle recenti elezioni presidenziali e dei politici americani in genere. David era molto interessato alla cosa e mi meravigliò come una persona così giovane potesse affrontare in modo così chiaro, competente ed incalzante la complessità del mondo della politica.

Quando ero stato presentato per la prima volta a Monica in aeroporto, avevo fatto riferimento al periodo che credevo avesse trascorso alla *Queens University* di Belfast, la città da cui provengo. Ma, in realtà, non avevo ricevuto risposta, così, facendomi più insistente, tentai ancora. E proprio mentre stavo nuovamente pronunciando quelle parole, le espressioni perplesse sulle facce di tutti mi fecero capire che avevo preso un abbaglio e così fui costretto a spiegarmi: in realtà avevo confuso i due figli di Mary con i due figli di Maria Cavaliere che avrei incontrato due settimane dopo in Pennsylvania.

Dopo una splendida cena, Mary mi portò a casa della cugina Tañia, vicino a Rio Grande a *Los Ranchos*, un quartiere periferico a nord ovest di Albuquerque, dove mi sarei fermato per due notti. Mary mi avvertì che la casa era in realtà un elegante palazzo … ma potevo affrontare la cosa.

―――

Trascorsi il resto della serata seduto al bancone di un bar ben fornito, con un bicchiere dopo l'altro di eccellente vino rosso ed in ottima compagnia. La barista, Tañia, era seduta a gambe incrociate sul tavolo dietro il bancone, suo marito Adam sedeva su uno sgabello vicino a me e ci trovavamo nella loro enorme sala da pranzo. Mi sentii completamente a casa.

Dopo aver messo da parte l'obbligatorio "com'è che tu sei finiti in Calabria" avevo cominciato ad afferrare dove esattamente Tañia si collocasse nella storia della famiglia Cortese. In realtà era molto semplice: come Mary, Tañia era una nipote diretta di Bruno Cortese: Mary per parte della prima moglie Louise e Tañia per parte della seconda moglie Angelina (Angela) Parisi di Sant'Eufemia (parte dell'odierna Lamezia Terme), che Bruno aveva sposato nel 1924. Tañia e Mary avevano avuto nonne diverse, ma lo stesso nonno, Bruno Cortese.

Concludemmo la serata parlando del 'mistero di famiglia', la parte di questa storia che ha lasciato perplessi entrambi i rami dei Cortese, anche quelli delle generazioni successive: quando Bruno era tornato in America dopo il suo secondo matrimonio, aveva lasciato Anthony in Calabria. Bruno ed Angela avevano fatto ritorno con la sola Elizabeth ed Anthony non rivide mai più suo padre.

Decisi che sarei ritornato su questa storia e sulle sue ripercussioni il giorno dopo, quando ci saremmo riuniti a molti altri membri della famiglia, compresi i nipoti di Vincenzo, fratello di Bruno, ed in particolare al nipote Joe Smith che, e Tañia ed Adam erano d'accordo sulla cosa, rappresentava 'la fonte di tutto il sapere' quando si tirava in ballo la storia della famiglia Cortese.

Parlammo anche dell'irriducibile coraggio di persone come Vincenzo e Bruno che avevano attraversato l'Atlantico in condizioni che al giorno d'oggi sarebbero considerate preistoriche e quanto meno squallide.

Anche semplicemente raggiungere il porto d'imbarco presentava dei problemi non da poco: mettere insieme i soldi per il biglietto (il costo era in genere di 30 dollari), avere i 25 dollari in contanti per l'ingresso in America, decidere quale membro della famiglia dovesse partire per primo (se si considerava che gli altri lo avrebbero seguito), raggiungere il porto e aspettare la nave. Il concetto che potesse esserci una coincidenza tra l'orario di arrivo del treno e quello di partenza della nave non aveva ancora attraversato la mente di nessuno.

Vincenzo, il figlio maggiore dei Cortese, aveva viaggiato nel 1905; suo fratello lo aveva seguito l'anno successivo. Entrambi avevano dovuto raggiungere la stazione di Sant'Eufemia, sulla costa tirrenica, con ogni mezzo possibile, ed era risaputo che spesso si dovesse andare a piedi. Da Sant'Eufemia avevano viaggiato in treno per un giorno intero verso Napoli, il porto solitamente utilizzato per l'imbarco degli italiani del Sud. Poi avevano dovuto rispondere a circa una trentina di domande, prima di essere disinfettati e vaccinati per l'imbarco (le loro risposte furono registrate sul manifesto di imbarco, documento che costituisce la base degli odierni archivi di Ellis Island).

Vincenzo e Bruno avevano viaggiato verso l'America in terza classe, la più bassa, non solo in riferimento al loro livello sociale, ma anche al livello della nave che occuparono, all'interno delle sue viscere. Quelli che, come Bruno, erano tornati in Italia e poi erano rientrati in America, avevano viaggiato in terza classe spesso soltanto nel primo tragitto. Forse, nel frattempo, erano ormai diventati cittadini americani o forse avevano avuto denaro a sufficienza per viaggiare in condizioni migliori. Ma Bruno aveva viaggiato in terza classe in entrambe le occasioni, cosa che suggerisce come, inizialmente almeno, non intendesse far ritorno in America. Forse le condizioni di lavoro, al Sud in Calabria, erano ulteriormente peggiorate e si era reso conto che l'America fosse il minore fra due mali; forse aveva litigato con una famiglia che voleva coinvolgerlo in un ennesimo matrimonio; forse gli era semplicemente piaciuto viaggiare in terza classe, nonostante da alcune descrizioni si evinca che questo tipo di viaggio non era mai stato semplice ed era improbabile che qualcuno avesse voluto viaggiare 'per scelta' nelle stesse condizioni. Erano state riportate un mucchio di storie terribili, sulla scia dell'emigrazione irlandese della metà del 1800, con almeno un dieci per

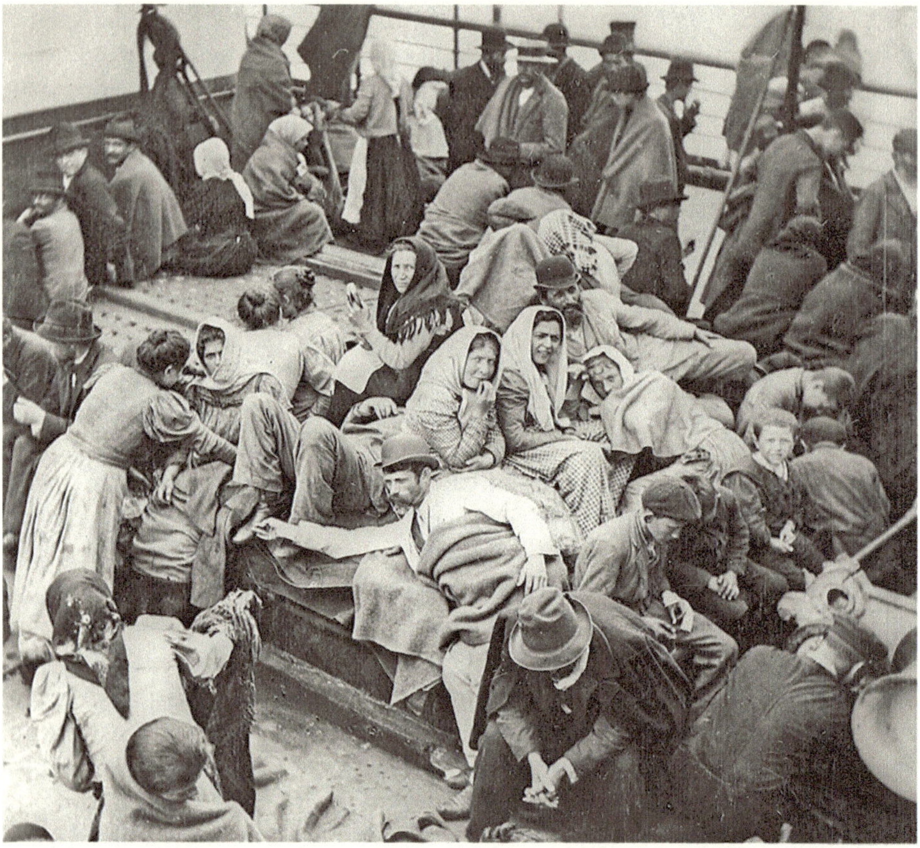

Disperazione, confusione e speranza nei volti dei migranti sul ponte della nave, 1905 circa.

Bruno Cortese attraversò l'Atlantico nel 1906 a bordo della *Moltke*. La nave trasportava 2102 passeggeri—333 in prima classe, 169 in seconda e 1600 in terza classe. La nave tedesca venne poi rilevata dal governo italiano nel 1915 e rinominata Pesaro.

cento di migranti che non era mai riuscito a portare a termine quel viaggio verso il nuovo mondo dei loro sogni.

Dai primi anni del Novecento le cose erano cominciate lentamente a migliorare; tuttavia gli immigrati avevano descritto i lunghi giorni trascorsi nella semioscurità della nave, le condizioni insalubri del viaggio in ambienti soffocanti e maleodoranti, con cibo a malapena sufficiente al fabbisogno giornaliero; molti, a quanto pare, si rannicchiavano nelle loro cuccette per la maggior parte del viaggio e i soli svaghi che potevano permettersi erano il gioco a carte, occasionali intermezzi musicali, infinite chiacchierate sui tempi andati e sulle speranze future e, inevitabilmente, ripassare le risposte alle domande che si aspettavano dagli agenti dell'immigrazione a Ellis Island.

Questo viaggio da incubo, che Bruno Cortese aveva fatto due volte, a seconda delle condizioni della nave e della clemenza del tempo, poteva durare dai nove ai trenta giorni. Fortunatamente per Bruno, per entrambe le sue traversate, sulla *Moltke* e la *Sant'Anna*, la terza classe non era al completo.

Per ben due volte era arrivato a New York fisicamente, mentalmente ed emotivamente esausto; per due volte era stato esaminato dagli ispettori sanitari; per due volte aveva atteso e si era imbarcato sul piccolo traghetto che trasportava gli immigrati dalla loro nave ad Ellis Island; per due volte si era messo in fila per esami medici più approfonditi e per due volte i suoi documenti e la sua salute erano stati giudicati in regola e così ammesso negli Stati Uniti d'America.

L'ottanta percento di quelli che passarono da Ellis Island ci riuscirono senza particolari intoppi. Gli altri furono trattenuti per ulteriori controlli medici o discrepanze nella documentazione e di questi, il novanta per cento, alla fine venne fatto entrare. Soltanto al due per cento degli immigrati fu rifiutato l'ingresso.

La mattina successiva trovai Adam in cucina. Navigava su Internet per imparare a fare un caffè usando la classica caffettiera italiana, che la figlia di Bruno Cortese, Maria Antonietta, gli aveva portato qualche anno prima. La cosa andava tutta a mio vantaggio, dal momento che Adam aveva capito che ero abituato al vero caffè e non ai liofilizzati granuli americani che assomigliano al caffè tanto quanto un uovo disidratato di *Subway* somiglia all'uovo che depone una gallina. Insieme eravamo riusciti ad ottenere una sola tazza di caffè, la seconda vera tazza di caffè da quando avevo lasciato la Calabria (per la cronaca, il primo vero caffè lo avevo preso in un fantastico café a *Clinton Street*, a Manhattan, che avevo scoperto soltanto il mio ultimo giorno in quel luogo).

Tutti i provvisori programmi di cui avevamo discusso la sera precedente, riguardo ad un giro della campagna circostante Albuquerque, volarono via dalla finestra ed uscimmo invece per un brunch della domenica, quasi un'istituzione al giorno d'oggi. Dopo il brunch, avevo scoperto che la riunione familiare del pomeriggio avrebbe potuto arrivare a coinvolgere almeno 20 persone, e la cosa poteva risultare problematica per le mie indagini. Adam allora aveva proposto una soluzione semplice ed aveva telefonato a Joe Smith chiedendogli di venire un'ora prima di tutti gli altri, così che avremmo potuto farci una più costruttiva chiacchierata da soli

———

Una delle cose che volevo sapere era come e perché il collegamento in Calabria tra Mesoraca/Sant'Eufemia (Bruno e Angelina) e la famiglia Cortese avesse poi coinvolto Santa Severina, come tutto questo potesse riallacciarsi al motivo per cui Antonio era stato lasciato in Calabria e chi lo aveva tirato su.

Joe Smith mi svelò l'identità della persona che si era presa cura di Antonio: era stata la zia Teresina Cortese, sorella del padre, ma non riuscì ad essermi di aiuto sul come avvenne che l'Antonio ormai adulto fosse andato a vivere a Santa Severina.

Tañia aveva trovato una lettera di Bruno del dicembre del 1923 indirizzata ad Angelina, poco più di un anno dopo la morte di Louise, la prima moglie, che confermava non solo che era davvero tornato in Calabria alla ricerca di una sposa, ma anche che aveva già messo gli occhi su Angelina e che l'aveva già chiesta in moglie a suo padre. Questa lettera inoltre dimostrava che da qualche parte, in questa romantica concatenazione di eventi, Vincenzo, il fratello di Bruno, aveva giocato un ruolo importante, per il fatto che già conosceva la famiglia di Angelina e aveva fatto da intermediario per Bruno.

Altre lettere, scambiate nello stesso periodo tra le due famiglie, indicano quanto entrambe fossero colte, istruite, famiglie di un certo livello sociale. Ovviamente chi scriveva a quel tempo, scriveva in italiano—i dialetti locali erano molto più spesso parlati che scritti. Per di più, dalle lettere ricevute dal suo avvocato in America nello stesso periodo, è evidente che Bruno aveva già un eccellente conoscenza e padronanza dell'inglese.

Un'altra di queste lettere era stata indirizzata dai genitori di Angelina al loro futuro genero, poco prima che Bruno partisse per l'Italia con i suoi due figli ed era stata spedita da Santa Severina.

Quel pomeriggio, Mary mi dimostrò di essere in possesso di maggiori informazioni riguardo a quei primi anni, quando il nonno era ritornato in America lasciandosi dietro Antonio. La madre di Mary, Elizabeth, spesso le aveva parlato di quei due anni in Calabria e di una casa in particolare in cui si erano fermati qualche volta, ad Altilia, una delle tre frazioni di Santa Severina.

L'aveva descritta come un luogo idilliaco, con un bel giardino, un sentiero per passeggiare ed il palazzo di un barone, in qualche modo amico di famiglia, probabilmente tramite un altro membro dei Cortese, un prete chiamato anche lui Antonio e che sembrava essere stato intimo amico del barone. Forse il giovane Antonio era stato lasciato in Calabria per poter essere educato dallo zio prete.

Quando Elizabeth era ritornata in America, aveva dimenticato molto del suo inglese ... per qualche ragione le era rimasta fissa in mente solo la parola *bridge* (ponte). Infatti durante la sua permanenza in Calabria, nel giro di due anni, aveva ricominciato a parlare il dialetto locale e quando era ritornata in America, ricordava di essere stata presa in giro dagli altri bambini a scuola perché parlava italiano, motivo per cui non insegnò mai ai figli la sua lingua.

Quando Bruno attraversò l'Atlantico per la terza volta con Angelina ed Elizabeth nel 1926, non viaggiò in terza classe; era un cittadino americano e grazie al suo avvocato a Elkhart, Frank Treckelo, sembra si fosse procurato tutta la documentazione adeguata a garantire ad Angelina l'ingresso come passeggero di classe privilegiata. E questo avvenne due anni dopo la chiusura di Ellis Island come Centro per l'ispezione per l'immigrazione. Quattro anni dopo Mussolini saliva al potere in Italia. Negli anni Venti, dalla prima volta in cui Bruno aveva viaggiato in terza classe a bordo della *Moltke*, il suo mondo era cambiato.

Stava arrivando sempre più gente e la conversazione si allargò ad ipotesi sempre più azzardate, riguardo alla reale ragione per cui Anthony fosse stato lasciato in Calabria. Alcuni suggerivano che Angelina, la nuova moglie di Bruno, semplicemente non lo aveva voluto e che la sorella Elizabeth, di nove anni, avrebbe potuto essere più utile del fratello piccolo nei lavori di casa. Del resto era il 1926 ed una bambina calabrese di nove anni doveva fare la sua parte quando si trattava di aiutare in casa, ancor di più se era la maggiore.

Quale sia stata la ragione della loro separazione, Elizabeth ed Anthony non dimenticarono mai il giorno in cui si erano detti arrivederci. Mary mi raccontò che, più tardi, i due fratelli avevano ricordato la terribile scena di Anthony per terra, in un pianto disperato perché il padre, la matrigna e la sorella stavano partendo senza di lui. Su Elizabeth questo stesso episodio

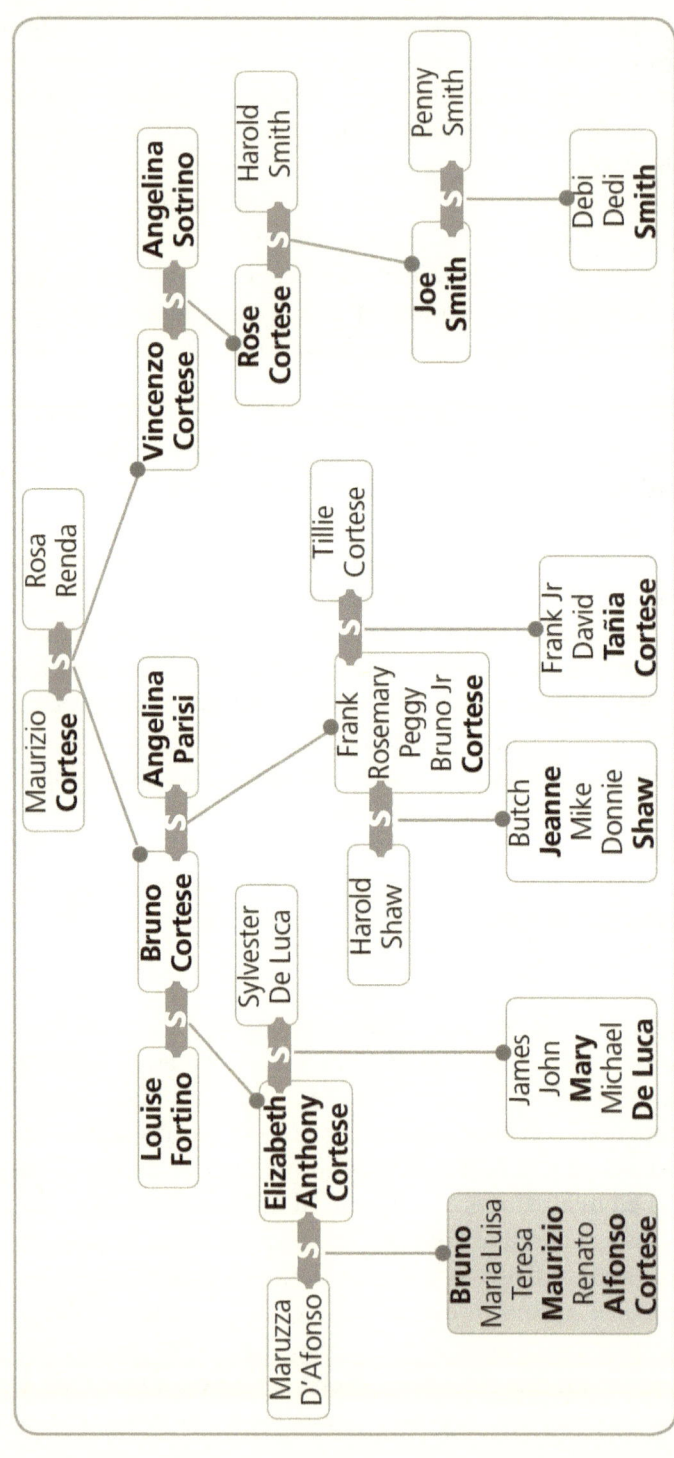

Una sintetica versione dell'albero genealogico della famiglia Cortese a partire dai genitori di Bruno e Vincenzo Cortese. Il ramo calabrese ancora vivente della famiglia Cortese, i figli di Antonio Cortese, si trovano nella casella grigia a sinistra.

La lettera M indica un matrimonio e i nomi nella lista sotto i punti sono i figli nati da quel matrimonio che compaiono in questo capitolo; i nomi in grassetto in genere fanno la loro comparsa più spesso nella storia.

Per parte americana è da notare che una delle mogli di prima generazione aveva già adottato l'uso americano di perdere il proprio cognome in favore di quello del marito – in Italia le donne conservavano sempre il loro cognome, mentre i figli prendevano quello del padre.

ebbe un tragico ed indelebile effetto. La perdita del fratellino fu un dolore insopportabile, così come quello per la zia Teresina, che si era presa tanto teneramente cura dei due fratelli per due anni. Questi eventi, unitamente alla recente perdita della madre, alterarono in maniera significativa il corso della sua giovane vita. Anche i loro nomi cambiarono - in Italia Anthony diventò Antonio ed in America Angelina semplicemente Angela.

Fratello e sorella crebbero a migliaia di chilometri di distanza e si incontrarono ancora una volta soltanto quando, nel 1988, Mary e Jim portarono la madre ormai settantunenne a Santa Severina per far visita al fratello Antonio. Antonio era morto tre anni più tardi, sua sorella, la madre di Mary, gli era sopravvissuta per ancora altri sette.

La mia prima reazione, di fronte alla storia dei due bambini separati a questo modo, era stata quella di considerare la prospettiva di Antonio, lasciato in un ambiente meno stimolante, mentre Elizabeth se ne era andata nella terra delle opportunità, verso una vita più gratificante. Ironicamente Mary invece vedeva la cosa al contrario: non aveva alcun dubbio sul fatto che fosse stato lo zio Antonio, in Italia, ad avere avuto una vita più felice di quella della madre in America.

Intanto arrivava ancora altra gente: le due figlie di Joe Smith, Debi e Dedi con il marito Russ; David, il fratello di Tañia, con la moglie Sue, Jeanne la cugina di Tañia ed il marito Anthony Lovato; Mike, fratello di Mary con i suoi innumerevoli figli. Tañia aveva deciso di mettere in un piccolo studio, su un grande tavolo, tutte le foto e i documenti che intanto venivano portati. Non era proprio quello che mi sarei aspettato, ma in effetti la cosa era molto divertente e alla fine furono proprio quelle persone a permettermi di scoprire fatti relativi ad entrambi i rami della famiglia, fatti di cui molti di loro venivano a conoscenza solo in quel momento.

Più di una volta, facendo un passo indietro osservai questa famiglia, la famiglia del mio amico di Santa Severina, mentre con impazienza guardava nel suo passato e ricordava persone che, per bisogno e grazie alla loro audacia, avevano attraversato il mare da un continente all'altro in cerca di una nuova vita. Queste persone, in questa casa del New Mexico, la personificazione di differenti rami della stessa famiglia e che si erano riunite quel pomeriggio per bere, mangiare, chiacchierare e ridere con un completo estraneo, erano tutte americane di seconda e terza generazione.

Anche se da prospettive differenti, erano tutti interessati alla loro eredità italiana, ma si trattava essenzialmente di americani con una famiglia e radici in Calabria. Di fatto si erano ritrovati tutti ad Albuquerque e tutti ricordavano un piccolo episodio nelle vite di una giovane famiglia Italo-americana ... tornando indietro nel tempo, a quando la moglie del nonno di Bruno, Louise Fortino, aveva contratto la febbre spagnola, poi la tubercolosi e si era saputo che Albuquerque poteva giovare alla sua salute.

Questa gente aveva visitato la propria famiglia in Calabria, tutte le volte che era stato loro possibile. Molte delle persone che incontrai quel pomeriggio erano state a Santa Severina diverse volte; avevano avuto legami con Santa Severina per loro importanti. Guardandomi intorno mi chiesi se per la generazione successiva sarebbe stato lo stesso.

Solo un membro di una sola famiglia da Santa Severina era stata ad Albuquerque, la figlia di Bruno Cortese, Maria Antonietta, che, involontariamente aveva assicurato che quella mattina io potessi prendere un buon caffè italiano.

Stavo rimuginando su questi pensieri quando Tañia mi consegnò una lettera scritta dalla mano di un bambino e mi chiese se potevo tradurgliela. Mi disse che pensava fosse da parte di Bruno Cortese ed indirizzata al nonno che portava il suo stesso nome, il nonno che non aveva mai incontrato.

La breve lettera era datata al Natale del 1960 al tempo in cui Bruno aveva circa otto anni. E diceva:

> "Caro Nonno,
>
> Nella lieta ricorrenza del natale il mio primo pensiero è per te, a cui voglio un gran bene anche se non ti conosco. Papà mi parla sempre di te e con lui anche noi. Ho tanto desiderio di vederti e papà mi ha promesso che un giorno non lontano mi condurrà con lui in America. Ti scriverò spesso e ti ringrazio di quanto mi hai mandato. Invio tanti affettuosi auguri anche per la nonna e gli zii di America.
>
> Ti bacio tanto tanto, tuo Bruno".

Per un poco ci fu silenzio nella piccola stanza di Albuquerque, il tempo necessario perché tutti in quel momento con gli occhi dell'immaginazione potessero vedere il bambino mentre scriveva al nonno che non aveva mai incontrato e che esprimeva con così tanta semplicità il suo appassionato desiderio di venire in America ad incontrarlo. Tutti sapevamo come la storia era andata a finire: nonostante il nonno fosse vissuto per altri venti anni, il loro incontro non ebbe mai luogo. Intanto Tañia aveva trovato una busta per la lettera, aveva scritto il nome di Bruno sopra e me l'aveva consegnata, dandomi il compito di portarla a Santa Severina e di restituirla a Bruno con un semplice messaggio: "ti prego, vieni a trovarci".

È stato un momento molto toccante e lo è ancora.

La foto di un bar portò la conversazione al periodo del Proibizionismo (dal 1920 al 1933) quando Bruno Cortese, come molti altri americani, si era cimentato nella nobile arte della produzione 'fai da te' di alcool, o come ai legislatori piaceva chiamarla a quel tempo, nel traffico illegale di bevande alcoliche. La storia è che, ufficialmente, Bruno era un calzolaio, che produceva e riparava raffinate calzature nel suo negozio di scarpe sulla 2nd Street, ma era, qualche volta, anche un produttore di eccellente whiskey nel suo seminterrato. Sfortunatamente le locali forze dell'ordine lo avevano scoperto ed il suo seminterrato fu perquisito. Proprio come nei film, le botti erano state trascinate su, in strada, e la polizia con grande solennità le aveva distrutte, rimanendo a guardare compiaciuta il frutto di quel duro lavoro scorrere letteralmente giù per i tombini.

Intanto, per ironia della sorte, il fratello Vincenzo si trovava a Santa Fe a produrre e distribuire birra; nel gergo del tempo era un *bootlegger*, un contrabbandiere.

C'era poi un'altra storia, tipica di quei tempi, che molti membri della famiglia ricordavano. E riguardava 'qualcuno', forse proveniente dal New Jersey, che si era nascosto in un vicino edificio per un po' di tempo, all'inizio degli anni Trenta. Per alcuni giorni questo latitante senza nome era stato protetto da alcuni sgherri armati, che badavano a che rimanesse lì e non si cacciasse nei guai. Era stato fatto il nome di 'Capone'. Non necessariamente in riferimento a Capone in persona, ma nel senso che il noto 'Scarface' era stato in qualche modo coinvolto in questi bizzarri eventi.

Mary non aveva mai sentito prima questa storia ed all'inizio ritenne che potesse avere una sua veridicità, ma per Tañia e Jeanne si trattava di una delle storie di famiglia con cui erano cresciute. Jeanne ricordava che sua madre (Rosemary) le aveva raccontato di come la nonna Angela fosse arrabbiata con Bruno proprio in merito a questo episodio e che l'unica cosa che Bruno aveva potuto dire era di essere in debito con 'lui', sebbene il 'lui' fosse rimasto senza nome. Anche Joe Smith confermò di aver sentito la stessa storia dal padre di Tañia, Frank.

Mike, il fratello di Mary, gettò benzina sul fuoco quando si ricordò di un articolo sul New Mexico Magazine di qualche anno prima e che riportava che Capone era solito venire nel New Mexico di tanto in tanto, dove si diceva avesse un nascondiglio sulle montagne Jemez. Voci e supposizioni a parte, era noto che Capone era stato ad Albuquerque nel 1927, quando la polizia e i media davano apparentemente la caccia a lui ed ai suoi compari, fuori città.

Per quanto riuscivo a considerare, a parte la produzione segreta di alcool a livello familiare, il solo collegamento che Bruno aveva avuto con il mondo di Al Capone era stato Cicero, una zona di Chicago. Per un paio di anni, Bruno aveva vissuto e lavorato a Cicero, ma in quel periodo il giovane Al Capone si stava invece facendo dei nemici a Brooklyn e nei dintorni. Era stato solo nei primi anni Venti che Capone si era trasferito da Brooklyn e aveva installato il suo quartier generale a Cicero. (Certamente Albuquerque e Cicero hanno qualcos'altro in comune: si trovano entrambe lungo la Route 66, chiamata la principale strada d'America, che fu commissionata e completata tra il 1926 ed il 1928).

L'unica evidente associazione che Bruno Cortese poteva aver avuto con il mondo della mafia di Chicago è che plausibilmente si era mantenuto in contatto con amici e colleghi dei tempi di Cicero, forse era in debito con uno di loro e aveva ricambiato il favore

Un' inconsueta foto di tutti i figli di Bruno Cortese in America. Bruno aveva scattato questa foto a Jemez, una zona del New Mexico che gli piaceva molto perché gli ricordava l'Italia. Frank, Elisabeth e Angela sono in fila in alto, poi vengono Rosemary, Peggy e Bruno jr.

Ovunque la verità si trovi, si tratta di un'intrigante storia familiare, il genere su cui inevitabilmente si ricama ogni volta che viene raccontata.

***

Tra il 1927 ed il 1935, Bruno ed Angela ebbero quattro figli, uno dei quali, Bruno jr, morì di meningite spinale nel 1939 all'età di otto anni; a parte Mary e la sua famiglia, Joe Smith e le due sorelle, quasi tutti a casa di Tañia quella domenica, erano nipoti di questi tre figli, Peggy, Frank e Rosemary. Frank Cortese era il padre di Tañia.

Ovviamente c'era stata una quarta figlia nella famiglia, la maggiore, la madre di Mary, Elizabeth e, ragionevolmente, avrebbe dovuto essercene un quinto, Anthony, lasciato a Santa Severina.

Tutti quanti riconoscevano che, soprattutto in seguito alla prematura scomparsa di Bruno jr, la matrigna Angela non era stata per niente affettuosa verso Elizabeth (quello che meglio descrive questo rapporto è il fatto che tutte le foto di famiglia che ritraevano anche Elizabeth erano state strappate) Elizabeth venne metaforicamente ed effettivamente tagliata fuori da Angela.

Più tardi, quando Elizabeth aveva avuto dei figli propri, Angela ostacolò il rapporto di Mary e dei suoi fratelli con il nonno che adoravano. Ed anche lui avvertì il dolore per la perdita dei contatti con i suoi nipoti dal lato Fortino della famiglia, ma sostiene Mary, ne fu soprattutto lui il responsabile, perché avrebbe dovuto essere più deciso con la nuova moglie, fin dal principio, quando lo aveva convinto a lasciare Anthony in Calabria.

***

Ci capitarono poi tra le mani tre foto di uomini che indossavano un'uniforme, due dalla seconda guerra mondiale, l'altra di un precedente conflitto, probabilmente la guerra italo-turca, a cui si fa riferimento anche come 'campagna di Libia' del 1911. L'ultimo dei tre era chiaramente un Cortese, sebbene senza identità. Più tardi Joe Smith venne in nostro aiuto e ci suggerì che si trattava probabilmente di uno dei suoi zii, il nipote del nonno Vincenzo Cortese, fratello di Bruno.

Gli altri due erano molto più facilmente identificabili: uno era il padre di Tañia, Frank Cortese nella sua uniforme della Marina Americana, l'altro Antonio Cortese nell'uniforme di tenente, agente di guardia in Italia nel terzo reggimento carri armati. Antonio aveva mandato la foto alla sorella Elizabeth con il messaggio "alla mia amata sorella" scritta sul retro.

La cosa mi fece pensare a quanto velocemente gli immigrati erano stati pronti a combattere per il paese che li ospitava. Mi ricordai di Luigi Cubello che mi aveva raccontato come, all'epoca della crisi dei missili cubani e dopo

Bruno e Angela nel 1949 con i loro tre figli: Peggy, Frank e Rosemary.

Tre soldati una sola famiglia: un nipote italiano dei Cortese di cui non si conosce il nome al tempo della guerra italo-turca nel 1911; il figlio di Bruno, Frank Cortese, era nella Marina americana durante la seconda guerra mondiale; l'altro figlio di Bruno, Antonio Cortese, era nell'esercito italiano durante lo stesso conflitto.

Bruno è il responsabile del *Frank's Bar* in *Central Avenue*.

solo sei anni in America, si era sentito abbastanza patriottico da voler combattere per il suo paese. Mi pare che mi avesse detto che aveva avuto all'epoca solo nove anni.

A quel tempo il nemico di Luigi era la Russia, ma in conflitti come la seconda guerra mondiale, l'Italia era alleata dei nemici. Gli Stati Uniti erano entrati nel conflitto nel 1941, ma era stato quasi un anno più tardi che le forze armate americane avevano preso parte per la prima volta ad uno scontro, nel nord Africa, che coinvolgeva le forze nemiche italiane. Per molti italo-americani questo aveva significato finire per combattere contro la propria famiglia.

Sembra tuttavia che, come Frank Cortese, nessuno di loro abbia mai messo in dubbio le ragioni degli alleati o semplicemente non abbia mai concesso all'eventuale dubbio la possibilità di un attimo di riflessione. Probabilmente entrambe le cose. La maggior parte dei soldati, marinai ed aviatori italo-americani di prima generazione, era già emotivamente americana quando si era arrivati a questo conflitto ... non avevano mai neppure pensato alla possibilità che combattere contro degli italiani avrebbe significato combattere contro la propria famiglia e quelli che se ne resero conto probabilmente misero da parte questo pensiero. Avevano chiaramente fatto una scelta: erano americani.

Per Frank, alleanze di questo tipo non erano qualcosa su cui aveva dovuto riflettere (prestò servizio soltanto nel Pacifico del Sud).

Tuttavia, poste l'una accanto all'altra, queste fotografie, scattate nel 1940, entrambe foto ricordo per i loro cari del servizio militare prestato per la propria nazione nel momento del bisogno, sono quelle di due uomini che avevano lo stesso padre, fratellastri che, inconsapevolmente, erano pronti ad imbracciare le armi l'uno contro l'altro.

Dal 1951 al 1959, Bruno aveva riscoperto il suo interesse per la vendita di alcolici ed in collaborazione con il figlio Frank, aveva aperto il *Frank's Bar* a *Central Avenue*. Per Mary ed i suoi fratelli questa attività aveva avuto un'inattesa conseguenza: il bar era diventato l'unico posto in cui potevano apertamente andare a trovare il nonno Bruno. Mary ricorda che dava loro bibite e spuntini, li abbracciava e parlava loro della nonna, della madre di Elizabeth. In queste occasioni, dimostrava anche un po' del suo cinismo e Mary ancora ricorda, parola per parola, molta della sua personale filosofia: "tutti i politici sono ladri, ma i repubblicani rubano per i ricchi, i democratici per i poveri" e "credi solo alla metà di quello che vedi e mai a quello che senti".

Nel 1968, la matrigna Angela Parisi morì, dopo aver lottato con una malattia mentale nel corso della quale, in alcune occasioni, aveva riconosciuto di aver maltrattato la figliastra Elizabeth.

Dodici anni più tardi morì anche Bruno, non molto tempo dopo un suo ricovero in ospedale per una frattura all'anca, non quel genere di cose che avrebbero potuto fermare un calabrese che si rispetti dal saltar giù dal letto e flirtare con le infermiere.

Come ho già detto, alla fine, nel 1988 Mary e Jim convinsero Elizabeth Cortese a ritornare con loro in Calabria per far visita alla sua famiglia. Doveva prima di tutto superare la paura di volare e lasciare l'America. L'ultima volta che lo aveva fatto, nel 1924, aveva 'dovuto' e così l'evento era ancora associato ad un senso di dolorosa perdita. Erano passati sessantadue anni da quando aveva lasciato la Calabria insieme al padre e alla matrigna, sessantadue anni da quando aveva visto per l'ultima volta l'amato fratello Antonio e la zia Teresina.

Ma questa volta il viaggio avrebbe avuto anche un altro scopo … partecipare al matrimonio del figlio di Antonio, Maurizio, con Adele a Vibo Valentia, sulla splendida costa tirrenica calabrese.

Mary ricorda l'emozionante incontro all'aeroporto di Lamezia Terme, quando fratello e sorella si erano abbracciati ed avevano pianto e così avevano fatto tutti i membri della famiglia Cortese, riunitisi per dar loro il

Elisabeth Cortese, a sinistra, ritornò in Calabria una volta sola – per il matrimonio di suo nipote Maurizio Cortese con Adele Guarascio – nel 1988.
Accanto a Elizabeth c'è suo fratello Antonio Cortese che non vedeva da oltre 60 anni.

benvenuto. Per tutti, eccetto che per Antonio, quella era la prima volta che incontravano la zia americana.

Le stesse emozionanti scene si erano poi ripresentate quando avevano fatto visita alla zia Teresina a Crotone, che aveva esordito osservando: "Elisabetta, che vecchia!" … e questo da una donna di più di novant'anni.

All'inizio per Elizabeth la lingua fu un problema; quel poco di italiano che ricordava era il dialetto di circa sessant'anni prima e i dialetti sono notoriamente più flessibili e predisposti al cambiamento rispetto alla lingua italiana ufficiale. In realtà era come se Elizabeth non avesse mai parlato in italiano, l'italiano che conosciamo oggi.

Insieme andarono a visitare anche i resti del palazzo ad Altilia, dove Elizabeth si era sentita serena per l'ultima volta e che, nonostante fosse ormai ridotto ad un rudere e fosse stato diviso in più abitazioni, non aveva perso il suo fascino. Il tempo non aveva potuto cancellare i ricordi della loro infanzia, quando, ancora insieme, giocavano sul tetto del mondo.

Quando Mary mi aveva menzionato questo luogo per la prima volta, sapevo esattamente di cosa stesse parlando, perché ricordavo di avervi fatto una lunga passeggiata con alcuni amici in un caldo pomeriggio di primavera. Era un posto in cui, a dispetto dei danni del tempo, la casa in rovina ed i suoi abbandonati dintorni ancora emanavano fascino, dominando i meravigliosi paesaggi sulla valle del fiume Neto.

Riuscivo a comprendere come questo luogo fosse sopravvissuto così a lungo nei ricordi di una bimba di nove anni.

Mentre il pomeriggio avanzava verso la sera, quella gente cominciò ad andarsene e ad avventurarsi fuori, nella pungente aria di novembre, per far ritorno alle diverse zone di Albuquerque e a quella che chiamavano 'casa'. Ciascuna di queste famiglie poteva percorrere a ritroso la propria storia, su un'immaginaria linea che conduceva a Bruno Cortese che, nel 1906 ed ancora nel 1912 era stato abbastanza coraggioso da attraversare l'Atlantico alla ricerca di una vita migliore.

Tra gli anni Venti e gli anni Trenta, aveva dato vita a tre diverse e straordinarie famiglie (due in America ed una in Calabria) ed io sono stato abbastanza fortunato da essere stato il destinatario di uno straordinario affetto da parte di tutte e tre.

Sapevo anche che esisteva una quarta famiglia Cortese in America, quella dei nipoti di Vincenzo Cortese, fratello di Bruno, il primo a saggiare le acque dell'Oceano e ad emigrare da Mesoraca negli Stati Uniti nel 1905. La storia di Angela Sotrino, moglie di Vincenzo, della figlia Rose, e del figlio Joe

Smith è una storia non meno interessante di quella sulla quale ho concentrato la mia attenzione. Ed è una storia che, se solo avessi avuto più tempo, mi sarebbe piaciuto ricostruire con l'aiuto di Joe e delle figlie Debi e Dedi.

So che Rose, figlia di Vincenzo, era la nonna per parte paterna che Debi e Dedi adoravano; ma ne avevano condiviso l'affetto con Mary, Tañia, Jeanne e tutti gli altri, per i quali Rose aveva svolto il ruolo della nonna che non avevano mai avuto. Allo stesso modo, per Frank, padre di Tañia, Joe Smith era il fratello perduto e per Tañia lo zio a cui si sentiva particolarmente legata.

Tutti quelli che emigrarono, non importa da dove fossero venuti o dove fossero diretti, si erano lasciati alle spalle famiglie e persone care; avevano colto l'occasione che poteva voler dire non rivederli mai più. Ma la storia di Anthony Cortese, come veniva chiamato negli *States*, nato in America e abbandonato in Calabria, non solo è unica nel suo genere, ma davvero commovente.

Per ironia della sorte, se la storia non avesse seguito questo corso, Santa Severina ne sarebbe stata danneggiata. Per dieci anni, fino al 2010, il più giovane Bruno Cortese è stato, proprio come lo era stato anche il padre Antonio, sindaco del paese ed in questo ruolo, per come ci sembrava all'epoca, ha guadagnato credibilità, rivelandosi un leader ed un innovatore per eccellenza. Una delle ragioni per cui mia moglie ed io ci siamo trasferiti a Santa Severina è da attribuire al fatto che, quando c'eravamo stati in vacanza, avevamo notato quanto il paese fosse amministrato con cura.

È dunque altrettanto possibile che questo libro non sarebbe stato scritto se nel 1924 Anthony Cortese fosse tornato in America con il padre, la sorella e la matrigna.

Alcuni dei nipoti di Vincenzo e Bruno Cortese ad Albuquerque.

POSCRITTO

Non molto tempo dopo il mio rientro a Santa Severina dagli Stati Uniti, ho consegnato a Bruno la busta che Tañia mi aveva dato e che conteneva la lettera di Natale che aveva scritto al nonno così tanti anni prima. Siamo poco prima del Natale del 2012.

Bruno legge la lettera in silenzio. Per qualche momento non dice nulla. È evidente che sta lottando per controllare l'emozione … si alza, mi stringe la mano e mi ringrazia per avergli portato la lettera. Posso vedere che ha perso le parole e non vuole continuare la conversazione

Un mese più tardi, la stessa sera in cui avevo finito di scrivere questo capitolo, ho incontro Bruno Cortese nella piazza di Santa Severina. Gli racconto di aver scritto della sua famiglia quel giorno e riportato quello che Tañia, Mary e tutti gli altri avrebbero voluto più di qualsiasi altra cosa: che visitasse le sue due famiglie ad Albuquerque. Mi risponde che ora sa che deve andarci, ed aggiunge che, forse, potremmo andarci insieme.

Un altro inverno calabrese è quasi passato e Kay ed io stiamo cenando con la nostra amica Denise e Bruno Cortese, principalmente per discutere un'altra questione relativa a questo libro.

Per la prima volta Bruno comincia a parlare del padre, Antonio, e di quegli anni che aveva trascorso ad Altilia dopo che il padre (Bruno), la sorella (Elizabeth) e la matrigna (Angelina Parisi) erano rientrati in America. Richiamare alla memoria i ricordi di giovinezza del padre è per Bruno un'esperienza ovviamente emozionante.

Ci racconta che Antonio (Anthony, come era chiamato solo pochi anni prima) all'inizio non era andato a vivere con la zia Teresina, come avevo pensato, ma aveva vissuto ad Altilia con il fratello di Teresina, lo zio Antonio che era un prete. La decisione della famiglia all'epoca era che Antonio doveva essere preparato al sacerdozio e per tre anni questo giovane cittadino americano aveva fatto a piedi più di undici chilometri da Altilia al seminario a Santa Severina.

Bruno ci spiega quanto il nonno Bruno fosse amareggiato dal fatto che la nuova moglie, Angelina Parisi non aveva voluto portare in America il figlio come parte della famiglia e che con riluttanza aveva accettato il fatto che Antonio rimanesse in Calabria e venisse preparato per il sacerdozio.

Sfortunatamente, sembra che Antonio non abbia avuto nessuna voce in capitolo nella faccenda e quando lo zio Antonio morì nel 1933, colse l'opportunità di pensare da solo al proprio futuro e fu allora che andò a vivere con la zia Teresina. Nel far questo, aveva optato per la vita secolare.

Mentre in Europa si profilava una guerra, Bruno cercò di convincere

Antonio a riunirsi alla famiglia in America, ma Antonio si era ormai stabilito a Santa Severina, aveva già dimenticato tutto il suo inglese e così decise di restare in Calabria. Bruno non sa se il nonno abbia mai discusso di questo progetto con la moglie Angelina.

Nato nell'Indiana, Antonio Cortese era ora un giovane patriota italiano che combatteva per il suo paese in guerra, proprio mentre il fratellastro che non aveva mai incontrato faceva la stessa cosa sull'altra sponda dell'Atlantico.

Bruno trova la successiva parte della storia particolarmente dolorosa da ricordare. Parla di come il padre non sapesse nulla della vita che la sorella stava conducendo in America. Solo dopo la morte di Angelina, Elizabeth riuscì a condividere con il fratello alcune delle difficoltà della sua vita e di come fosse stata ritenuta un'estranea nella nuova famiglia di Angelina.

Racconto a Bruno quanto difficile sia stato per Tañia e Mary trovare una foto d'infanzia di Elizabeth con i fratellastri e le sorellastre, dal momento che Angelina aveva tentato, senza successo, di cancellarla da tutte le foto di famiglia. Bruno è certo che se suo padre Antonio fosse venuto prima a conoscenza delle vicende dolorose della sorella, non sarebbe stato così generoso quando nel 1959 Angelina aveva visitato la Calabria e aveva avuto bisogno di un posto in cui fermarsi, dopo che la sua stessa famiglia le aveva voltato le spalle.

È tempo di aggiornare la storia al giorno in cui, nel 1988, fratello e sorella, Antonio ed Elizabeth Cortese finalmente si riunirono per la prima, ed ultima volta. Bruno ricorda che, con il cupo aeroporto di Lamezia Terme a fare da sfondo, tutti i ricordi e le emozioni di due lunghe esistenze che erano state tenute separate, si erano liberate infine in un abbraccio affettuoso e commosso. Sessant'anni erano passati da quando le loro lacrime erano state versate per la separazione.

E poi Bruno ha un ultimo ricordo. Durante la visita di Elizabeth a Santa Severina, suo fratello Antonio la portò in un punto circa 50 metri oltre l'attuale bivio per la strada che porta ad Altilia. Questo era il sito dell'incrocio originale con la strada principale e la linea del sentiero che portava ad Altilia era ancora chiaramente visibile. Ancora più importante, questo era un posto che suo padre voleva condividere ancora una volta con sua sorella, un posto che Antonio non dimenticò mai perché fu qui che disse addio alla sorella maggiore Elizabeth nel 1926.

Per un momento tutti e quattro ci sforzammo di ricostruire la scena nella nostra mente, l'atto finale nella storia di un uomo calabrese e della sorella americana.

Meglio non si può ... ?

La mattina dopo, prima di accompagnarmi all'aeroporto di Albuquerque, Adam offrì a me e a Tañia una delle sue splendide colazioni (purtroppo non posso rivelare di più, dal momento che ho giurato di mantenere il segreto). In seguito, tornato a casa, tentai di prepararmi la colazione allo stesso modo, e ritengo che, astuto come tutti i cuochi, Adam non mi abbia mai davvero svelato i suoi trucchi.

Quattro ore più tardi mi allacciavo la cintura, pronto per il decollo verso la seconda tappa del mio viaggio da Dallas-Forth Worth a Newark. Avevo aperto la borsa per tirarne fuori il mio iPad quando rimasi impietrito ... non era lì. L'iPad non solo era il mio unico collegamento con Kay (che in quel momento era in Inghilterra), ma conteneva anche tutti i miei contatti per il tempo che ancora mi rimaneva da trascorrere negli States. Tutto quello che riguardava il mio viaggio era su quell'iPad.

Mentre i passeggeri si stavano ancora sistemando a bordo dell'aereo, cercai di non farmi prendere dal panico e di concentrarmi per ricordare dove in effetti avessi potuto lasciarlo e che cosa avrei dovuto fare. C'erano due possibilità: o lo avevo lasciato sul volo da Albuquerque, o lo avevo tirato fuori dalla borsa mentre mi trovavo in un negozio di elettronica all'interno del terminal, dove stavo pensando di comprare uno stilo. Pensai che se il mio iPad si trovava su un altro aereo c'era ben poco che in quel momento potessi fare per recuperarlo; se invece era nel negozio a soli pochi metri di distanza, allora, il minimo era tornare lì prima che l'aereo decollasse.

I passeggeri ancora affollavano il corridoio alla ricerca di posti a sedere ed in mezzo a loro ero riuscito ad individuare un assistente di volo trascinato dalla calca. Mi alzai e gli dissi: "Ho bisogno di scendere e di tornare indietro al negozio del terminal dove ho lasciato il mio iPad". Mi aspettavo un duro confronto ed invece quello diede un'alzata di spalle e mi fece segno che c'era ancora gente per il corridoio e che non solo avrei dovuto affrettarmi, ma che avrei dovuto "nuotare contro corrente" per gran parte del tragitto … con questo intendeva dire che avrei dovuto spingere indietro tutti quelli che stavano andando nella direzione opposta, mentre cercavano un posto per sé ed il proprio bagaglio.

Decisi di provarci e cominciai ad ingaggiare una dura lotta, percorrendo a ritroso il corridoio, "Permesso". "Mi scusi". "Permesso, mi scusi". "Scusi, permesso". Ero riuscito a raggiungere il portello proprio mentre l'ultimo passeggero entrava e velocemente dissi ad uno steward che gironzolava accanto alla cabina di pilotaggio, che sarei tornato tra un minuto perché il mio iPad era nel terminal. Non gli diedi la possibilità di rispondere. Cominciai a correre.

Tornai indietro, su per il corridoio, una curva e poi ancora su, su e una curva, fino a che non arrivai al gate; dopo essere passato sotto la barriera di nastro blu accanto al banco, percorsi la curva del terminal, cercando per tutto il tempo il negozio dove ero stato, sperando per tutto il tempo di aver preso la direzione giusta.

Lo vidi, Airport Wireless, mi ci precipitai e senza fiato chiesi: "Ho lasciato qui il mio iPad?". L'uomo dietro al bancone stava parlando con un altro cliente. E continuò a farlo, mentre lentamente, con la mano destra, raggiungeva uno scaffale dietro di lui, prendeva un iPad e me lo consegnava. Non mi aveva detto nemmeno una parola e non aveva neppure messo in dubbio il fatto che l'iPad fosse davvero mio.

Afferrai l'iPad, mi precipitai fuori dal negozio, corsi tutt'intorno al terminal per cercare il mio imbarco e passai ancora una volta sotto il nastro mentre mostravo il mio iPad a due sbalorditi impiegati. Poi corsi giù per il corridoio e mi lanciai nell'aereo e quasi tra le braccia dello stesso steward dal quale ero corso via non più di novanta secondi prima.

"L'ho preso", dissi brandendo il mio iPad come un trofeo, prima di tornare al mio posto come se non fosse successo niente. C'era ancora un ultimo passeggero che cercava il suo posto.

A parte questo, mi si prospettava un volo tranquillo.

O meglio, avrebbe dovuto essere tranquillo, ma dopo aver finito di accarezzare amorevolmente il mio iPad e avergli promesso che non lo avrei più perso di vista, e mentre ero di nuovo online da qualche parte sul Texas, fui costretto a prendere una gravissima decisione.

Mentre studiavo una mappa di Newark, localizzavo il luogo in cui avrei pernottato e la sua distanza dall'aeroporto, realizzai che senza il mio fedele navigatore, mia moglie Kay, non sarebbe stato facile trovare il posto. Contrariamente a tutti i miei principi, dovevo farmi forza e chiedere che la macchina che avevo noleggiato a Newark fosse dotata di GPS.

Per anni avevo percorso in lungo e in largo con successo l'America e l'Europa con la mia versione di GPS già installata nel cervello: l'avevo semplicemente chiamata 'la parte del mio cervello che sa leggere le mappe'. Ma a cinque miglia sopra il Tennessee, mi resi conto che avrei avuto bisogno di ulteriore assistenza per questo viaggio. Ancora non sicuro se potessi permettermi pensieri di questo tipo, per qualche istante feci marcia indietro e mi chiesi se fossi in grado di ricordare il percorso dall'aeroporto alla *8th Street*. *A*lla fine, fui costretto ad ammettere che non c'era altro da fare: avrei dovuto noleggiare una macchina con il GPS, cosa che oltretutto avrei dovuto anche imparare ad usare in modo maledettamente veloce … penso lo chiamino il battesimo di fuoco.

A Newark presi la navetta che mi avrebbe condotto al servizio autonoleggio fuori dall'aeroporto. La giovane donna dietro allo sportello era chiaramente nuova del lavoro, ma dopo un paio di false partenze, sembravamo procedere bene. Aveva la mia conferma stampata, la mia carta di credito e la mia patente, la mia patente di guida italiana.

Era ancora impegnata a digitare la mia richiesta, quando la porta dietro di lei si spalancò e ne venne fuori un uomo giovane, dal viso fresco, ben vestito e che stava certamente stava dando la sua scalata al successo; si diresse volutamente nella mia direzione.

"Lei è italiano?" mi chiese.

Non gli avevo risposto immediatamente e così continuò dicendo:

- Ho visto la patente di guida italiana sul monitor, dal retro.

- Io vivo in Italia - dissi - ma …

- Allora lei è italiano …?

Senza darmi la possibilità di rispondere mi disse:

- Anche io sono italiano, la mia famiglia è di Spezzano, probabilmente non ne ha mai sentito parlare … è in …

- In Calabria? - dissi io.

- Si, si, è in Calabria. Come conosce la Calabria?

- Io vivo in Calabria - dissi - a Santa Severina, nella provincia di Crotone. Spezzano si trova vicino Cosenza, vero?

Il mio nuovo miglior amico, Carlo o Charlie, come preferiva essere chiamato, continuò raccontandomi la breve storia della sua famiglia e come i suoi genitori avevano dovuto lasciare Spezzano e venire in America. Non mi spiegò il perché 'avessero dovuto' ma ero abbastanza sicuro che da qualche parte, tra le righe, 'dovere' voleva dire problemi, quel tipo di problemi di cui alcuni calabresi non volevano parlare.

Gli dissi perché mi trovavo negli *States* e che mi sarebbe piaciuto incontrare i suoi genitori ed ascoltare la storia della famiglia a Spezzano e nel New Jersey. Sembrò interessato, anche se sospettavo che i suoi genitori avrebbero potuto non esserlo.

Mentre con un orecchio badavo a queste cose, con l'altro mi accorsi che la giovane che esaminava la mia prenotazione, come succede sempre, stava cercando di noleggiarmi una macchina più grande. Dopo anni di esperienza nel noleggio auto negli Stati Uniti, sapevo che se si prenota la macchina più piccola ed economica, cercano sempre di farti pagare per la più grande, perché in realtà, le ditte di noleggio, raramente se non addirittura mai, hanno modelli economici. Se si resta della propria idea e si insiste sulla propria amata auto economica, non hanno allora altra scelta che darvi una macchina di classe superiore, ma allo stesso prezzo. Un vecchio trucco, ma funziona sempre.

Mentre Charlie mi stava scrivendo il suo indirizzo email e il suo numero di telefono, chiesi se potevo avere anche il GPS e mi dissero che ci sarebbe stato un supplemento extra per otto giorni dalla data del noleggio.

Bruscamente Charlie prese il comando della transazione e disse alla sua collega che dovevo avere la Chrysler, l'unica con il GPS istallato. La ragazza protestò che volevo soltanto un'utilitaria. Ma Charlie non ne voleva sapere: mi diede la Chrysler per lo stesso prezzo. Dopo tutto venivamo entrambi dalla Calabria, eravamo quasi una famiglia.

Ci stringemmo la mano: dissi che gli avrei scritto una email più tardi e che non vedevo l'ora di incontrare i suoi genitori. Lo ringraziai per quello che ritenevo sarebbe stato un modesto upgrade, che probabilmente avrei ottenuto comunque. Charlie mi augurò ogni bene, disse che avrebbe chiamato i suoi genitori e scomparve nel retro, nel suo ufficio, a controllare altre operazioni.

Era nera, somigliava ad un'auto, ma in realtà era delle stesse dimensioni di una piccola casa. Era chiaramente la più enorme e costosa macchina che ci fosse in quel posto; per questo motivo la ragazza, venute alla luce le caratteristiche della macchina, era trasalita davanti ad una tale scelta e per lo stesso prezzo.

All'inizio, la sola cosa che mi interessava era il funzionamento del GPS. Diedi alla donna l'indirizzo di dove stavo andando, mi mostrò come inserirlo nel sistema e così ero pronto a partire. Aveva anche voluto programmare un collegamento tra il mio iPhone ed il GPS (o qualcosa del genere), ma al momento questo rappresentava per me un passo troppo tecnologico. Se solo avessi pensato con più lucidità, avrei potuto chiedere come dovevo fare rifornimento. Ma me ne sarei occupato più tardi.

Finalmente solo e al volante, ero pronto a partire … ma due minuti più tardi ero già tornato indietro nell'ufficio, cercando qualcuno che potesse mostrare, a me uomo di bassa statura, come regolare il sedile. In realtà mi mostrarono anche come posizionarlo più in alto, reclinarlo e riscaldarlo.

Così ci provai di nuovo. Accesi il motore e misi il cambio delle marce in quella che mi sembrava la modalità di avviamento. Non si muoveva. Provai ancora. Niente. Tornai nell'ufficio e chiesi se qualcuno poteva mostrarmi come avviare l'auto.

Starete pensando che io non abbia mai guidato prima negli *States*, ma l'ho fatto e molte volte, semplicemente non ricordavo che D stava per *drive*, 'guidare', e N per *neutral*, 'in folle'. Stavo cercando di guidare con il cambio nella posizione N. Non ho nessuna idea di che cosa stessi cercando di fare.

Provai ancora e lentamente mi portai fuori dal parcheggio, ma ogni volta che frenavo, la macchina vibrava e si fermava bruscamente e questo perché, alla fine scoprii, stavo usando il piede sinistro per frenare ed il piede destro per accelerare (come di solito faccio con la mia macchina con il cambio manuale a casa) invece di usare il piede destro per tutto. Dico che lo avevo capito, ma tutta la macchina continuava a vibrare ed oscillare ad ogni stop e così rimasi fermo per il primo quarto d'ora, finché non ebbi un'illuminazione e misi definitivamente a riposo il pesante piede della frizione.

Mi sarebbe piaciuto sapere se Charlie, che, e lo potevo vedere, stava guardando di nascosto le mie buffe imprese, si fosse già pentito della sua stravagante generosità.

Nonostante la frenata irregolare, mi stavo abituando al GPS e all'altra voce in macchina, quella di una donna, che continuava a dirmi che cosa fare dopo, cosa fare tra trecento metri, che la prossima svolta sarebbe stata a destra, anche se dopo un secolo. Quando diceva "gira a destra tra cinquanta metri e poi a sinistra" avevo scoperto che in realtà mi stava dicendo che la prossima svolta dopo la destra sarebbe stata sulla sinistra e non che, come mi sembrava più logico, dovevo girare a destra subito dopo aver girato a sinistra. Non riesco a dirvi quante volte sbagliai prima di capire ed intanto la donna si fermava, continuando a ripetere "ricalcolo del percorso, ricalcolo del percorso".

Alla fine mi ritrovai fuori dalla casa che cercavo, nella strada di Newark che cercavo. La stradina sembrava deliziosa, così come la casa e quando dopo una telefonata al mio ospite scoprii dove aveva nascosto le chiavi, finalmente entrai. Mi aveva anche detto che avevo tutta la casa a mia disposizione e che potevo scegliere la camera da letto che più mi piaceva. Ero esausto e tutto quello che volevo era lavare via la stanchezza e mettere qualcosa sotto i denti. Pensavo anche che sarebbe stato meglio mandare una mail a Charlie per dirgli che la macchina era ancora tutta intera e che ero sempre ansioso di incontrare la sua famiglia. Come avevo sospettato, la cosa non era stata più confermata.

Nel giro di un'ora e mezza uscii di nuovo in quel mondo che era Newark, ri-energizzato e ansioso di trovare un buon ristorante ed una altrettanto buona bottiglia di vino rosso. Il mio entusiasmo però fu stroncato sul nascere quando scoprii che questa 'deliziosa' strada era una piccola oasi di normalità in quello che per altri aspetti davvero somigliava al lato oscuro della luna. L'avvertimento di Sherrie riguardo a certe zone di Newark mi stava ancora risuonando nelle orecchie.

Ad ogni modo scovai due posti in cui cenare: uno era una piccola pizzeria, e francamente non molto invitante, nascosta in mezzo ad alcuni negozi che sembravano aver conosciuto tempi migliori; l'altro era un desolato Burger King sull'altro lato della strada principale. Nessuno dei due saltava all'occhio come possibile risposta alla mia fame, ma il Burger King sembrava il minore tra due mali.

Pensavo che forse avrei potuto prendere un taxi per andare in un posto un po' più invitante, ma non ce n'era molta disponibilità e per certo non avevo ancora visto nemmeno un taxi. Forse non venivano in questa zona se non su richiesta. Mi arresi alle fitte che avvertivo allo stomaco e attraversai la strada dirigendomi verso il Burger King, ma non riuscivo davvero ad entrarci; gironzolai per un po' là fuori e contemporaneamente continuai a stare in guardia se mai qualche taxi si fosse perso.

Sentii allora una macchina fermarsi in un'area del parcheggio del Burger King che non riuscivo a vedere e così, ancora con la speranza che potesse trattarsi di un taxi, feci il giro per dare un'occhiata. Ma dall'angolo venne fuori un poliziotto enorme, un 'Hightower' (dalla serie *Scuola di Polizia*) alto almeno sette piedi. Procedeva ondeggiando con un'andatura da spaccone, del tipo 'non-mi-provocare' e sembrava appena uscito dal set di un film … per un momento mi chiesi se fosse davvero un poliziotto. A parte il modo di incedere e l'aria truce, mi sembrava abbastanza gentile e poi non aveva subito estratto la pistola mentre mi avvicinavo.

- Mi scusi agente - dissi nello stile "ho-visto-centinaia-di-film-americani" - dove posso trovare un taxi qui?

- Nessun problema - anche lui aveva ovviamente visto gli stessi film - posso chiamargliene uno - una risposta che davvero non mi aspettavo.

Lo ringraziai calorosamente ed intanto tirò fuori il cellulare, diede alcuni colpi ai tasti e se lo mise all'orecchio, proseguendo la sua strada verso il Burger King. Qualche momento più tardi venne fuori e mi disse che il mio taxi era per strada e che avrei potuto aspettarlo all'angolo del parcheggio. Lo seguii là dietro e scoprii che era veramente un poliziotto … a meno che non avesse rubato un'enorme macchina di pattuglia bianca e nera dal set di un film insieme al suo amico in uniforme.

Pensavo che, finalmente, quel giorno le cose stessero prendendo la giusta piega, ma devo imparare a tenermi lontano da pensieri di questo tipo.

Il mio taxi arrivò cinque minuti dopo e chiesi all'autista se conoscesse un posto ad una distanza ragionevole dove mangiare e che non fosse una pizzeria o un Burger King. Dopo aver riflettuto per un momento, mi disse che conosceva un ristorante giapponese ed un locale cinese non troppo lontano. La parola 'locale' avrebbe dovuto dirmi qualcosa, ma al momento il mio stomaco in attesa ed il mio cervello stanco non ci avevano fatto caso. Optai per il cinese.

Durante il tragitto, presi nota del fatto che la zona in cui mi ero sistemato, dopo tutto non era così male. Sembrava che ci stessimo dirigendo verso un'area della città ancor più oscura e desolata, il genere di posto in cui girano film su persone che si sono perse in una spaventosa terra di nessuno e devono contare solo sul proprio istinto per sopravvivere. Avevo guardato tutti quei film e questo era un vantaggio.

Intanto pensavo - *suggerimento numero uno per sopravvivere a Newark: chiedere il numero al tassista per chiamarlo quando hai bisogno di rientrare alla base.*

Il taxi mi scaricò fuori dal 'ristorante' cinese e gli promisi che lo avrei chiamato dieci minuti prima di essere pronto ad andarmene. In realtà avrei fatto meglio a chiamarlo immediatamente e a mettere da parte tutti i miei pregiudizi per tornare al Burger King.

La parola 'ristorante' mal si adattava a questo posto. Era un take-away cinese con alcuni tavoli e sedie e niente alcolici. Mi chiedevo come fosse successo, pensando a tutti i programmi tv sulle visite di ispettori sanitari che chiudono ristoranti, bar e take-away in tutto il mondo. Mi chiedevo come si fossero persi questo posto. E questo ancor prima che potessi assaggiare qualcosa.

Avevo ordinato del pollo in agro-dolce, ma mi servirono un piatto di riso stracotto e una scodella di qualcosa simile al pollo che galleggiava in un viscido mare arancione fluorescente, disgustoso a vedersi, e non fu una sorpresa, di sapore altrettanto disgustoso.

Mangiai abbastanza pollo da sfamarmi e lasciai quasi tutto il riso ed il liquido arancione per un altro ignaro cliente, anche se non riuscivo ad immaginare che qualcun altro potesse mangiare qui di sua volontà. C'era infatti un altro cliente ... ma che genere di cliente! Sedeva da solo al suo tavolo e giocava con il telefono, non aveva mai rivolto la parola a nessuno e non aveva ordinato niente. Forse aveva già mangiato e stava digerendo, forse era un amico di famiglia, magari, supponeva la mia sempre più fervida immaginazione, stava tenendo d'occhio il solo altro cliente.

Quando quel pensiero mi passò per la mente, decisi che era tempo di chiamare il mio amico tassista che, chiaramente impressionato dalla velocità con cui avevo mangiato, mi disse che sarebbe arrivato in non più di dieci minuti.

Dopo aver pagato, uscii per ispezionare i dintorni. Dall'altra parte della strada c'era un negozio di alcolici e davanti un taxi della stessa compagnia che mi aveva portato qui. Pensai che il taxi aveva fatto in fretta ed attraversai la strada, ma presto realizzai che l'autista non era lo stesso. Allora mi diressi al negozio di alcolici.

- *Suggerimento numero due per sopravvivere a Newark: essere sempre sicuri di aver acquistato una bottiglia di vino con un tappo a vite nel caso non abbiate un apribottiglie in casa.*

Tornato indietro, l'altro taxi era ancora lì. Mi chiedevo se avessero mandato qualcun altro e se in realtà stesse aspettando me. Così glielo chiesi e, mentre masticava il suo hamburger, mi rispose che sì, stava aspettando proprio me. Anche se la sigla sul taxi confermava che lavorava per la stesso compagnia, non gli credetti.

- *Suggerimento numero tre per sopravvivere a Newark: mai salire su un taxi mentre l'autista sta mangiando, è chiaramente un bugiardo e protesta ad alta voce quando vai via.*

Mentre il mio furbo tassista ancora protestava la sua innocenza, avevo cominciato ad attraversare la strada con l'intenzione di riprendere la mia posizione fuori dal locale cinese, ma non ce n'era stato bisogno perché spuntò un altro taxi e vidi una faccia familiare che sbucava dal finestrino.

Sulla strada del ritorno raccontai del presunto collega mastica-hamburger che aveva provato a rubargli il cliente ... e dire che non era molto contento sarebbe un eufemismo.

Tornato in quella che era chiaramente la migliore zona di Newark, stavo pensando di prendere delle patatine al Burger King e rientrare con la mia bottiglia di buon vino, ma non avevo nemmeno la forza di attraversare la strada. Quella bottiglia di vino rosso e la notte di buon sonno che mi si prospettava erano troppo invitanti ed alla fine … mi arresi.

Quella notte sognai il *Saigon Café* a Jersey City dove sapevo che avrei cenato la sera dopo. Non vedevo l'ora.

———

Mi svegliai in un piovigginoso mattino, feci i bagagli e mi diressi verso la mia piccola-casa-mobile. Era ancora là dove l'avevo lasciata e tutte e quattro le ruote sembravano al loro posto. Digitai sul GPS la mia destinazione per Jersey City, rinnovando così la mia familiarità con 'la voce'.

Dopo diverse svolte sbagliate e ricalcoli del percorso, mi ritrovai ad andare più o meno nella direzione giusta ed alla fine tornai nella zona di *Wayne Street*, dove cominciai a cercare un posto in cui parcheggiare la piccola-casa-mobile, un posto senza particolari divieti che avrebbero portato inesorabilmente alla rimozione del veicolo. Tutto quello che volevo era semplicemente un parcheggio e normalmente non è un grosso problema in America.

Guidai su e giù, strada dopo strada per quasi un'ora, prima di incontrare il mio primo parcheggio e soltanto per scoprire che non avrei potuto lasciarci la piccola-casa-mobile di notte; ma il ragazzo che ci lavorava mi venne in aiuto e mi disse che c'era un altro parcheggio dove avrei potuto lasciare la macchina anche di notte. Mi indicò una strada non troppo lontana da dove avrei alloggiato, anzi molto più vicino di quanto lo sarebbe stato il suo parcheggio.

Qui incontrai il giovane Mitch che mi disse che potevo andare e tornare con la piccola-casa-mobile a qualsiasi ora del giorno e della notte per nove dollari. Gli era rimasto un solo posto e, dal momento che non sembrava abbastanza spazioso, mi disse che avrebbe parcheggiato la piccola-casa-mobile per me. Sapevo che voleva solo farci un giro, dal momento che, con ogni probabilità non era mai stato al volante di qualcosa del genere e chiaramente voleva godersi l'esperienza. E così con Mitch ebbe inizio una grandiosa amicizia e, per le due settimane successive, io non ebbi più la preoccupazione di un parcheggio perché Mitch qualche volta andava a parcheggiare o a spostare la piccola-casa-mobile.

Tornai all'appartamento di Sherrie, e dal momento che avevo un pomeriggio libero e non volevo perdere il parcheggio, decisi di andare a piedi al grande centro commerciale *Newport Center*. Sherrie mi aveva detto che si trovava a pochi isolati fuori dalla città, un po' più lontano di quanto mi fossi avventurato la volta precedente per acquistare la valigia e gli asciugamani.

Durante il tragitto, mi capitò di passare davanti al *Saigon Café* e di notare che era aperto e così, nel tentativo di dimenticare il terribile pasto della sera prima, e dato che non avevo fatto colazione, decisi che una tazza di zuppa vietnamita sarebbe stato un rimedio perfetto. E fu proprio così.

Quando raggiunsi il centro commerciale, passando prima per altri interessanti outlet, ero ormai stanco e decisi che ci sarei ritornato la mattina dopo con la piccola-casa-mobile ed avrei fatto shopping sul serio ... tra le altre cose dovevo comprare dei regali per tre bambini di Santa Severina.

Quella sera ritornai al *Saigon Café* e presi la residenza in quello che doveva per il momento diventare il "mio" tavolo. Feci la conoscenza di tutti i membri della famiglia con i loro nomi ormai americanizzati, Kim e Danny, la madre e il padre e Karen e Steve, i due figli. Avevo conosciuto Steve molto bene ed in seguito chiacchierammo a lungo su ogni genere di argomento ... e soprattutto di computer.

Ma quella sera per la prima volta lasciai il mio tavolo e mi diressi con il

Queste sono le persone che hanno reso il *Saigon Café* un posto speciale.

bicchiere in mano al piccolo bancone del bar per finire il mio vino e possibilmente ordinarne dell'altro e per chiacchierare con Steve. Proprio mentre stavo andando via, Kim venne verso di me con un pacchetto che conteneva una tazza di zuppa da portare via, che sapeva mi sarebbe piaciuta e mi disse che era per il pranzo del giorno dopo, dovevo soltanto riscaldarla al microonde. Al momento non ero sicuro se l'appartamento di Sherrie avesse un microonde.

Fu quello il momento, un momento di inatteso calore umano, la conclusione di quelli che erano stati due giorni difficili, in cui decisi di scrivere questo libro sotto forma di diario di viaggio. Ebbi la folle idea che non avrebbe potuto essere qualcosa di peggio.

La mattina seguente, dopo aver fatto colazione tardi con una meravigliosa zuppa vietnamita, tornai al *Newport Center* con la piccola-casa-mobile e per la prima volta non avevo bisogno dell'aiuto della voce ... o meglio pensavo di non averne bisogno.

Avevo girato su *Marin Boulevard* e sapevo che la successiva svolta a sinistra mi avrebbe portato nella zona tra il centro commerciale ed il suo parcheggio a più piani. Sfortunatamente mi ritrovai sulla corsia sbagliata per svoltare a sinistra e dal momento che da dietro intravedevo il traffico, non riuscivo a cambiare facilmente corsia.

Avevo avvistato una banca sulla destra e mi infilai nel suo parcheggio, feci il giro e tornai indietro verso l'uscita, dove avrei potuto guidare dritto attraverso le due corsie di una strada a doppia corsia e ritrovarmi così vicino al parcheggio del centro commerciale.

Attraversai la prima corsia, quella che avevo appena lasciato (con il traffico che veniva da sinistra) e stavo per attraversare la successiva (con il traffico che veniva da destra). L'unico problema era che, per qualche motivo, non avevo controllato se qualcosa si stesse avvicinando da quella direzione.

Con tutta la forza di cui disponevo, inchiodai tutti e due i piedi sul pedale del freno, così come fece l'altro autista che, mano sul clacson, schivò il cofano della piccola-casa-mobile e andò via prima che io, ancora tremante, attraversassi la strada più in fretta che potevo, girassi a sinistra nel parcheggio, ritirassi il biglietto dalla macchinetta quando si era alzata la barriera, salissi diversi piani e nascondessi l'auto senza attirare l'attenzione, se davvero era possibile nascondere la piccola-casa-mobile senza attirare l'attenzione.

Rimasi seduto per diversi minuti, ancora tremando e riflettendo sull'enormità di quello che avevo quasi fatto: la macchina con cui per poco non mi ero scontrato era una pattuglia della polizia del New Jersey.

Feci le mie spese con poco entusiasmo, sempre guardandomi intorno, nel caso due robusti poliziotti stessero perlustrando il centro commerciale alla ricerca di un minuscolo fuggitivo dai capelli bianchi. Quando tornai alla piccola-casa-mobile, un po' mi aspettavo di essere l'obiettivo di un appostamento ... pensavo almeno ad una multa sotto al tergicristallo che mi diceva di recarmi al più vicino distretto di polizia.

La piccola-casa-mobile era una macchina così difficile da nascondere, che mi sentii molto sollevato per il fatto che stavo per dirigermi fuori da Jersey City per il resto della giornata e che sarei tornato solo molto tardi.

Mi stavo dirigendo a nord, verso Fairview per incontrare la famiglia Sculco, ma prima dovevo fare una piccola deviazione per trovare ad Hoboken una pasticceria italiana che avevo individuato su Internet. Avevo pensato che avrei potuto portare a Gino e Sina dei tradizionali dolci italiani.

Grazie alla 'voce', parcheggiai a qualche isolato di distanza da *Washington Street* e trovai presto la pasticceria. Ma non era proprio quello che mi ero aspettato.

Tanto per cominciare era davvero buia, niente a che vedere con le scintillanti pasticcerie calabresi a cui ero abituato. Le vetrine erano quasi vuote, non piene zeppe di meravigliose prelibatezze; non c'era nemmeno una pasta alla crema, solo vassoi su vassoi di biscotti di pasta di mandorle. Ma del resto erano biscotti di pasta di mandorle italiani.

Allo scampanellio della porta, la testa di un uomo venne fuori da sotto il

Forse la piccola-casa-mobile può non sembrare così grande, ma per me era gigantesca.

bancone in fondo al negozio. Lentamente, tremando quasi, venne verso di me. I suoi lineamenti non erano quelli di un vecchio, come suggerivano il contegno e l'andatura; pensai che fosse solo un po' stanco del mondo.

Indicando la vetrina gli chiesi un chilo di biscotti assortiti. E mi sembrò un tantino spiazzato.

- Questi sono troppi - mi disse.

- Forse un vassoio di questa grandezza sarebbe meglio - continuò, mentre lentamente si girava e sollevava un vassoio dopo averlo preso dallo scaffale alle sue spalle.

- No, prendo il vassoio più grande - gli dissi indicandoglielo.

- Ne è sicuro? - insistette ancora brandendo quello più piccolo.

- Si - dissi - il più grande per favore.

Alzò le spalle nella silenziosa consapevolezza che il cliente ha sempre ragione e cominciò a scegliere un chilo di biscotti per me.

Si aprì una porta e ne uscì una giovane donna tutta vestita di bianco e con i capelli raccolti in una reticella, per controllare se le cose nel negozio stessero procedendo senza intoppi.

- Mi stai controllando - le disse l'uomo, come se mi avesse letto nel pensiero.

Mentre continuava con la sua selezione gli chiesi da dove venisse e mi disse che era nato a Napoli, ma aveva vissuto in America per quarant'anni. Gli dissi che ero stato a Napoli qualche volta e ci scambiammo qualche aneddoto su quella frenetica città prima di spiegargli che vivevo in Calabria e il motivo per cui ero venuto in America. Il suo atteggiamento cambiò e potevo vedere che si stava entusiasmando alla nostra breve conversazione.

Gli chiesi come Hoboken fosse cambiata nel corso degli anni e fece un tipico gesto italiano, accompagnandolo con un sospiro appena percettibile che sapevo significava 'più di quanto potrei mai descrivere'. Gli chiesi notizie dell'uragano *Sandy* che, da tutti i racconti che avevo sentito, aveva creato un bel po' di scompiglio in alcune zone di Hoboken e sapevo che il suo negozio era a soli pochi isolati dal fiume Hudson. La sua risposta mi lasciò per un momento senza parole.

- Non ci abbiamo fatto molto caso, mia moglie è morta quella settimana.

Stringendo forte i miei biscotti incartati gli strinsi la mano, lo ringraziai per lo sconto di due dollari che mi aveva fatto e gli rinnovai le condoglianze, dirigendomi fuori nella luce del sole.

Ho incontrato per la prima volta Gino e Sina (Benito ed Anastasia) Sculco nel loro paese d'origine, Santa Severina, nell'estate del 2011, ma è da quasi cinquant'anni che vivono nel New Jersey.

Gino era un parente della famiglia del nostro amico e vicino di casa Raffaele Vizza, così non fui affatto sorpreso di incontrarlo quell'estate in occasione del funerale del padre di Raffaele, Ciccio.

In seguito venni a sapere da molti dei loro amici che non sarebbero tornati nel 2012 come avevano pianificato, perché Gino non stava bene. Ad ogni modo da un'amica comune, Claudia, ottenni il loro numero di telefono e comunicai a Sina che sarei andato a far loro visita a novembre. Era d'accordo e le dissi che l'avrei contattata più tardi dagli Stati Uniti per organizzare un incontro.

Telefonai a Sina la mattina successiva al mio ritorno da Albuquerque e programmai un incontro a casa loro per il giorno dopo, alle tre del pomeriggio.

L'UOMO CHE EMIGRÒ DUE VOLTE

Nonostante mi fossi quasi scontrato con una pattuglia della polizia e avessi deviato ad Hoboken, arrivai nella zona di Fairview con un'ora in anticipo sulla tabella di marcia. Qualcosa mi aveva stupito a proposito del mio breve viaggio: dato che avevo fatto affidamento solo al GPS e non avevo consultato nessuna mappa, in realtà non avevo nessuna idea di dove mi trovassi. Per la prima volta non avevo una reale rappresentazione nella mia testa di questo luogo o di dove fosse. Ero stato portato qui dalla 'voce', non avevo trovato la mia strada da solo e la cosa era alquanto inquietante.

Verificai dove vivevano Gino e Sina, parcheggiai nella vicina strada principale e per far passare il tempo mi diedi ad ogni genere di stranezze. Feci una passeggiata e mi imbattei in un piccolo café-bar spagnolo dove decisi di fare uno spuntino. Ritornai alla piccola-casa-mobile, diedi una moneta in pasto alla macchinetta del parcheggio e cominciai a giocare a Sudoko sul mio iPad. Mi addormentai.

Fortunatamente mi svegliai alle tre meno cinque ed arrivai a casa degli Sculco in perfetto orario.

Incontrare Gino e Sina ancora una volta e a casa loro, fu una bella esperienza e rimasi assolutamente colpito dal benvenuto che mi diedero. Ero per loro una persona che avevano incontrato solo qualche volta a Santa Severina, più di un anno prima. Non ero della famiglia e non ero nemmeno un amico, perlomeno non nella stessa misura dei loro amici di Santa Severina e così chiesi loro se, come i nipoti di Bruno Cortese ad Albuquerque, ricevevano poche visite da Santa Severina. Al contrario, mi risposero che, nel corso degli anni, erano arrivati più di una dozzina di visitatori: nella famiglia Sculco il traffico si svolgeva decisamente in entrambe le direzioni. Presi mentalmente l'appunto di controllare questa cosa anche con le altre famiglie che stavo per incontrare.

Consegnai a Sina i dolci e mi scusai per la loro scarsa varietà, ma le spiegai anche della recente perdita che si era verificata nella famiglia dei proprietari della pasticceria.

Sapevo che Gino e Sina si erano sposati in Calabria e si erano poi trasferiti negli *States*. Quello che non sapevo, fino a quando non furono loro stessi a rivelarmelo era che, come la famiglia Cubello di Fossato Serralta, la famiglia Sculco aveva una precedente storia di emigrazione.

Nel 1913 e nel 1920 due fratelli, Carlo e Giuseppe Sculco, avevano lasciato la loro casa a Santa Severina (anche se in effetti erano nati nelle vicinanze di San Giovanni in Fiore) in cerca di una vita migliore in America. All'epoca Carlo aveva diciotto anni e Giuseppe, il più giovane, quando sette anni dopo aveva seguito le orme del fratello, ne aveva ventidue. Erano entrambi calzolai e, cosa davvero insolita, sapevano entrambi leggere e

Carlo e Giuseppe Sculco in una foto scattata in America, prima che Giuseppe facesse ritorno in Calabria.

scrivere. In realtà, sul manifesto di imbarco questi fratelli si distinguevano dai loro compagni di viaggio, dal momento che non erano né operai, né contadini, né analfabeti: entrambi conoscevano un mestiere ed erano alfabetizzati.

Quando Carlo ero salpato da Napoli nel dicembre del 1913, aveva attraversato l'Atlantico sulla *Principe di Piemonte.* Ed era stato fortunato, perché proprio in quella traversata c'era stato più spazio del solito per i passeggeri di terza classe (infatti si erano registrate centinaia di persone in meno rispetto all'ufficiale capacità della nave, che avrebbe potuto contenere fino a novecento passeggeri). Se avesse compiuto la sua traversata nei primi mesi di quello stesso anno, la storia sarebbe stata completamente diversa; a marzo, secondo il manifesto di imbarco, la *Principe di Piemonte* aveva caricato molti più passeggeri di terza classe di quanti avrebbe dovuto, un vero e proprio inferno. Questi manifesti (consultabili sul sito web di Ellis Island) ci raccontano anche un'altra storia: quelli di prima classe venivano classificati come passeggeri imbarcati a Genova o Napoli, con i nomi delle due città riportati in inglese, mentre i passeggeri di terza classe della stessa nave erano stati imbarcati a Genova o Napoli, in italiano; inglese per le classi medio-borghesi, italiano per la classe proletaria.

Pare che uno dei due fratelli non avesse avuto intenzione di trasferirsi definitivamente in America ed infatti alla fine degli anni Venti, Giuseppe era rientrato in Calabria. Si diceva che avesse dodicimila dollari cuciti in un vestito quando era arrivato a Santa Severina. Molto di questo denaro era stato guadagnato alla fabbrica di calzature *Israel Millar*, dove i fratelli avevano lavorato e dove erano riusciti a guadagnare un centinaio di dollari alla settimana.

Israel Millar, anche lui un immigrato del fronte russo-polacco, era un produttore di scarpe di grande successo, un vero amante della moda. Millar, prima di aprire una propria attività, aveva inizialmente lavorato per un altro produttore di scarpe di gran prestigio, un immigrato italiano di nome John Azzimonti. All'inizio aveva importato scarpe, ma poi aveva cominciato a produrle, secondo propri disegni, nella fabbrica di Long Island City. Come Azzimonti, si era specializzato nel design di calzature per produzioni teatrali ed in seguito per artisti che compravano direttamente da lui. Da qui, breve era stato il salto che lo aveva portato a rifornire le ricche signore dell'alta società newyorkese con calzature sofisticate, classiche ed eleganti.

Nel 1929, all'incrocio tra Broadway e la *46th Street*, aveva aperto un nuovo negozio, un luogo progettato per essere elegante come le sue calzature: sulla facciata quattro nicchie, ciascuna con una statua di una famosa attrice del tempo, e sotto la cornice, scolpito nel marmo lo slogan, *The Show Folks Shoe Shop dedicato alla bellezza che indossa scarpe*. È ancora là, anche se un po' rovinato dal tempo.

Carlo aveva continuato a lavorare da Millar, e quando nel 1942 era stato registrato per il servizio militare, era ancora un impiegato di Israel Millar. All'epoca viveva nella *East 124th Street*, adesso l'Harlem spagnola, ma all'epoca un'enclave italiana, dove lui, sua moglie Vincenza Merignano ed i loro tre figli vivevano fin dai primi anni Venti. Vincenza, una sarta, era anche lei un'immigrata; era venuta in America insieme a suo fratello da Seminara, a nord di Reggio Calabria nel 1921.

La nostra conversazione venne brevemente interrotta dall'aprirsi di una porta e un uomo alto e gioviale si unì a noi, gli occhiali in equilibrio quasi sulla punta del naso. Guardava al di sopra delle lenti mentre mi stringeva la mano e mi veniva presentato come il genero spagnolo di Gino e Sina, l'artista José Fontaiña; lui, Rose ed i loro due figli vivevano nell'appartamento al piano di sopra. Ci raggiunse poi anche Anastasia, mentre José usciva per portare a casa la moglie, Rose, dalla scuola dove insegnava. Dei quattro figli di Gino e Sina, Rose era, me lo assicurarono, la più informata sulla storia della famiglia.

Rosa Scalfaro e Giuseppe Sculco, da poco marito e moglie.

Gino e Sina continuarono con la storia del padre di Gino, Giuseppe Sculco e di come, tornato a Santa Severina avesse incontrato e sposato Rosa Scalfaro che viveva in Via Miserìa, una stretta stradina ad un livello sotto la casa degli Sculco, in Via dei Bizantini. Oggi come allora, queste due strade sono collegate da stretti vicoli anonimi, che sembrano fatti apposta per giovani coppie.

Così, nonostante Giuseppe Sculco avesse trascorso molti degli anni della sua formazione giovanile in America, era ritornato là dove aveva cominciato, a Santa Severina, in Via dei Bizantini, proprio sotto la piazza del paese. Qui, negli anni che avevano preceduto la seconda guerra mondiale e in quelli in cui si svolse il conflitto, lui e Rosa ebbero otto figli, uno ogni due anni, precisi come un orologio; solo l'ultimo, Raffaele, aveva interrotto la sequenza.

Certamente, tutti i loro figli avevano ricevuto un'educazione non convenzionale, con un padre che aveva sperimentato lo stile di vita di un ambiente urbano e moderno così diverso da quello di una piccola comunità italiana in cima ad una collina ... un padre che parlava bene l'inglese e che nel 1926 era diventato un cittadino americano.

Giuseppe, ex calzolaio di eleganti scarpe per l'élite di Manhattan, viveva ora come calzolaio a Santa Severina. Aveva un piccolo negozio nella piazza del paese, dove non solo produceva e riparava calzature, ma vendeva anche alimentari, verdura, alcolici. Per ironia della sorte, qualcosa che a quel tempo in America non avrebbe potuto fare.

Questo era lo sfondo in cui Sina si era sposata, quando nel 1963 a Santa Severina aveva detto di "sì" a Gino. All'epoca Sina e la sua famiglia si erano trasferiti da Santa Severina a Lodi in Lombardia e Gino li aveva seguiti per lavorare. Ed era stato quando vivevano e lavoravano a Lodi che si erano fidanzati. All'epoca trasferirsi negli Stati Uniti non era tra gli impegni più urgenti della loro agenda ... anche se un altro membro della famiglia Sculco lo aveva fatto solo qualche anno prima. Nel 1960 infatti, Giuseppe, il padre di Gino, quando aveva poco più di sessant'anni, aveva lasciato Santa Severina per la seconda volta ed era emigrato in America per trascorrervi il resto dei suoi giorni, era stato accompagnato dal figlio Antonio.

Il progetto iniziale era stato concepito nella metà degli anni Cinquanta, quando Giuseppe aveva provato per la prima volta a ritornare negli States ed aveva progettato di portare con sé il figlio diciottenne Gino. Collegato a questo tentativo, c'era il fatto che se Gino fosse partito per l'America in quegli anni, non avrebbe dovuto svolgere i due anni di servizio militare, che erano all'epoca obbligatori. Stavano programmando il viaggio per il luglio del 1956, a bordo della più grande, più veloce e più sicura nave italiana, l'*Andrea Doria*, che percorreva la rotta atlantica tra Genova e New York. Ma c'era stato un problema con i documenti di Giuseppe.

Nonostante avesse vissuto in America per quasi dieci anni e fosse diventato un cittadino americano, non aveva documenti per confermarlo. Oggi, on line, non ci si impiegano che pochi secondi per verificare entrambe le cose, ossia il suo arrivo in America nel 1920 e i suoi documenti di cittadinanza del 1926, ma la burocrazia americana nella metà degli anni Cinquanta era un organismo sospettoso ed inflessibile. L'Italia inoltre, come la retorica della guerra fredda ed il dilagante maccartismo sostenevano, era un paese con troppa gente di sinistra, che avrebbe potuto influenzare o addirittura danneggiare le istituzioni americane.

Così, niente documenti, niente ingresso ... e due anni di servizio militare per Gino.

A tutto questo si era anche aggiunto il coinvolgimento dell'*Andrea Doria*, al largo della costa di Nantucket, nel Massachusetts, nella collisione con la nave svedese *MS Stockholm*. L'*Andrea Doria* colò a picco nel giro di undici ore e, nonostante la maggior parte dei passeggeri e della flotta fosse stata tratta in salvo, persero la vita cinquantuno persone.

Una foto del fidanzamento di Gino (Benito) Sculco e Sina (Anastasia) Audia scattata a Lodi in Lombardia, poco prima del loro matrimonio nel 1963.

lui e Antonio, di due anni più giovane di Gino, partirono per l'America dove incontrarono la persona che li avrebbe aiutati, il fratello più grande di Giuseppe, Carlo che ancora lavorava da Millar. Due anni più tardi Rosa, moglie di Giuseppe si riunì a suo marito e portò con sé altri tre dei loro figli, Concetta, Gisella e Raffaele.

Nel maggio del 1967 un altro dei figli degli Sculco, Carlo, attraversò l'Atlantico, ma non fu che più tardi nello stesso anno che la smania d'emigrazione alla fine travolse Gino e Sina e ad ottobre, quando Sina era incinta di sette mesi e con il figlio Joseph di 14 mesi in braccio, anche la coppia lasciò Santa Severina e partì per la sua avventura americana.

Ma Gino e Sina avevano un motivo in più per riunirsi al resto della famiglia in America: Joseph era allergico al latte e speravano che in America la sua salute potesse migliorare.

Viaggiarono in grande stile, volando con l'Alitalia da Roma a New York e qui incontrarono i genitori di Gino, con i quali avrebbero vissuto a *Cliff Street*, a Fairiew nel New Jersey per le prime tre settimane.

Meno di due mesi più tardi nacque la sorellina di Joseph, Rose Sculco, nel *Saint Mary's Hospital* di Hoboken nel New Jersey.

Sina intanto aveva messo fine alla conversazione per controllare qualcosa su internet, con la nipotina impaziente di darle una mano. Fu per me un momento davvero interessante: Sina, una vivace settantenne di Santa Severina, era pratica di internet ed aveva pure un suo indirizzo email, mentre la nipote di nove anni era molto più che pratica: la piccola Anastasia era un'esperta di internet. Non avevo il coraggio di comunicarle che al momento Santa Severina ancora non aveva la banda larga, sebbene fosse apparentemente 'dietro l'angolo', e lì continuasse ad aggirarsi da almeno cinque anni.

Solo dopo il ritorno di José con la moglie Rose, Sina dedicò la sua attenzione ad un'attività che più si addice a donne italiane di una certa età: cominciò a preparare la cena.

Rose si presentò come la figlia di Santa Severina che tutti dimenticano, la figlia concepita in Italia, ma nata in America … poi velocemente mi spiegò. Lei e la sorella più giovane, Anna, erano state a Santa Severina molte volte … era il luogo in cui avevano vissuto i suoi genitori e per Gino e Sina era importante che i loro figli conoscessero questo posto e si sentissero a casa. Ma, mi spiegava Rose, ogni volta che andavano a Santa Severina, gli amici dei loro genitori e la famiglia sembravano sempre ricordarsi meglio di Anna, perché assomigliava al padre. Al contrario, erano sempre poco sicuri di chi fosse lei, un misto di entrambe i genitori.

Sina andava in automatico. Mentre era impegnata a preparare la cena, intanto andava completando la storia di com'era andata, quando per la prima volta erano arrivati in America.

Mi disse che, quando aveva pensato di affrontare un così grande cambiamento, si era sentita allo stesso tempo ansiosa e completamente spaventata. D'altro canto la salute di Joseph la stava preoccupando e la possibilità che il suo problema avrebbe potuto risolversi in America, finì per cancellare definitivamente le sue paure.

Era stato allora che, per ironia della sorte, l'unica persona a finire in ospedale il giorno dopo il loro arrivo, era stata proprio Sina. Infatti era arrivata con febbre e bronchite, ma era stata la reazione ad una iniezione di antibiotico che l'aveva costretta a ricoverarsi per un giorno. Ricordò di essersi sentita molto spaventata per quello che pensava potesse essere il problema della comunicazione, ma non ci fu niente da temere: si era presto ritrovata nelle capaci mani di dottori italo-americani e circondata da altri italiani, amici e pazienti.

Per Gino l'intero processo di emigrazione fu più semplice. Era cresciuto ascoltando storie di vita in America da suo padre, che gli aveva sempre raccontato che c'era tanto lavoro e che la sua famiglia si era assicurata un futuro migliore in America. Gino ed i suoi fratelli del resto lo avevano visto con i loro stessi occhi ... il padre era la prova vivente che lo zio Sam pagava bene e che, se lavoravi sodo, ogni cosa poteva diventare possibile.

E così era stato: dopo il ritorno di Sina a casa, Gino era andato dritto al lavoro in un'impresa edile, per cominciare a guadagnare quei dollari di cui il padre gli aveva parlato.

All'inizio Gino e Sina avevano considerato 'casa', ovviamente, la casa di Giuseppe e Rosa, i genitori di Gino, emigrati nei primi anni Sessanta.

Al tempo in cui si era trasferita per raggiungere Giuseppe, Rosa Scalfaro aveva 57 anni. A differenza del marito, questa era la sua prima volta negli *States*; una grave decisione, anche se sapeva che sarebbe stata circondata dalla maggior parte dei suoi figli, tre dei quali infatti avevano viaggiato con lei. Rosa non era certamente persona da stare in casa, così aveva presto trovato lavoro in una fabbrica di abbigliamento, dove rimase fino a quando non ebbe quasi settant'anni. A differenza del marito, Rosa non imparò mai a parlare l'inglese, rivelazione che mi diede un po' di conforto.

Quando mia moglie ed io ci siamo trasferiti in Italia, io avevo sessantaquattro anni e lei sessanta; e a quel tempo il nostro vocabolario italiano era da qualche parte lungo il continuum "incontrarsi-salutaremangiare". Ci aspettavamo di assimilare la lingua abbastanza velocemente, ma questo non è accaduto. Con il tempo, abbiamo realizzato di essere probabilmente troppo vecchi per avvicinarci a parlare un italiano fluente. Se ci fossimo trasferiti a venti o trent'anni, sarebbe stata tutta un'altra storia.

Recentemente un uomo di circa sessant'anni ci ha chiesto perché non riusciamo a parlare italiano un po' meglio ed ho provato a spiegargli le nostre difficoltà: parliamo inglese a casa e siamo in un'età che non favorisce l'apprendimento di una lingua, a differenza di quanto delle persone giovani potrebbero fare. Mi sono reso conto di non averlo convinto ed in quel momento ho avuto la tentazione di dirgli che lui stesso avrebbe dovuto andare negli *States* o nel Regno Unito per qualche anno, per vedere che cosa ne avrebbe potuto ottenere.

Probabilmente c'erano state altre ragioni per cui Rosa Scalfaro non aveva imparato a parlare l'inglese ma, in quel periodo della sua vita e circondata da quasi tutti i membri della famiglia che parlavano italiano, non doveva essere stato semplice. Chiesi del cognome Scalfaro dal momento che, in quel periodo in particolare, il sindaco di Santa Severina era Diodato Scalfaro. Per ogni cosa e ogni persona a Santa Severina c'è un immancabile collegamento. Anche in questo caso c'era: Rosa Scalfaro era infatti la prozia del sindaco, dal momento che il padre di Diodato, Raffaele, era suo nipote.

Nonostante Giuseppe Sculco (che in America preferiva essere chiamato con uno dei suoi altri nomi, Francesco) avesse già passato la sessantina, aveva ottenuto per la seconda volta un impiego da *Millar*, dove aveva già lavorato alla fine degli anni Venti. Ma i tempi erano ormai cambiati ed un anno più tardi *Millar* chiuse definitivamente i battenti.

Così Giuseppe si era cimentato in qualcosa di completamente diverso ed era entrato a far parte dello staff del famoso parco divertimenti *Palisades* a *Cliffside Park* nel New Jersey.

In origine, alla fine dell'Ottocento, il parco divertimenti era stato concepito come piccolo parco in linea retta con una ferrovia, il Park on the *Palisades* (le *Palisades* erano un'area verde rialzata, adiacente a Fort Lee nel New Jersey) ma era stato acquistato nel 1909 da Joseph e Nicholas Schenck che lo avevano rinominato lo Schenck Brother's *Palisades Park*.

I due fratelli avevano inserito un maggior numero di giostre e attrazioni, compresa un'immensa piscina con macchina per le onde, una cascata riempita con acqua salata pompata direttamente dal fiume Hudson, e tre circuiti di montagne russe—la *Big Scenic Railway*, *Cyclone* e *Comet*. Il *Palisades Park* aveva così riscosso un immediato successo e si era guadagnato una reputazione che andava ben oltre i confini del New Jersey;

alla fine del 1931 la sua fama si era ulteriormente consolidata quando era stato aperto il ponte George Washington e, con quello, un collegamento da Manhattan quasi davanti all'ingresso del parco.

Ma fu nel periodo post-bellico che il parco ebbe il suo momento di maggiore splendore, tanto che il *Palisades* diventò un'istituzione locale e nazionale. Il suo successo ne rappresentò però, in qualche modo, anche la rovina, dal momento che nel corso degli anni Sessanta le migliaia di persone che vi accorrevano, utilizzavano la macchina piuttosto che i mezzi pubblici e né il parco in sé, né le aree circostanti erano riuscite a far fronte al volume di traffico che si era generato, con la conseguente mancanza di aree di parcheggio e di bidoni per l'immondizia.

Fu così che nel 1971, in seguito alle proteste della popolazione locale, il *Palisades* chiuse i suoi cancelli per l'ultima volta; le giostre furono smantellate, la piscina svuotata e, per la prima volta in più di settant'anni, il Park on the *Palisades* sprofondò nel silenzio fino a quando non vi si trasferirono le ruspe e l'area venne riconvertita.

E Giuseppe (Francesco) Sculco, nato in un piccolo paese di collina in Calabria, aveva lavorato proprio qui, fino alla chiusura del Parco.

Sia Francesco che Rosa Sculco erano in seguito tornati nella nativa Calabria nel 1974 insieme al figlio Ralph e due anni dopo, Rosa vi era ritornata

Il Parco dei Divertimenti *Palisades* all'apice della sua popolarità.

ancora e per l'ultima volta in occasione del matrimonio di Ralph con Francesca (Franca) Arabia.

Francesco e Rosa morirono nel New Jersey, circondati dalla presenza di quasi tutti i loro figli che, così come i loro genitori, avevano cercato nuovi orizzonti attraversando l'Atlantico. La sola differenza stava nel fatto che Giuseppe era emigrato per due volte, a quarant'anni di distanza e che la seconda volta aveva più di sessant'anni.

—

La nostra conversazione era ritornata alla giovane famiglia Sculco e a come aveva vissuto nel New Jersey. Era ovviamente supportata dalla famiglia di Gino, i genitori, le due sorelle e i tre fratelli, ma ben presto avevano desiderato una casa tutta per loro. Così nel giro di tre settimane trovarono un posto in affitto a *Cliff Street*, dove nel luglio del 1969 nacque la seconda figlia Anna.

Gino e Sina furono presi dal tipico orgoglio italiano nel realizzare una casa per una famiglia che cresceva e così non deve sorprendere il fatto che avessero deciso di ritinteggiarla e decorarla. Al loro padrone di casa la cosa era piaciuta così tanto da ritenere che la casa fosse ormai assolutamente perfetta per sua sorella e così alla famiglia Sculco fu dato un mese per sloggiare. Gino sapeva che non avevano abbastanza tempo: l'esperienza gli diceva che ci sarebbe voluto molto più tempo per trovare una casa per una famiglia con tre bambini e considerò che sarebbe stato più semplice se avessero avuto solo due cani.

Invece, in tre mesi di duro lavoro, Gino aveva guadagnato abbastanza denaro per versare una caparra sulla casa in cui ancora vivono, a non più di cinque isolati dal loro primo appartamento.

—

Era tempo di cenare così ci dirigemmo verso la sala da pranzo dove, come mi aspettavo tanto da americani quanto da calabresi, la tavola era stata imbandita come per un piccolo banchetto. Fummo raggiunti dal fratello di Rose, Gino, e dalla sua fidanzata Jennifer che vivevano alla porta accanto. Quando Gino mi disse di essere un agente di polizia, non riuscii a resistere e gli raccontai la storia di come la piccola-casa-mobile ed io avevamo provato senza successo ad assassinare due dei suoi colleghi di Jersey City. Mi promise di non raccontare niente.

Mentre stavamo cenando, notai che Sina aveva messo da parte la carrellata di piatti che accompagna la maggior parte dei pasti calabresi (un piatto per la carne, un piatto per le patate, un piatto per l'insalata e così via), in favore dello stile britannico-americano dove carne, patate e insalata sono autorizzate a condividere lo stesso piatto, proprio come condividono lo stesso stomaco. Quando le chiesi come si era sviluppata nelle abitudini alimentari della famiglia Sculco questa innovazione culturale, mi rispose semplicemente che senza dubbio era un'idea straordinaria, perché le risparmiava la fatica di lavare piatti.

Ci mettemmo a chiacchierare di alcune delle altre differenze culturali ed in particolare quelle relative alle festività, dal momento che ve ne sono alcune soltanto italiane e altre solo americane. Come avevo già scoperto per altre famiglie, né la Befana né il Ferragosto figuravano nel loro calendario ... eccetto quando a Sina e Gino capitò di trascorrere l'estate a Santa Severina. Al loro posto c'erano due feste esclusivamente americane che la famiglia celebrava: il giorno dell'Indipendenza, il 4 luglio, e il giorno del Ringraziamento il quarto giovedì di novembre.

Per il giorno dell'Indipendenza c'era sempre un barbecue di famiglia che Rose e la sua famiglia immancabilmente perdevano ogni anno, perché erano sempre a far visita alla famiglia di José in Galizia. Ma, per quanto Rose potesse considerare, Babbo Natale giocava un ruolo importante nella famiglia Sculco, per gli adulti così come per i bambini, anche per quelli che non ci credevano. E, come voleva l'usanza calabrese in questo periodo dell'anno, sua madre faceva ancora la *pitta ccu passuli*, un dolce tradizionale con noci e uvetta, di solito cotto in un vassoio di circa 8 pollici di diametro.

Quando Rose menzionò la *pitta ccu passuli*, la cosa mi procurò un sorriso nervoso in faccia e riuscii quasi ad avvertire un dolore ai denti, da tempo sofferenti. Non so come, ma resistetti alla tentazione di lanciarmi nelle mie eccentriche teorie su questo piatto calabrese, perché farlo avrebbe potuto implicare che la versione di Sina fosse come molte altre delle sue versioni calabresi, non proprio appetitose. Forse un'altra famiglia, avendone una in tavola, mi avrebbe dato l'opportunità di parlare francamente. Detto questo, dopo aver sperimentato la cucina di Sina quella sera, non avevo nessun dubbio sul fatto che anche la sua *pitta ccu passuli* sarebbe stata di gran lunga superiore alle altre.

Dopo cena, il giovane Gino e Jennifer se ne andarono e si unirono a noi i due fratelli di Gino che vivevano anche loro nel New Jersey, Antonio e Raffaele o Tony e Ralph, come si chiamano adesso. Tony era quello che era venuto in America per la prima volta con suo padre nel 1960.

Ralph mi disse che sua moglie Franca era appena partita per Santa Severina: forse sarebbe stata ancora lì al mio ritorno e forse avremmo potuto incontrarci.

Fino a quel momento non mi ero reso conto che la moglie di Ralph fosse di Santa Severina ed ancora non avevo fatto nessun collegamento, anche quando mi riferì il suo cognome italiano. Ed anche quando Ralph proseguì, ricordandomi che pensava io avessi incontrato Elvira la sorella della moglie, ancora non mi ero accorto di niente. Fu solo quando mi disse che questa Elvira viveva 'vicino Chicago' che la ruota cominciò a girare e ricordai la donna che avevo incontrato l'anno prima e che avevo cercato senza successo di contattare solo qualche mese prima, l'Elvira Arabia di 'vicino Chicago' che ho menzionato nella mia introduzione.

Questo 'vicino Chicago' finì per diventare Kenosha nel Wisconsin, dove mi sarei trovato la settimana dopo e dove avrei trascorso il giorno del Ringraziamento con la famiglia Fonte di Roccabernarda. Presi nota del fatto che avrei dovuto scoprire se Tommaso Fonte conoscesse Elvira Arabia … del resto avrei anche potuto incontrarla.

Rose decise che era venuto per me il momento di parlare con la sorella 'di cui tutti a Santa Severina si ricordavano'; chiamò Anna e mi passò il telefono.

Anna si scusava per non aver potuto essere lì con noi, ma sperava ci saremmo potuti incontrare quella domenica, alla festa per il quinto compleanno della figlia. Al momento, mi stavo anticipando un lungo viaggio in macchina a Reading in Pennsylvania per quel sabato e così le dissi che avrei fatto del mio meglio per esserci. Sarebbe dipeso da quando sarei tornato a Jersey City e da come mi sarei sentito.

———

Stavamo aggiungendo brevemente gli ultimi dettagli alla storia della famiglia Sculco, così chiesi a Sina, l'unica persona a non essere della famiglia Sculco in quella ondata di emigrazione da Santa Severina negli anni Sessanta, se avesse avvertito più degli altri la mancanza della sua famiglia. Mi rispose con diplomazia: ovviamente le era mancata la sua famiglia e soprattutto durante le vacanze e le feste, ma si era ritrovata tra amici, persone che aveva conosciuto anche nella sua precedente vita a Santa Severina. Inoltre era stata occupata a far crescere la sua giovane famiglia: assorbire lo stile americano nel fare le cose, portare i bambini dal dottore, fare la spesa, dare una mano alla scuola locale e ovviamente, imparare la lingua.

La famiglia era ritornata a Santa Severina per la prima volta nel 1974, e a quel tempo Gino e Sina erano già cittadini americani e Sina aveva una patente di guida americana.

Per diciannove anni Gino aveva lavorato come muratore in un'impresa edile e spesso svolgeva due, tre lavori ogni giorno. Nel dicembre del 1989 era precipitato dal quarto piano ed era caduto giù nelle macerie. Per caso a suo figlio Joseph, un elettricista, era capitato di lavorare nello stesso posto ed era stato lui a trovarlo. Gino si era ritirato dal sindacato dei muratori dopo l'incidente e gli ci erano voluti degli anni per rimettersi in sesto. Non era stato semplice realizzare che non avrebbe potuto fare ciò che amava di più: costruire. Tuttavia, una volta tornato in piedi, aveva fatto altri piccoli lavoretti, ma mai da solo, sempre con l'aiuto di lavoranti in cerca di qualche guadagno extra. Più tardi lui e Joseph avevano costruito insieme una casa bifamiliare a *Cliffside Park* che poi avevano venduto.

Oggi, Gino si prende cura dei suoi due giardini in cui coltiva pomodori che, Rose assicura, sono i più saporiti del cosiddetto Stato Giardino, il New Jersey, dove i pomodori sono considerati ortaggio nazionale, anche se per la verità si tratta di un frutto.

Gino ha conservato il suo accento italiano molto più di Sina, ma la loro famiglia e la loro casa sono tipicamente americane, come una '*apple pie*' ... a parte il marito spagnolo di Rose, il marito irlandese di Anna e la fidanzata di Gino italo-tedesca-americana-indiana. Ma, del resto, questa è l'essenza di quello che l'America è diventata, un *melting pot* di culture e di razze che in genere non si dà troppo pensiero delle origini etniche o culturali delle persone. Questo non significa che abbiano dimenticato le proprie origini, ma soltanto che ne hanno fatto crescere di nuove, anche se molto diverse culturalmente. Inoltre, ne sono stati più capaci perché non hanno mai dimenticato l'altra faccia del loro background.

Proprio perché è una precisa volontà dei loro genitori, Manuel e Anastasia avranno sempre una casa in Spagna ed una in Italia, ma essenzialmente sono e resteranno sempre americani.

La serata stava ormai per concludersi e mentre chiacchieravo con Ralph, gli dissi che consideravo coraggiose le persone che avevano deciso di emigrare. Lui non era d'accordo e mi disse che non pensava fossero state coraggiose, ma che lo avevano fatto per necessità. Non ne ero ancora convinto. E mentre continuavo a rimuginarci su, controllai ancora una volta le date in cui sua moglie sarebbe stata a Santa Severina, promettendogli che non avrei mancato di incontrarla.

Solo i parenti più stretti erano andati via e, prima che anche io potessi farlo, José mi portò fuori e poi giù nel suo studio per vedere il suo lavoro.

Molti anni fa, in un'altra vita, mi occupavo di design di cataloghi e pubblicazioni per artisti e fotografi, di solito a supporto di un'imminente mostra dei loro lavori. Perciò quando dico che trovai il lavoro di José allo stesso tempo eccezionale ed ispirato, è perché in passato ho dovuto lavorare con molta gente eccezionale e pochi, deve essere detto, men che eccezionali tanto che penso di essermi guadagnato abbastanza esperienza da riconoscere la differenza.

All'improvviso riuscivo a vedere il castello di Santa Severina come una potenziale location per una straordinaria mostra d'arte, ma va detto che non ero stato il primo ad aver avuto la stessa idea; il fatto era che senza un supporto finanziario esterno, il costo del trasporto e dell'assicurazione delle opere sarebbe stato proibitivo. - Che peccato! - pensai, davvero un gran peccato.

——

Sulla strada del ritorno verso Jersey City, a parte alcune interruzioni della 'voce', pensavo a quello che Ralph aveva detto a proposito del fatto che gli emigranti non avevano avuto scelta, che non erano stati coraggiosi, che avevano dovuto andarsene.

Non ero ancora convinto che fosse proprio così ... potevo considerare che le cose erano andate effettivamente in questo modo molto più in riferimento all'emigrazione irlandese nella metà del diciannovesimo secolo, quando la gente fuggiva da un paese in cui stava letteralmente morendo di fame, e molti erano già stati uccisi dalla fame. Quelle persone, per come mi sembrava, non avevano avuto scelta.

E l'Irlanda e l'Italia erano posti diversi, se si fa riferimento a ciò che la natura poteva offrire a quelli che non avevano nulla. Anche oggi in Calabria ci sono di quelli che, per svago o per tradizione e non per bisogno, raccolgono in campagna erbe selvatiche commestibili. A marzo e ad aprile molte persone, me compreso, perlustrano le vecchie e abbandonate stradine di campagna o i campi altrui, alla ricerca di asparagi selvatici.

Dalle due famiglie che avevo già visitato in America, mi era sembrato invece che emigrare o meno, fosse stata una scelta individuale, presa da gente conscia del fatto che le cose sarebbero potuto migliorare al di là dell'Atlantico e, soltanto per quegli individui con una spinta intellettuale ed emotiva a progredire nell'arco di una generazione, forse non c'era stata altra scelta che fare un tentativo. Magari era questo quello che Ralph intendeva.

Ma in definitiva, credo siano stati anche coraggiosi ... e su questo non ho alcun dubbio.

Pensavo anche a Giuseppe/Francesco Sculco, l'uomo che in due periodi differenti della sua vita, a quarant'anni di distanza, era emigrato negli Stati Uniti. La prima volta che aveva attraversato l'Atlantico a bordo della *Regina d'Italia*, era solo uno dei 1354 italiani stipati nella terza classe della nave. Era l'inverno del 1920 e nonostante le condizioni di viaggio a bordo di navi di questo tipo venissero continuamente ottimizzate, non doveva essere stato un viaggio semplice, ancor di più perché aveva viaggiato da solo e non come, molto più comunemente facevano gli altri, con famiglia o amici del suo paese natale. La sua seconda traversata era stata un'esperienza del tutto differente, sia per le condizioni di viaggio (sulla veloce linea transatlantica, la nuova nave ammiraglia della linea italiana, *Leonardo da Vinci*), sia per le sue aspettative. Il solo punto in comune fra le due esperienze era stato il fatto che in entrambe le occasioni aveva incontrato Carlo, il fratello più grande.

Francesco-Agostino-Giuseppe era nato nello stesso anno di mio padre … credo una buona annata perché, anche se con le dovute distinzioni, erano stati entrambi uomini straordinari.

Mi sarebbe piaciuto conoscere anche lui.

Sina e Gino Sculco con la figlia Anna e la sua famiglia e due fratelli di Gino.

POSCRITTO

Sono seduto fuori, in una luminosa mattina invernale nella piazza di Santa Severina; è il dicembre del 2012 e la gente sta percorrendo il tratto di passeggiata che parte dalla chiesa attraverso la piazza. Sto cercando una donna in particolare che so essere un'intima amica di Franca Arabia, la moglie di Ralph. Individuo la mia amica Vittoria Barone insieme ad una donna che non riconosco, ma che so essere Franca. Le stringo la mano e parliamo brevemente della mia visita nel New Jersey e della sorella Elvira.

Ed un altro pezzo del puzzle di Santa Severina si mette al suo posto.

E non molto tempo dopo, un altro pezzo ...

Kay ed io stiamo pranzando con Raffaele Vizza e Silvana Gerardi, che non solo sono nostri amici, ma anche i nostri padroni di casa.

Stiamo parlando di Rose e José, dal momento che Rose e Raffaele sono cugini alla lontana, secondo una consuetudine tutta calabrese. Dalla nostra conversazione diventa chiaro che era stato Raffaele ad aver già individuato il potenziale per una mostra d'arte di José Fontaiña nel castello di Santa Severina e che ne aveva parlato a José quando la famiglia era stata qui l'ultima volta.

Raffaele continua a menzionare un dipinto appeso nella nostra sala da pranzo e mi chiede se ne avessi mai notato la firma.

Non lo avevo mai fatto ... ma so esattamente che cosa intende dire.

Una deviazione

Fu solo colpa mia se tornai tardi a *Wayne Street* quella sera, perché, alla periferia di Jersey City, ero rimasto intrappolato nella confusione di alcuni lavori stradali, vicino ad un complicato incrocio. Con la 'voce' che mi diceva una cosa ed i segnali di deviazione che mi indicavano qualcosa di completamente diverso, mi ritrovai ad essere quasi l'unico veicolo su una strada buia e tetra, delimitata da pontili di desolanti travature metalliche, che incorniciavano un'acqua salmastra impenetrabile.

Era fin troppo chiaro che avevo fatto un madornale errore e che questa strada mi stava portando lontano da Jersey City e all'interno di uno sconosciuto aldilà.

Istintivamente imboccai la prima uscita nel ragionevole presupposto che non mi sarebbe stato difficile ritornare nella direzione opposta, indietro, verso Jersey City. Ma al contrario, mi ritrovai a seguire i segnali di senso unico intorno a tutti e quattro i lati di un enorme isolato apparentemente abbandonato nella semi oscurità, con un'illuminazione mal funzionante che gettava tremolanti ombre, minacciose e sinistre.

L'intera atmosfera del posto mi ricordava i titoli di testa della straordinaria serie *I Soprano*; era la ripetitività di quei ponti metallici per me desolati e monotoni simboli di questo squallido, inospitale, vagamente minaccioso angolo del New Jersey, e l'essenza di quei primi pochi stravaganti fotogrammi dei *Soprano* e della colonna sonora che li accompagnava. L'unica cosa che mancava era Tony Soprano in persona seduto vicino a me, inghiottito nella nuvola di fumo di un sigaro cubano.

Sapevo di essere nel posto sbagliato, ma per fortuna non nel momento sbagliato. Avevo visto i film; questo era esattamente quel genere di posto in cui innocenti viaggiatori sperduti come me vengono inghiottiti dalle sordide viscere dell'urbanizzazione; il genere di posto in cui gli stranieri non sono i benvenuti; il genere di posto in cui non è consigliabile guidare un'auto che si fa notare come la piccola-casa-mobile; il genere di posto dove le macchine della polizia non sono spontaneamente inclini a dei pattugliamenti.

Tutto quello che potevo sperare era che il quadro dipinto dai film fosse infarcito di licenze poetiche. In genere lo è.

Per un nanosecondo la mia innata curiosità lottò con la mia propensione alla sopravvivenza; vinse quest'ultima e decisi che sarebbe stato meglio non starmi a guardare troppo intorno, per paura di attirare l'attenzione di qualcuno o di qualcosa. Così, a testa bassa, seguii obbediente i segnali, anche se all'inizio sembravano portarmi ancora più lontano dalla strada a cui volevo disperatamente arrivare.

Un lato dell'isolato, due lati, tre … quattro … ne ero ormai quasi fuori … alla fine riuscii a vedere la rampa che mi avrebbe riportato sulla strada principale, la strada che tornava alla civiltà.

Quando raggiunsi la sicurezza di un'adeguata illuminazione stradale e di gente in giro per le normali faccende serali, il battito del mio cuore tornò alla normalità.

Non so come, ma mi ero trovato nel posto sbagliato al momento giusto.

POSCRITTO

Saltiamo avanti di un altro capitolo ed ancora ad un'altra tarda serata nel nord del New Jersey; sto ancora una volta tornando a *Wayne Street*. E ancora una volta mi ritrovo intrappolato nella stessa deviazione e non posso credere che mi ritrovo diretto per la seconda volta lungo la stessa strada di chissà

Il ponte verso la terra di nessuno.

dove. Almeno sto guidando un veicolo meno appariscente, anche se con la stessa 'voce' e la sua ormai inutile assistenza.

Mentre cerco di mettere da parte lo shock per essere stato così stupido, solletico l'idea di continuare a guidare verso la seconda uscita piuttosto che verso quella che so mi condurrà verso l'oscurità e il possibile pericolo.

In quei pochi momenti di indecisione, mentre tengo ben saldo il volante e maledico inutilmente 'la voce', improvvisamente mi viene in mente il piano B e, appena in tempo, sterzo bruscamente alla solita prima uscita e ancora una volta giù verso le profondità della terra di nessuno.

Ma questa volta penso tra me e men - *al diavolo la segnaletica, non sto vivendo la stessa situazione un'altra volta*. Rallento mentre mi avvicino alla rampa di accesso e per tutto il tempo mi guardo intorno per assicurarmi che non ci siano macchine della polizia nascoste da qualche parte nell'ombra. Quando sono sicuro che non c'è nessuno in vista, accelero, con una rumorosa sgommata faccio un'inversione a U e ritorno sulla rampa opposta e indietro nella strada che ho appena lasciato.

Un quarto d'ora più tardi, e mentre sorrido del sorriso soddisfatto di chi ha sconfitto il sistema, svolto nel parcheggio di Mitch, lascio la macchina e cammino verso *Wayne Street*.

Cammino ad un metro da terra mentre, all'inizio inconsapevolmente, mi ritrovo a cantare sottovoce la sigla de *I Soprano* …

"Woke up this morning [...]"

Mentre mi trovavo da qualche parte sul Tennessee, tornando da Albuquerque al New Jersey, ricevetti la mail di un uomo che mi si presentava come Pat Scida, calabrese e parente della famiglia Cariddi, che avrei incontrato la settimana successiva a Schenectady.Era stata sua cugina Jennie a dargli il mio indirizzo mail.

Pat, che veniva da Oceanside, Long Island, una zona di New York duramente colpita dall'uragano *Sandy*, mi disse che gli sarebbe piaciuto incontrarmi, se la cosa poteva rientrare nei miei programmi.

Così, dato che avevo già stabilito di visitare Luigi e Katrina Piezzo e di rimanere con loro giovedì a Valley Stream, solo a qualche chilometro da Oceanside, Pat ed io decidemmo di incontrarci quella mattina stessa.

Sarebbe venuto a prendermi alla stazione di Lynbrook e si era offerto di accompagnarmi a Valley Stream più tardi nel pomeriggio.

MIO PADRE AVEVA CAPITO DI NON ESSERE PIÙ ITALIANO

Nonostante fossi rientrato da Fair View a notte inoltrata, la mattina successiva uscii molto presto per dirigermi alla *Penn Station* dove feci colazione ed acquistai i miei biglietti per Lynbrook.

Come il *Grand Central Terminal* a pochi isolati a nord-est, anche la *Penn Station* era un'iconica struttura architettonica, ma, a differenza del *Penn Station*, della ristrutturazione degli anni Sessanta era sopravvissuto solo il nome. All'epoca erano stati entrambi progetti controversi, ma oggi la *Penn Station* si trova al di sotto del complesso del *Madison Square Garden*, con la decadenza della sua grandiosa facciata di granito rosa, descritta all'epoca, dal *New York Time*s, come "uno spropositato atto di vandalismo contro uno dei più grandi e bei monumenti della sua epoca e dalla neoclassica eleganza". Elegante avrebbe potuto esserlo, ma oggi la sua sotterranea riproduzione è tetra, in rovina e priva di carattere, un monumento a nient'altro che alla cieca follia.

Quando arrivai a Lynbrook, non riuscii a vedere Pat da nessuna parte. Ovviamente non sapevo che aspetto avesse, ma non c'era nessuno che stesse gironzolando intorno ad una macchina con l'aria di aspettare qualcuno. Ogni volta che un'auto mi si avvicinava, mi facevo avanti con determinazione solo per ritirarmi rassegnato.

Ero sul punto di fargli uno squillo, quando mi ricordai che la stazione a Pelham aveva due uscite e due entrate, una per i treni in arrivo da New York, l'altra per i treni in partenza per New York. Così mi diressi dall'altro lato, proprio mentre un uomo stava entrando in macchina. Chiamai, agitai la mano e alla fine i miei sforzi furono ricompensati, dal momento che Pat non era andato via dal parcheggio, ma al contrario si era messo a camminare verso di me e mi stringeva la mano.

Pat, un omone allegro, volle essere rassicurato del fatto che non mi sarebbe dispiaciuto se mi avesse rubato un po' di tempo. Ovviamente non mi dispiaceva. Avevo capito da alcune delle cose di cui mi aveva parlato nel nostro breve scambio di email, che questa sarebbe stata una storia unica nel suo genere ed inoltre pensavo che sarebbe stato interessante incontrare due diversi rami della stessa famiglia. Dieci minuti più tardi, eravamo seduti al tavolo della sua cucina, a bere caffè e divorare degli ottimi dolci italiani alla crema, del tipo che avevo cercato ad Hoboken il giorno prima.

Così come quella dei suoi parenti, (la famiglia Cariddi di Schenectady che non avevo ancora incontrato), la famiglia di Pat veniva da Strongoli, un austero paese, quasi una fortezza, sulla sommità di una collina a nord di Crotone, vicino alla costa ionica. A parte i suoi pregiati vini Cirò, Strongoli è famosa per un altro motivo: su questo sperone di roccia, all'epoca chiamato Petelia, si era rifugiato lo schiavo ribelle Spartaco, quando le cose avevano cominciato a mettersi male per lui ed il suo esercito di rivoltosi. Per un po' di tempo, l'esercito romano era riuscito a confinarlo in quel luogo, ma lui ed il suo esercito si erano dileguati e ritirati a nord, prima di soccombere definitivamente ad una inevitabile sconfitta.

Strongoli, imponente ed inespugnabile come sempre.

Era il 1912, un mese dopo l'affondamento del *Titanic*, quando Pasquale, il padre di Pat, se n'era andato in America per la prima volta. Aveva ventisei anni ed aveva già completato due cicli del servizio militare. All'epoca era obbligatorio per i diciottenni prestare due anni di servizio, ma Pasquale, un vero masochista, ne aveva fatto altri due, al posto del fratello malato. Mi chiedevo se la storia fosse vera, dal momento che avevo sempre pensato che i malati venissero esonerati dal servizio militare, ma Pat mi rivelò che lo Stato aveva dato a sua madre la possibilità di scegliere: o ciascuno dei suoi figli faceva il servizio militare, oppure uno solo doveva farlo due volte. Del resto, forse a Pasquale semplicemente piaceva la vita militare, leggere le misteriose rune della politica, osservarne i problemi dietro l'angolo.

Dovunque stia la verità, sembrava fare un buon lavoro, svolgendo il suo servizio nella cavalleria in qualità di inserviente per gli ufficiali nel nord Italia, per i quali cucinava e teneva in ordine gli alloggi. Sembra anche che gli ufficiali avessero preso a ben volere il giovane calabrese e così gli avevano insegnato a leggere, scrivere e ad apprezzare le cose migliori della vita ... a quel tempo tutto questo non faceva solitamente parte dell'educazione del figlio di un contadino, figuriamoci di quella di un custode, come suo padre.

Dopo aver concluso il suo secondo servizio militare, Pasquale Scida aveva imparato abbastanza da non poter più essere considerato un analfabeta. Aveva compreso che, imparando a leggere e a scrivere, aveva ormai assimilato competenze importanti. Sapeva per esperienza che, nella maggior parte dei paesini, le sole persone con tali prerogative, erano i preti del luogo e la chiesa in generale, inclini a servirsene come di uno strumento di controllo.

Così, grazie ai suoi due turni nel servizio militare, il giovane Pasquale non solo aveva dato un'occhiata a come il resto della popolazione del suo paese vivesse al nord, ma anche a come fosse in grado di parlare, leggere e scrivere la propria lingua; provava inoltre una profonda disillusione per la povertà che vedeva intorno a sé in Calabria, e per il fatto che lo status quo venisse mantenuto e dal governo e dalla chiesa.

Per un uomo come lui si prospettava una sola alternativa: era tempo di andare, tempo di correre il rischio e scoprire quello che l'altra riva dell'Atlantico avesse da offrire.

Pasquale aveva un amico, Vincenzo Scigliano, di otto anni più grande ed anche lui di Strongoli. A quanto pare, Vincenzo e Pasquale condividevano lo stesso sogno: un giorno sarebbero andati in America. Nel 1902 Vincenzo aveva realizzato quel sogno. Era successo dieci anni e due turni di servizio militare prima che Pasquale fosse in grado di fare altrettanto.

All'età di ventisei anni, Pasquale fu accolto ad Ellis Island da un cugino che viveva nel Bronx, ma poi si trasferì nel distretto di Williamsburg a Brooklyn, dove viveva l'amico Vincenzo Scigliano. Più tardi si spostò a North Adams nel Massachusetts, dove si era già stabilmente insediata una comunità di italiani. All'inizio Pasquale era andato a vivere con Raffaele Cariddi ed il fratello Francesco. Francesco Cariddi era arrivato in America solo un mese prima di Pasquale, con l'intenzione di mettere su casa, prima di ritornare a Strongoli due anni più tardi e sposare la sorella di Pasquale, Antonietta.

Contrariamente a quanto avveniva all'epoca, quando Francesco e Antonietta avevano fatto ritorno in America come una coppia sposata, nel maggio del 1914, viaggiarono con una documentazione che mostrava come Antonietta stesse già usando il cognome del marito, cosa in uso ovviamente in America e quasi sconosciuta a Strongoli o in qualsiasi altra parte della Calabria. In meno di due anni in America, Francesco aveva già scoperto come ridurre le scartoffie. (Si può trovare la storia di Francesco e di Antonietta nel capitolo intitolato *Grazie 'Zio Sam'*, a pagina 187)

Per il momento abbandonammo la storia di Pasquale Scida all'epoca in cui viveva e lavorava a North Adams, e Pat Scida tornò indietro nel tempo, per raccontarmi la vicenda di un'altra famiglia di Strongoli ed i curiosi eventi che riguardarono Domenico Pirrotto, sua moglie Maria Mazza, la figlia Carolina ed un'altra ragazza. Le due storie, mi assicurò, non erano prive di legami.

———

Era il 1902 e all'età di ventinove anni, Domenico Pirrotto aveva lasciato a Strongoli la moglie incinta, Maria Mazza, ed era emigrato in America. Il piano era trovare un lavoro, metter su casa e far venire la moglie e la figlia che non aveva mai visto. Le cose non andarono proprio così.

Domenico e Maria erano entrambi analfabeti. Se l'uno voleva comunicare con l'altro, allora, o dovevano avere qualcuno che scrivesse una lettera per loro, o confidare in qualcuno che stesse andando o tornando dall'America, nella speranza di riuscire a trasmettersi il messaggio. All'epoca, altri italiani e calabresi erano soliti vivere in comunità stabili e perciò la cosa non era così difficile come potrebbe sembrare.

Dopo più di un anno senza un contatto diretto da parte del marito, a parte notizie di seconda mano sul fatto che fosse vivo e riferimenti che lo riguardavano in alcune lettere ricevute da vicini ed amici, Maria comprese che c'era la forte possibilità che Domenico non avesse nessuna intenzione di farla partire per l'America in un immediato futuro e che avrebbe potuto addirittura abbandonarla. Poteva essere analfabeta, ma non era stupida.

Uno scenario di questo tipo non era così inusuale. Molti italiani sposati erano emigrati negli Stati Uniti con l'intenzione di stabilizzare la propria posizione, prima di far partire anche le mogli. E qualche volta, così buone intenzioni non avevano coinciso con la realtà. Anche nella mia famiglia c'è uno scheletro nell'armadio in questo senso. Quale sia stata la verità, Maria decise che avrebbe corso il rischio e che, in qualche modo, sarebbe andata in America con la figlia piccola Carolina.

Nel frattempo le si era presentata una certa situazione nel suo paese, che Maria sfruttò a suo vantaggio. Una delle sue amiche si stava prendendo cura di una nipote orfana di circa otto anni; la donna aveva una sorella in America alla quale desiderava affidare la bambina. Anche questa non era un'eventualità così fuori dal comune: accadeva che alla morte improvvisa dei genitori, i figli venissero mandati a vivere con zie o zii in altre città, in altre regioni d'Italia e perfino in America. Ma questa donna in particolare aveva dalla sua parte un vantaggio: un fratello prete.

Per Maria Mazza non ci volle poi tanto per capire che avrebbe potuto accelerare il suo viaggio in America per riunirsi a suo marito Domenico, offrendosi come volontaria e portando con sé una nipote di otto anni per consegnarla alla zia. C'era della razionalità nel suo folle piano, perché aveva capito che avrebbe potuto usare un prete che sapeva scrivere, per velocizzare il processo e completare tutta la documentazione necessaria per il viaggio. Il prete avrebbe anche potuto indirizzare delle lettere all'ignaro marito per informarlo dell'imminente arrivo della donna e certamente avrebbe potuto finanziare il viaggio. Il sacerdote acconsentì alla proposta di Maria e fu così che nel gennaio del 1905, Maria Mazza si presentò a Napoli con la figlia Carolina di due anni ed un'altra bambina di otto, Paresena Telelli, nella prima tappa del loro viaggio verso un nuovo mondo a bordo della *Città di Napoli*. C'è un solo problema: non c'è nessuna registrazione di una Paresena Telelli arrivata in America; e non c'era nessun'altra bambina in viaggio con Maria e Carolina.

Tornammo al mistero di Paresena, dopo che Pat mi ebbe raccontato come queste due storie, quella di Pasquale Scida e quella di Maria Mazza, fossero collegate. Nei primi anni Venti, quando Pasquale aveva poco più di trent'anni, aveva sposato la figlia di Maria, Carolina, poi chiamata Catherine; aveva all'epoca diciannove anni. Maria Mazza è la nonna di Pat Scida; lui è uno dei cinque figli nati dall'unione di Pasquale Scida e Catherine Pirrotto.

Quello che accadde a Paresena non ha alcuna rilevanza nella storia di Pat Scida; in ogni caso si tratta di un mistero, dal momento che Pat è certo del fatto che era venuta in America con sua nonna e che le faceva spesso visita; il fatto che, alla fine, fosse arrivata in America quando sembra non esistere alcuna documentazione certa, tormentava il mio spirito investigativo. Era una tangente che andava fuori rotta e al momento potevo considerare una sola possibile spiegazione …

Mi chiedevo se Paresena Telelli avesse viaggiato a bordo della *Città di Napoli* senza documenti, se in qualche modo era stata fatta salire e scendere dalla nave segretamente. In altre parole, Paresena Telelli poteva essere stata una clandestina.

Questo sollevava due questioni. Perché ed in che modo.

Se questo è davvero ciò che accadde, allora la ragione potrebbe rimanere per sempre un mistero. Forse Maria aveva pensato di destinare ad altro i soldi per il viaggio di Paresena; forse qualcosa era accaduto a Napoli con i documenti della bambina.

Come Maria avesse potuto gestire una tale sotterfugio rimane certamente un mistero, ma non si tratta di una storia così fuori dal comune. Poteva succedere di riuscire a corrompere qualcuno dell'equipaggio e, una volta a bordo, sarebbe stato facile per una bambina di otto anni rimanere nell'ombra, in mezzo ad altri settecento passeggeri di terza classe sulla *Città di Napoli*, ancora di più se sembrava che avesse una madre ed una sorellina.

La Città di Napoli, varata come *Republic*, venne costruita a Belfast nello stesso cantiere navale del *Titanic*.

Nel 1910 il *New York Times* aveva riportato la storia di una quindicenne, Maria Cavallero di Messina, in Sicilia, arrivata negli Stati Uniti come clandestina alla ricerca del padre.

Il terremoto che nel 1908 aveva devastato in egual misura Reggio Calabria e Messina, aveva gettato lo scompiglio anche nella famiglia Cavallero. La madre di Maria, la sorella ed il fratello erano morti e lei era stata lasciata alle cure dei suoi parenti mentre il padre se ne era andato in America per ricominciare. Maria si era stufata della sua nuova vita ed aveva deciso di seguire suo padre ... più tardi disse agli ufficiali che aveva indossato i suoi vestiti migliori ed in silenzio era sgattaiolata fuori casa. Non sapeva dove fosse esattamente l'America, ma in qualche modo era andata da sola a Palermo, per lo più a piedi, e aveva dormito a bordo della *San Giorgio* nel porto di Palermo insieme ad altri emigranti.

Aveva destato qualche sospetto in mezzo agli altri passeggeri di terza classe perché era stata vista da sola e la cosa fu spifferata agli ufficiali della nave, che avvertirono i funzionari dell'Immigrazione quando arrivarono ad Ellis Island. Maria non aveva l'indirizzo del padre, ma pensava che vivesse a Brooklyn. All'epoca si tentò di rintracciarlo e Maria e i funzionari erano fiduciosi del fatto che presto lo avrebbero trovato; altrimenti Maria sarebbe stata rispedita in Sicilia.

Una rapida occhiata agli archivi di Ellis Island non rivela alcuna testimonianza di qualcuno con il cognome Cavallero della zona di Messina, che abbia viaggiato verso l'America tra il 1908 ed il 1910 e della giusta età per aver avuto una figlia di quindici anni. Penso che con ogni probabilità, diversamente dalla figlia, il padre di Maria non sia mai arrivato a Palermo e se lo aveva fatto, probabilmente aveva cambiato idea ed era rimasto lì o era andato da un'altra parte. O forse Maria aveva inventato la storia di sana pianta.

Per quanto riguarda Paresena Telelli di Strongoli, quasi certamente lasciò Napoli e arrivò negli Stati Uniti, anche se non esiste nessuna prova evidente a sostegno della storia secondo cui viaggiò con Maria Mazza e sua figlia verso l'America.

L'unico dato certo è che, nel 1911 per esempio, furono scoperti 274 clandestini che provarono ad entrare illegalmente a New York; ovviamente non c'è nessuna traccia di quelli che ci riuscirono.

La storia di Maria, Carolina, Parisina e gli altri ci aveva portato lontano, e così Pat ed io ritornammo a North Adams, dove avevamo lasciato il giovane Pasquale qualche pagina fa, mentre viveva con il futuro cognato Francesco.

Nell'area di North Adams gli italiani avevano giocato il ruolo più importante nella costruzione dell'*Hoosac Rail Tunnel*, all'epoca la seconda galleria più lunga al mondo e molti si erano stabiliti in città, vicino all'ingresso ovest della galleria.

Il lavoro sulla galleria era terminato già da lungo tempo, ma la sua eredità era stata una forte e significativa comunità italiana, quella che aveva dato il benvenuto al giovane Pasquale.

Per i successivi sette anni, prima di ritornare a Brooklyn, aveva lavorato per un certo periodo in ferrovia, ma anche tagliato legna ed era stato un instancabile operaio in un'industria tessile (all'epoca il Massachusetts occidentale era la capitale mondiale delle stamperie su tessuto, con dozzine di fabbriche ed una delle più grandi, l'*Arnold Print Works*, si trovava a North Adams).

Ma Pasquale aveva lavorato anche in una sala bowling come *pin-boy*, ragazzo-birillo (lavoro meccanico e ripetitivo, qualche volta perfino pericoloso, ma del resto, nel periodo che aveva preceduto il bowling automatizzato, qualcuno doveva pur rimettere i birilli a posto).

Intanto Pasquale imparava l'inglese e, all'epoca in cui si trovava ancora a North Adams, aveva acquisito una sufficiente padronanza della lingua da guadagnarsi la cittadinanza americana e, secondo quanto riferito da Pat, parlava quasi senza più traccia del suo accento italiano.

Pin-boys al lavoro a Brooklyn intorno al 1910.

Nell'agosto del 1918 questo giovane uomo ben vestito era ritornato a Brooklyn per visitare alcuni dei suoi compatrioti che vivevano lì, compreso ovviamente l'amico Vincenzo Scigliano. Occasione era stata la festa religiosa che celebrava l'Assunzione, quello che viene oggi chiamato ferragosto nella moderna cultura italiana il 15 agosto.

A quel tempo Domenico Pirrotto e la moglie Maria gestivano nel vicinato un piccolo bar ristorante e in occasione della festa, avevano messo su una piccola bancarella, dove la figlia Caterina li aiutava a vendere le loro specialità: birra e vino. Fu qui che, crede Pat, suo padre Pasquale si è imbattuto per la prima volta nei quindici anni della Catherine che sarebbe diventata sua madre.

Pasquale parlò poi all'amico Vincenzo della famiglia Pirrotto e di Catherine in particolare e decise di fermarsi a Brooklyn per qualche mese. Rimase con un altro amico di Strongoli, più o meno della sua età, Antonio Grillo.

All'epoca, all'insaputa di Pasquale, questa bellezza dal seno prosperoso e dai capelli corvini aveva un altro pretendente, anche lui di nome Vincenzo, considerato un buon partito dalla famiglia della ragazza, anche se non parlava inglese molto bene. Ulteriore incentivo, dal punto di vista dei genitori di Caterina, era il fatto che avevano altri cinque figli, di cui tre ragazze non ancora sposate.

Come Pasquale, anche Domenico Pirrotto riconosceva il valore di una buona educazione e si era assicurato che tutti i figli parlassero un buon inglese, per cui, in tal senso, Carolina e Pasquale erano fatti l'uno per l'altra.

Alla fine Catherine respinse le *avances* di Vincenzo che ritornò in Italia, mentre l'insistente Pasquale continuò a corteggiare Catherine al punto che il loro fidanzamento sembrava ormai imminente. In seguito però, erano giunte da Strongoli delle voci per cui Vincenzo, il respinto, si era trovato un'altra ragazza da corteggiare: la sorella di Pasquale (anche lei chiamata Caterina, ma conosciuta come Chichina).

Pasquale temeva che questa non fosse solo una mera coincidenza; era cosa risaputa che Vincenzo era stato rifiutato e la madre di Pasquale paventava che, se Vincenzo avesse saputo che in America, il fratello della futura moglie aveva intenzione di sposare la sua vecchia fiamma Catherine, Chichina sarebbe stata abbandonata sull'altare.

Così Pasquale aveva deciso di rimandare il fidanzamento con Catherine e di ritornare a North Adams. Lasciava i suoi amici, Vincenzo Scigliano e Antonio Grillo, a fare i conti con le conseguenze ed in particolare a fronteggiare la rabbia dei genitori di Catherine, Domenico e Maria Pirrotto.

Pasquale Scida e Carolina Pirrotto nel 1954.

I suoi due amici avevano, inoltre, ricevuto severe istruzioni nel non rivelare il vero motivo della sua scomparsa ... non voleva che niente, che avesse potuto fare o dire, potesse ostacolare l'imminente matrimonio di Chichina e Vincenzo a Strongoli. Pasquale sapeva che, se le sue intenzioni nei confronti di Catherine fossero diventate di dominio pubblico, non ci sarebbe voluto molto tempo perché trapelassero in Calabria. In poche parole, fino a che Vincenzo e Chichina non fossero stati marito e moglie, Pasquale e sua madre non potevano essere sicuri che le intenzioni di Vincenzo fossero oneste o parte, invece, di un qualche piano di vendetta.

Il frainteso Vincenzo era onesto come le sue parole e quando lui e Chichina alla fine si sposarono a Strongoli, Pasquale ritornò a Brooklyn per resistere alla tempesta che i genitori di Catherine gli avrebbero scatenato contro. Lui e Catherine si sposarono nel 1922.

Più tardi Vincenzo ritornò in America con la moglie Chichina, la sorella di Pasquale; la famiglia si stabilì dall'altra parte della strada in cui vivevano Pasquale e Catherine ed ebbe cinque figli; anche Pasquale e Catherine ebbero cinque figli, il più giovane dei quali, Pat Scida, mi stava aiutando a demolire qualche altro dolce alla crema.

Ma la storia con i suoi cinque protagonisti (Vincenzo, Pasquale, Domenico, Maria e Catherine) non era certo finita; c'era stato un altro colpo di scena nel racconto.

Anche Vincenzo Scigliano si era sposato ed aveva avuto nove figli, fra i quali il più grande, Pasquale, era morto nel 1975. Pasquale aveva avuto dei figli ed una di loro aveva appena fatto un salto in cucina per salutarci. Pat mi presentò sua moglie Rosalie, figlia di Pasquale Scigliano, nipote di Vincenzo Scigliano, il miglior amico di Pasquale dall'epoca in cui avevano vissuto a Strongoli più di cento anni prima.

Terminate le presentazioni, Rosalie uscì di nuovo per altre commissioni. Pat mi spiegò che non condivideva la sua stessa passione per il passato.

Ma prima che ritornassimo alla storia della vita di suo padre a Brooklyn e, temendo che non collegassi le cose, Pat continuò, dicendomi che Jennie Cariddi – la donna che stavo per incontrare quel weekend a Shenectady – era la figlia della sorella di Pasquale, Antoinette, e del marito Francesco con cui Pasquale aveva vissuto a North Adams quando per la prima volta era venuto in America.

Le cose erano andate bene a Brooklyn per Pasquale. Aveva trovato numerosi e diversi impieghi, prima di arrivare a quello che davvero voleva:

un'occupazione stabile, che sapeva essere la chiave che gli avrebbe assicurato uno standard di vita migliore per la sua famiglia. Nella metà degli anni Venti, intraprese una lunga carriera, durata trentasette anni, nel *Dipartimento dei Servizi Sanitari* di Brooklyn come operatore nella raccolta rifiuti per i primi ventisette anni e poi come netturbino per gli ultimi dieci.

Pat ricordava che la sua famiglia era determinata ad essere prima di tutto americana. Fin dal principio avevano copiato lo stile di vita americano in ogni cosa: dalla lingua che parlavano a come decoravano la casa, dal cibo alla politica. Sua madre ascoltava sempre la stazione radio *WOV*, che mandava in onda un programma per italo-americani sull' "etichetta" americana. Ogni settimana ascoltava attentamente la presentatrice, Diana Baldi, che spiegava come le cose venivano fatte in America.

Ovviamente avevano mantenuto vive molte tradizioni italiane, ma in un contesto americano. Tuttavia, come richiedeva la tradizione, i primi venti litri del vino nuovo, ogni anno dopo la vendemmia, spettavano a sua madre, che ne faceva vin cotto, un vino che veniva ridotto grazie a molte ore di cottura a fuoco lento, e che produceva una salsa densa, scura e dolce. Assicurai a Pat che in Calabria, ai nostri giorni, veniva mantenuta la stessa tradizione. Niente era cambiato.

Durante l'epoca del Proibizionismo, Pasquale insieme ad alcuni suoi amici, come molti dei loro connazionali, italiani e non solo, avevano prodotto un barile o due di nettare rosso ad uso domestico. Pensavano, non senza ragione, che in questo caso la legge fosse assolutamente ridicola. Sfortunatamente qualcuno lo raccontò alla polizia che, brandendo delle accette venne a rovinare la festa e … le botti.

Più di ogni altra cosa, Pasquale si sentì mortificato dall'essere stato colto in flagrante ad infrangere la legge, anche se era una legge stupida e per questo inapplicabile. Per calabresi come Pasquale, doveva essere stato difficile considerare la produzione di vino come una sorta di crimine. Non lo stavano facendo a causa del Proibizionismo, lo stavano facendo *a dispetto* del Proibizionismo, perché questo era quello che facevano ogni autunno, questo era quello che le loro famiglie bevevano a tavola, questo era quello che avevano fatto per generazioni. La produzione di vino era parte della loro vita come la conserva di pomodori o di melanzane o come fare la soppressata.

Tuttavia Pasquale attese fino a che la legislatura americana ritornasse in sé e il Proibizionismo fosse abrogato, prima di mettere mano un'altra volta alla produzione di vino. Alla fine degli anni Trenta, lui ed il cognato Antonio avevano scavato dall'altra parte della strada una cantina, un magazzino dove producevano e conservavano il loro vino in botti e custodivano tutti gli altri cibi tradizionali che potreste aspettarvi di trovare in ogni magazzino calabrese, allora come oggi: barattoli di peperoni e melanzane sott'aceto, pomodori secchi, prosciutto stagionato e salsicce di maiale.

———

Nel 1938 Pasquale ritornò a Strongoli per vedere per l'ultima volta l'anziana madre. Trascorse tre mesi in Italia, periodo durante il quale vinse una consistente somma alla lotteria e, dal momento che una guerra era imminente, riuscì a finanziare il viaggio di tre dei suoi fratelli in Argentina. La Strongoli della fine degli anni Trenta con cui poteva rapportarsi, era ancora un piccolo paese su una collina, il paese in cui era nato, un luogo dove la cultura e la gente erano rimaste come congelate nel tempo.

La storia andò diversamente quando nel 1961 Pasquale e Catherine ritornarono a Strongoli per l'ultima volta e, come Giuseppe Sculco l'anno prima, avevano viaggiato a bordo della *Leonardo Da Vinci* … lontani anni luce dal viaggio in terza classe a bordo della lenta *Moltke*, che aveva condotto Pasquale verso la sua nuova vita in America mezzo secolo prima. Pat mi raccontò quanto questo viaggio avesse sconvolto il padre. Sí, sapeva che sarebbe stato improbabile rivedere ancora una volta il luogo in cui era nato, ma fu molto più di questo … per la prima volta, quest'uomo di settant'anni comprese di non essere più italiano.

E la stessa cosa era accaduta anche a Pat e ai suoi fratelli. Se si considera che la nonna e la madre erano analfabete, tutti hanno fatto del loro meglio per riuscire nella vita. Pat mi raccontò un po' del suo lavoro e di come l'attenzione dei suoi genitori per l'educazione avesse dato i suoi frutti. Negli anni Settanta aveva lavorato nel mondo della finanza e venti anni più tardi si era spostato a lavorare a Wall Street per Morgan Stanley. Quando poi era andato in pensione, nei primi anni Novanta, lo aveva fatto come vicepresidente più anziano dell'azienda.

I ricordi e le storie di Pat tornarono ancora una volta al passato, a Maria Mazza e parlammo ancora un po' della straordinaria vita di una donna davvero straordinaria. Non solo era riuscita con successo a portare a Napoli, in inverno, se stessa, la figlia piccola e una virtuale estranea di otto anni, ma si era imbarcata per una traversata di quindici giorni in circostanze che, per una donna sola, erano spesso difficili, se non pericolose.

Ricordavo di aver letto un rapporto sulle condizioni che le donne non accompagnate, in terza classe, qualche volta si trovavano a dover fronteggiare sulle navi che facevano la spola tra l'Europa e New York. Una testimonianza del 1909 recita:

"Tutto era sporco, viscido e spiacevole. Ogni impressione provocava disgusto. Peggio di questo, era la generale atmosfera di immoralità. Per quindici ore, ogni giorno sono stata testimone, intorno a me, di questa sconveniente, indecente e forzata familiarità tra uomini e donne, completamente estranei fra loro … le donne imbarcate in terza classe erano costrette a sottomettersi agli insulti … nessuna giovane donna in terza classe sfuggiva ad un'esperienza di questo genere".

Pat Scida nella sua casa ad Oceanside, Long Island.

Certamente Maria (Mazza) Pirrotto era stata una donna straordinaria, ma Pat lo ricordava, c'era anche un altro volto di Maria. Sebbene Pat non avesse nessun ricordo certo della nonna, ricordava alcune foto che ritraevano un volto privo di sorriso, severo; questa era stata una donna, lui ritiene, che non aveva mai perdonato al marito di averla abbandonata nel 1902.

Allo stesso modo, anni più tardi, non aveva perdonato il figlio Luigi per aver sposato senza il suo consenso una ragazza del *Lower East Side*. Quando Luigi e la moglie avevano avuto un bambino, avevano scritto ai loro genitori a Brooklyn per condividere con loro la buona notizia: Maria aveva strappato la lettera e l'aveva rispedita al mittente. Anche sul suo letto di morte Maria non lo perdonò mai per aver agito contro la sua volontà.

Ma la madre di Pat, Catherine, non aveva ereditato questi aspetti della madre. Catherine era una donna molto più serena e socievole che, anche se analfabeta, parlava perfettamente inglese senza nessuna traccia di accento italiano. Detto questo, anche lei aveva per certi versi un carattere duro. Si diceva che, di tutti i suoi cinque fratelli, lei fosse la più simile alla madre nella sua determinazione ad ottenere ciò che voleva per la sua famiglia.

Seduto al tavolo davanti a me, suo figlio, Pat Scida, ne era la prova vivente.

Era tempo di pranzare e così, lasciandoci alle spalle il passato, ci avventurammo fuori ad Oceanside, alla ricerca di un ristorante. Ma prima, Pat mi portò a fare un giro della zona, un luogo che in poco più di due settimane era diventato irriconoscibile. Il colpevole: l'uragano *Sandy*.

Nella serata di lunedì 29 ottobre, c'era stata una potente inondazione, con alberi e piloni elettrici abbattuti ed incredibili danni ad imbarcazioni, auto ed edifici.

"L'uragano *Sandy* è stato uno stronzo," Pat commentò senza mezzi termini.

Lui e Rosalie soffrivano della "sindrome del sopravvissuto", infatti erano usciti indenni dalla tempesta, anche se erano rimasti senza energia elettrica per quasi due settimane.

C'era stata una sorta di inondazione a circa sei edifici di distanza da loro. D'altro canto, molti dei loro parenti ed amici avevano visto i propri seminterrati allagati da diversi metri di acqua, poi drenata all'esterno attraverso le fognature. Altri invece avevano assistito a come l'oceano e torrenti d'acqua, dopo aver invaso le strade, avevano preso a scorrere e a devastare i seminterrati, se non addirittura i primi piani. Le abitazioni di molti erano ormai condannate.

Pat mi raccontò che, diversi giorni dopo la tempesta, era andato nelle vicinanze di Rockaway, a casa della nipote, perché non riusciva a mettersi in contatto telefonico con il fratello. Quando era arrivato, stavano usando un paio di generatori per la corrente e cucinavano la colazione sul barbecue. L'acqua era arrivata in cima alle scale del seminterrato e avevano appena cominciato a spalare fuori la sabbia che l'oceano aveva depositato per strada. Avevano bisogno di liberare la strada dalla sabbia fino alle fogne, prima di cominciare a pompare l'acqua fuori dal seminterrato.

Dopo un po' il fratello lo aveva guardato e gli aveva detto: "Qui davanti ci sono auto del valore di un quarto di milione e nessuna si mette in moto".

Quell'affermazione gli era rimasta fissa in mente, quelle macchine erano rimaste immerse in quasi due metri d'acqua per tre, quattro ore, ed erano completamente distrutte. La macchina di suo fratello ed altre cinque erano lì bloccate per strada, due Range Rover relativamente nuove, una Mercedes Benz, due Cadillac ed un'Audi acquistata solo due settimane prima.

Lo potevo vedere anche da me: tutto ciò che si trovava nelle case era stato ammucchiato davanti, sui prati: sedie, tavoli, cuscini, frigoriferi, tappeti, i detriti di una notte di completo caos sulla costa orientale d'America. Il prato era però soltanto un deposito provvisorio tra la casa e i cassonetti, infatti giovani uomini che indossavano mascherine per proteggersi da chi sa cosa, faticosamente spostavano da un posto all'altro ciò che rimaneva della vita di quelle persone.

Oceanside all'indomani dell'uragano *Sandy* ed un'imbarcazione che crede di essere

Mi chiesi chi e perché avrebbero ringraziato in quel Ringraziamento. Vedere la cosa in televisione non era niente al confronto del vedere e respirare la sua reale consistenza. Potevo capire perché Pat e Rosalie provassero una sorta di senso di colpa: c'erano stati così vicini ed allo stesso tempo fortunati, perché ne erano stati abbastanza lontani.

POSCRITTO

Sono mesi che la storia di Paresena Telelli, la bambina di otto anni che da Strongoli era presumibilmente partita verso l'America con Maria Mazza, continua a ronzarmi per la testa. Non mi piacciono le storie senza un finale.

Dal momento che le persone che viaggiano insieme o provengono dalla stessa città e paese, in genere sono elencate l'una dopo l'altra nel manifesto di imbarco (ed inoltre si presumeva che Paresena avesse soltanto otto anni e fosse sotto la tutela di Maria Mazza) sembrava logico che fossero state messe in lista insieme. L'esperienza mi diceva di non guardare più in là dei nomi immediatamente sopra e sotto quello di Maria Mazza e sua figlia, per cercare la misteriosa Paresena di otto anni.

Così ritorno alla storia di Paresena Telelli e ricordo che il nome Telelli (e tutte le sue possibili alternative) non sembra esistere sul sito web di Ellis Island. Decido invece di focalizzare la mia attenzione sull'insolito nome attribuito a questa bambina, Paresena, un nome che non avevo mai sentito prima; l'unica cosa che posso fare è controllare i nomi di ogni passeggero imbarcatosi sulla *Città di Napoli* a Napoli … tutti e 626. Alla fine della sesta pagina, mi salta agli occhi il nome del passeggero 298, Mastimissa Fuisenda; mi incuriosisce sia il nome insolito, sia il fatto che 'lei' venga da Strongoli; poi individuo un cognome simile un paio di righe sotto: il passeggero numero 300 è registrato come Parisino Fusenda, anche 'lui' di Strongoli.

Per un momento mi siedo in silenzio, fissando il nome Parisino … ma presto ritorno in me ed ecco che segue una giostra di ulteriori ricerche sul manifesto di imbarco per scoprire qualcosa di più sui due strongolesi. Scopro che si tratta di fratello e sorella e che i loro differenti cognomi sono entrambi inesatti, dovrebbero essere Frisenda; anche i loro nomi sono trascritti in modo non corretto 'Mastimissa' è maschile e quindi Mastimisso ed infine 'Parisino' è femminile e dunque Parisina.

Per tre ragioni sono sicuro di aver trovato la presunta 'Paresena Telelli'. In primo luogo, il nome Parisina è quasi identico ed altrettanto insolito; in secondo luogo, questa Parisina Frisenda veniva da Strongoli; terzo, stava viaggiando sulla stessa nave di Maria Mazza. Questi tre collegamenti con la storia di Maria non possono essere soltanto delle coincidenze. Ad ogni modo controllo il resto della lista passeggeri nel caso ci si nasconda un'altra Paresena. Non c'è.

Le storie di famiglia possono animarsi di vita propria, i dettagli facilmente piegarsi allo scorrere del tempo, allo scolorire dei ricordi e, a volte, a piccole mistificazioni. Solo ora mi rendo conto di come la storia che Maria Mazza aveva passato alla sua famiglia è un racconto di questo tipo. I protagonisti e la struttura della storia sono tutti collocati al posto giusto ed al momento giusto, ma i dettagli sono diventati confusi. Non c'è stata nessuna intenzione di mentire, è semplicemente accaduto. E adesso so che la storia che Maria ha tramandato alla sua famiglia si svolse in questo modo.

Parisina aveva viaggiato veramente sulla stessa nave di Maria Mazza e della figlia Carolina, ma con il fratello più grande, Mastimisso. Molto probabilmente erano orfani, come suggerisce la storia di Maria, ma non erano propriamente dei bambini. Parisina aveva diciassette anni ed il fratello era di un anno più grande. Sembra non ci sia nessuna ragione per dubitare che Maria avesse offerto la sua disponibilità come accompagnatrice per il viaggio e che il prete del posto, un parente di Parisina e Mastimisso, avesse finanziato Maria.

Una volta in America, questi due giovani orfani, ma adulti, non si erano riuniti alla sorella come la storia di Maria racconta, ma erano invece andati a vivere con il fratello Attilio, emigrato due anni prima e che all'epoca viveva a Brooklyn.

Ma come si spiega l'incongruenza del cognome? Sarebbe difficile risolverla con un errore ortografico tra Telelli e Frisenda. Posso solo pensare che si sia trattato di un mero errore o che forse Parisina si fosse sposata molto presto, dopo il suo arrivo in America, ed avesse preso il cognome del marito, così che tutti presto avevano dimenticato che era stata una Frisenda.

Trovo la famiglia Frisenda per esteso nella lista del censo statunitense del 1910 sul sito *web Ancestry*. All'epoca vivevano a *Myrtle Avenue*, a Brooklyn. Solo Parisina sembra aver lasciato il nido, così forse la mia teoria circa il suo matrimonio è davvero quanto realmente accaduto. Detto questo, all'inizio non riesco a trovare nessuno nella stessa lista del censo con un nome che anche alla lontana richiami Telelli e così allargo gradualmente la mia ricerca, fino a che non scopro un Tellelo e trovo Parase Tellelo e suo marito John che vivono a *Park Avenue* a Brooklyn. *Park Avenue* è ad un isolato di distanza da *Myrtle Avenue*. John ha due cognomi alternativi, Tellelo e Tellebo.

Nel censo del 1940, vedo che il nome della famiglia Tellelo è stato modificato in Tilleli; John ha sessantacinque anni e Parisina cinquantadue. La famiglia all'epoca ha comprato una casa a *Sanford Street* e tre dei figli dei Tilleli vivono ancora in casa; uno di loro si chiama Attilio.

Non posso resistere, devo scoprire qualcosa di più su John o Giovanni, come avrebbe potuto chiamarsi quando era emigrato (sto dando per scontato, ovviamente, che anche lui sia un emigrante). Naturalmente comincio con Tellebo e Tellelo, i due cognomi che gli erano stati attribuiti nel 1910: niente. Comincio ad allargare le mie ricerche indietro nel tempo, da dove inizialmente ero partito quando cercavo Parisina e alla fine trovo Giovanni Tilelli, che lasciò Strongoli nel 1902 per riunirsi a suo fratello a Brooklyn. Sento di aver chiuso il cerchio.

Dopo aver risolto un enigma, i miei pensieri ritornano al *New York Times* e alla storia di una clandestina, Maria Cavallero e del padre errante e decido di scavare più a fondo, ancora una volta.

L'archivio di Ellis Island mi mostra che c'erano 149 uomini con il cognome Cavallero, entrati negli Stati Uniti attraverso Ellis Island, ma, come avevo già scoperto, nessuno di loro ha un profilo che possa coincidere con il padre di Maria; nessuno aveva lasciato la Sicilia dopo il terremoto, tra il 1908 ed il 1910, nessuno proveniva dalla zona di Messina ed era nato intorno al 1877 (o anche prima).

Così cambio una lettera nel cognome e Cavallero diventa Cavallaro. Adesso ci sono 1241 uomini su cui fare delle ricerche e diventa presto chiaro che si tratta per la maggior parte di siciliani e che ve ne sono molti che potrebbero essere il giovane padre di Maria.

Mi rendo conto di averle fatto un torto, suggerendo che si era potuta inventare la storia.

Avevo incontrato per la prima volta Luigi e Katrina Piezzo a Santa Severina, nell'ottobre del 2012, in occasione della loro prima visita ai parenti di Luigi, che vivevano in paese.

Ci eravamo incontrati ancora in diverse occasioni in quei giorni ed avevamo programmato che avrei fatto loro visita a Valley Stream e che sarei rimasto a dormire lì una notte.

All'epoca non mi avevano ancora detto nulla dell'altra coppia, che viveva nell'appartamento di sotto.

Di tutte le persone cui ho fatto visita, Luigi e Katrina erano quelli con cui, prima del mio viaggio negli Stati Uniti, avevo trascorso molto più tempo. Del resto, ci eravamo anche incontrati un paio di volte la settimana prima a Manhattan.

Un posto da chiamare casa

Dopo pranzo, Pat Scida mi accompagnò con la sua auto fino a Valley Stream, a qualche chilometro di distanza, e mi lasciò a casa di Luigi e Katrina Piezzo.

Prima che Katrina ed io ci sedessimo perché la aggiornassi sui miei spostamenti dall'ultima volta in cui ci eravamo incontrati su e giù per la *High Line*, le consegnai la mia borsa di biancheria sporca, che così gentilmente aveva accettato di lavare per me Ed era davvero una felice circostanza che la visita a Valley Stream si collocasse esattamente a metà del mio viaggio. A dire la verità, avvenne una sorta di scambio: parte dell'accordo prevedeva che avrei portato alla loro famiglia in Calabria, dei regali da parte dei Piezzo e della loro amica Grace Chan.

Dopo averla aggiornata sugli ultimi fatti, scendemmo al piano di sotto, per parlare con la coppia che viveva in quell'appartamento, nonostante all'epoca, a parte i loro nomi, Johnny e Mary, non li avessi collegati a Luigi e Katrina. Johnny era in pensione, e quando gli chiesi che lavoro avesse fatto, mi rispose che aveva lavorato nell'industria della carta e del cartone, dove progettava e creava fustellatrici. Sapevo che si era ormai abituato a gente che non avesse la più pallida idea di che cosa fosse una fustellatrice. Al contrario, io la conoscevo bene.

Come grafico ormai in pensione, questo era un campo in cui avevo una certa competenza ed esperienza e così Johnny, avendo finalmente trovato qualcuno che parlava la sua stessa lingua, mi accompagnò subito giù nel suo laboratorio, dove mi mostrò gli attrezzi del mestiere. In tipografia, una fustellatrice, per quelli non ne hanno nessuna idea, è un telaio fatto con piccole lame di metallo ben affilate, che ritagliano una forma irregolare e non proprio rettangolare, ad esempio, su una cartellina con tasca o una scatola, dopo essere state stampate. In passato ne avevo progettate molte ed il mio progetto passava poi a gente che, come Johnny, gli avrebbe dato forma con la fustellatrice appunto, che avrebbe fatto il taglio ed il segno per la piegatura.

Conclusa la mia iniziazione nel mondo delle fustellatrici, Katrina ed io ritornammo di sopra. Pensavo ancora a Johnny e a Mary come ai vicini del piano di sotto e non avevo ancora chiesto né mi era stata offerta un'altra spiegazione … l'unico collegamento con Luigi che avevo notato era che, una volta, mi aveva detto, suo padre aveva lavorato nell'industria della carta.

Mentre aspettavamo che Luigi rientrasse dalla sua giornata di lavoro a Manhattan, Katrina ed io demmo un'occhiata ad alcune foto di famiglia e capimmo che la sola cosa giusta da fare era iniziare con del vino rosso, tanto per essere assolutamente sicuri fosse buono abbastanza da accompagnare il nostro pasto.

Luigi e Katrina, una neozelandese, erano sposati solo da pochi anni e per gran parte del tempo, Katrina aveva aiutato Luigi a prendersi cura del padre. Suo padre, anche lui chiamato Luigi, era morto nel 2012, motivo per cui più tardi, quell'anno, avevano fatto un viaggio a Santa Severina, per scoprire qualcosa di più sulla sua famiglia. Katrina aveva preso in mano le redini

La Santa Severina che Giuseppe Piezzo si è lasciato alle spalle.

della ricerca, partendo dal punto in cui Lou le aveva lasciate e, lentamente, mettemmo insieme i pezzi della storia delle origini italiane della famiglia, a partire da quando e come il nonno Giuseppe era venuto per la prima volta in America.

Per una maggiore chiarezza, dal momento che nella storia compare più di un Luigi, ho deciso di chiamare il Luigi marito di Katrina con il suo nome americanizzato, Lou, ed il padre Louie.

Lou intanto era rientrato a casa e dopo una straordinaria cena orientale, tornammo indietro, nel passato, al 1910, quando Giuseppe Piezzo aveva deciso che era tempo di lasciare Santa Severina e di cercar fortuna in America. Mentre ne discutevamo, mi venne in mente che, diversamente da tutte le altre persone o famiglie che avevo incontrato o che avrei dovuto incontrare, la storia della famiglia Piezzo era probabilmente il risultato di una ben precisa ricerca genealogica, in questo caso condotta da Katrina. In altre parole, sebbene Lou fosse consapevole di avere una famiglia a Santa Severina ed entrambe le famiglie, Miriello e Quaranta, sapessero di avere dei cugini americani da qualche parte, in realtà, non si erano incontrati fino a che Katrina ed il suo gene investigativo non si erano messi al lavoro.

C'erano parti di questa storia che già conoscevo. Ero con Lou e Katrina a Santa Severina, quando Lou mi aveva chiesto di domandare al mio amico Ciccio, il marito di Anna Miriello, un membro della sua famiglia in Calabria, se sapeva che cosa aveva fatto il vecchio Giuseppe quando, da ragazzo, viveva a Santa Severina.

Eravamo affacciati alla veranda di Ciccio, dopo un lauto pranzo calabrese, e lui, dopo aver indicato a nord ovest la collina vicina, a metà strada tra Santa Severina ed Altilia, aveva risposto: "Lavorava lassù ad Armirò, era il guardiano dell'aranceto".

Come Altilia, Armirò è una frazione di Santa Severina e Ciccio mi spiegò che, una volta, il fianco della collina davanti a noi abbagliava per lo splendore dei suoi aranceti e, all'epoca, ce n'era stata una richiesta tale che c'era stato bisogno di un guardiano che proteggesse le arance da eventuali ladri. A quanto pare, il giovane Giuseppe Piezzo aveva una piccola baracca sulla collina ed era pagato per fare la guardia alla parte di aranceto che gli era stata affidata. Doveva essere stato un lavoro davvero noioso e quindi non c'è da meravigliarsi se durante le sue continue ispezioni in campagna, a caccia di eventuali ladri, le sue fantasticherie lo avessero infine portato ad attraversare l'Atlantico, verso una vita più ricca di impegni.

Per la cronaca, l'arte del furto di frutta resiste ancora a Santa Severina e nei suoi dintorni. Per mia personale conoscenza dei fatti, per due anni consecutivi un'intera piantagione di kiwi è sparita poco prima della raccolta e lo scorso anno (nel 2012) l'uva di un produttore di vino locale particolarmente pregiato, è scomparsa proprio prima della vendemmia programmata.

Va da sé che offrirei il mio servizio come guardiano a tutti quanti, se solo dalla mia postazione potessero garantirmi l'accesso ad internet.

———

Giuseppe Piezzo era nato nel 1892, figlio unico di Francesco Piezzo e Maria Nicoletti, lui di Santa Severina, lei di San Giovanni in Fiore, a venticinque chilometri più ad ovest. La registrazione della sua nascita, per ironia della sorte avvenuta nello stesso anno della morte del padre, riporta come cognome 'Piezzi', ma variazioni di questo genere non erano insolite a quei tempi; ogni cosa veniva trascritta a mano, i nomi spesso venivano

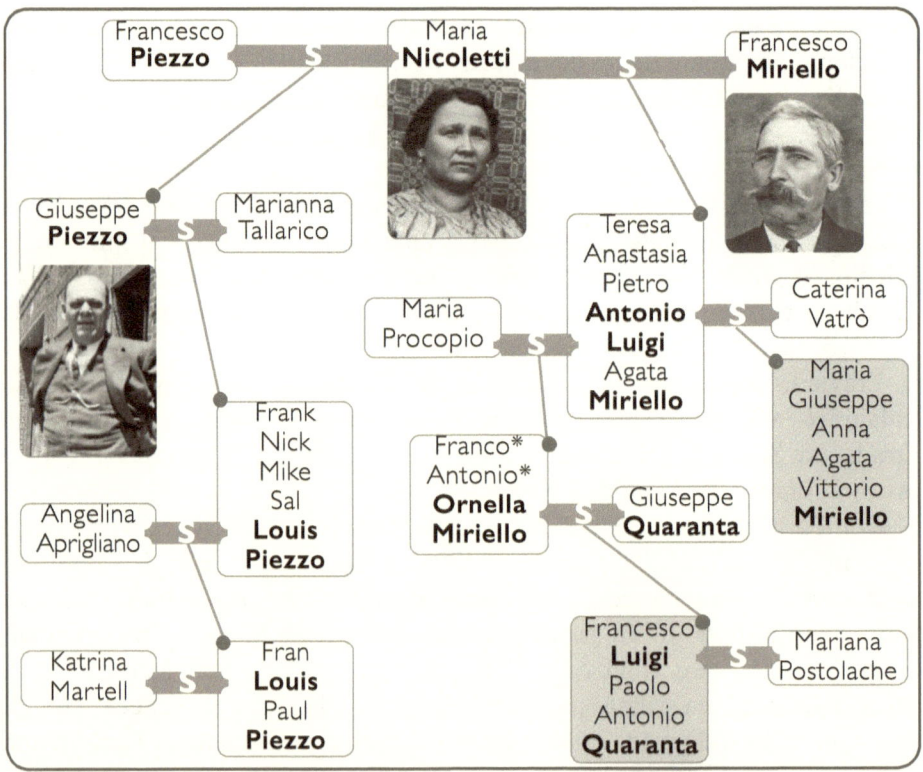

Le famiglie Miriello e Quaranta nei riquadri grigi sono membri della famiglia di Lou Piezzo che attualmente vivono a Santa Severina o nelle sue vicinanze.

(*Franco e Antonio Miriello emigrarono entrambi negli Stati Uniti negli anni Sessanta ed è stato Antonio ad aiutare Lou e Katrina ad organizzare il loro viaggio a Santa Severina nel 2012).

pronunciati nel modo sbagliato, mal compresi o trascritti erroneamente ... o addirittura una combinazione di tutti questi fattori.

È un mito da sfatare che errori di questo tipo venissero commessi quando gli immigrati facevano il loro ingresso negli Stati Uniti via Ellis Island e che la confusione di lingue tra immigrati e funzionari americani avesse come risultato il cambiamento di nomi e di altri dettagli del genere. Ogni inesattezza nasceva in patria, perché il manifesto di imbarco si basava su una documentazione completata da impiegati italiani, in Italia, prima della partenza.

Spettava agli emigranti essere in possesso di una documentazione corretta quando acquistavano il biglietto, così com'era preciso dovere della compagnia di imbarcazioni e dei loro dipendenti controllare tale documentazione prima dell'imbarco. Questo è il momento in cui ogni errore di trascrizione aveva origine (nomi, date di nascita o paesi di provenienza).

Nel caso del cognome della famiglia Piezzo ci sono almeno quattro varianti, ciascuna delle quali appare almeno su un documento della stessa famiglia: Piezzo, Piezzi, Pezzo e Piezzio. Per una maggiore chiarezza, userò il cognome della famiglia di Lou così come scritto oggi, Piezzo.

Katrina mi spiegò in che modo le due famiglie che avevano visitato a Santa Severina, i Miriello e i Quaranta, si collegassero alla storia.

Il padre di Giuseppe Piezzo (il bisnonno di Lou, Francesco) era morto quando Giuseppe era ancora in fasce e sua madre, Maria Nicoletti, si era risposata con un uomo chiamato Francesco Miriello; a loro volta avevano avuto sei figli che erano ovviamente fratellastri e sorellastre di Giuseppe.

Uno di questi figli, Antonio, a sua volta aveva avuto sette figli e sono alcuni di loro che ancora mantengono il cognome Miriello a Santa Severina. Un altro dei loro figli (di Maria e del secondo marito Francesco), Luigi, fratello di Antonio, aveva avuto una figlia, Ornella, che aveva sposato Giuseppe Quaranta, l'altra famiglia legata alla famiglia Piezzo a Santa Severina.

Conoscevo bene entrambe queste famiglie, Miriello e Quaranta, ma non avevo mai realizzato che fossero imparentate ... ed il loro legame con Lou di Long Island consiste nel fatto che, nella persona di Maria Nicoletti, avevano avuto una stessa nonna o una stessa bisnonna.

Era il 1910 quando Giuseppe, che ne aveva avuto abbastanza di sorvegliare arance, aveva deciso di andare in America. Aveva già una famiglia là per parte materna, uno zio, Saverio Nicoletti, che infatti gli offrì il suo aiuto e gli pagò il viaggio. Giuseppe cominciò la sua nuova vita in America con nove dollari in tasca ed una casa a *Park Avenue*, a Brooklyn.

A circa un isolato di distanza, a *Skillman Street*, un'area di Brooklyn intorno alla quale gravitavano molti italiani del Sud, viveva Marianna Tallarico, un'avvenente giovane donna che, nel 1911, era emigrata da Casabona (un piccolo paese sulle colline a nord di Santa Severina e dritto ad ovest di Strongoli) con il fratello di quattordici anni, Alessandro. Marianna all'epoca aveva ventitré anni e lei ed Alessandro erano andati a vivere a *Skillman Street* con il fratello più grande, Andrea.

Katrina e Lou mi spiegarono che, a soli ventitré anni Marianna aveva già fatto esperienza di tante difficoltà e sofferenze. I suoi genitori erano morti quando era piccola e, all'inizio, alcuni parenti si erano presi cura di lei e dei suoi fratelli più piccoli, Alessandro e Giuseppe, fino a che le risorse economiche della famiglia non erano terminate e avevano dovuto cavarsela da soli per un certo periodo.

Suo fratello Andrea era già emigrato due volte, in meno di un anno. La prima volta, nel 1906, era stato rispedito a casa molto probabilmente per un problema con i documenti, dato che i dettagli che riguardavano la sua salute sembravano a posto. Andrea era uno dei sette giovani uomini provenienti da Casabona a bordo dell'*Italia,* quella primavera (e tutti stavano andando a *Skillman Street*) e fu il solo ad essere rimpatriato. Nel 1907 tentò ancora e questa volta entrò con successo in America.

Marianna Tallarico ed il fratello più piccolo, Alessandro.

Quattro anni più tardi, quando Marianna ed Alessandro attraversarono l'Atlantico, per una strana coincidenza anche loro sull'*Italia*, furono trattenuti per una notte, per essere esaminati meglio, secondo quanto prescritto dall'*Immigration Act* del 1882 che stabiliva che coloro che erano considerati soggetti 'a rischio' diventavano di 'pubblica responsabilità' (in inglese *LPC*) e come tali, un potenziale onere fiscale per gli Stati Uniti. In cima alla lista di questi *LPC*, c'erano donne nubili incinta, ma anche donne in età fertile. Qualunque sia stata la ragione, in seguito ad ulteriori indagini, a Marianna fu concesso l'ingresso nel Paese il giorno successivo.

Non si sa quando e come Marianna e Giuseppe si incontrarono. Vivevano abbastanza vicini per quella che doveva essere stata letteralmente una 'casualità', ma è anche possibile e meno casuale che la loro unione fosse un comodo accordo tra due famiglie, possibilmente con l'aiuto di un mediatore, i cui avi venivano dalla stessa parte di Calabria. Questo tipo di accordo non era insolito, ma si trattava in genere solo di 'accordi', nel senso che la giovane coppia veniva presentata ed in seguito dipendeva dai due giovani il voler dar seguito ad una relazione che portasse ad un matrimonio. Chiaramente poteva giocare un ruolo importante il fatto di voler compiacere genitori e familiari, ma unioni di questo tipo raramente erano matrimoni combinati nel senso di matrimoni 'forzati', ancora imperanti nel sub-continente indiano.

Marianna e Giuseppe si sposarono l'11 aprile del 1915 alla *St. Lucy's Church*, un paio di isolati ad ovest dall'incrocio di *Park Avenue* con *Skillman Street* ed in seguito si trasferirono ad un paio di isolati nella direzione opposta, in una casa in affitto a *Walworth Street*, a metà strada tra la *Clinton Hill* di Brooklyn ed i distretti di *Bedford Stuyvesant*.

Negli anni di poco precedenti al Proibizionismo, Brooklyn era diventata un luogo un po' più sicuro. Uno dei suoi figli, Alfonso Capone, aveva già deciso che c'erano maggiori opportunità di impiego per i gangster a Cicero, un quartiere di Chicago e si era diretto a nord, subito seguito dalla nuova moglie irlandese, Mae.

Quando arrivò il Proibizionismo, Joe Piezzo (come la maggior parte degli immigrati italiani di tutto rispetto) secondo la tradizione, aveva continuato a produrre vino nella cantina dove lo riponeva, accanto a tutta l'altra tradizionale frutta e verdura calabrese in conserva che la maggior parte delle famiglie ancora preparava. Tuttavia, a differenza di molti altri italiani, Joe sembra essersela cavata bene con la sua produzione di vino: non ci sono storie di famiglia riguardo a poliziotti che brandiscono mazze e botti sfasciate.

Marianna Tallarico e Giuseppe Piezzo sposi, l'11 Aprile 1915 a Brooklyn.

Donne al lavoro in una fabbrica di sigarette dell'*ATC*, probabilmente a Brooklyn, nel 1917.

Chiesi a Lou della vita dei suoi nonni a Brooklyn e se per loro fosse stato facile o meno assimilare la lingua, anche perché vivevano in un'ampia comunità italiana. Sembra che Marianna si fosse impegnata di più; secondo il censimento del 1930 era in grado di parlare, leggere e scrivere in inglese, mentre Giuseppe aveva soltanto imparato a parlarlo. All'epoca lavoravano entrambi: Giuseppe nella parte sud di Brooklyn, in una fabbrica di pellicce di proprietà del cognato Alessandro, e Marianna, oltre ad occuparsi della casa, si era impiegata presso l'*American Tobacco Company* a Brooklyn, dove si producevano Lucky Strike.

All'epoca il marchio Lucky Strike si stava espandendo e la compagnia si era da poco trasferita dalla sua sede di *Penn Street* di Brooklyn (dove le Lucky Strike erano state prodotte per la prima volta nel 1916) alla nuova sede a *Park Avenue*. Si dice che lo slogan per cui il marchio divenne famoso '*It's toasted*' (è tostato) fosse stato coniato per la prima volta quando il suo presidente, George Washington Hill, aveva notato il dolce aroma del tabacco *burley* (del Kentucky), che veniva 'cotto' secondo una fase del processo di produzione nella fabbrica di *Penn Street*. Più tardi aveva riferito la cosa al personale dell'azienda ed uno dei dipendenti, Gerson Brown, aveva detto che quell'aroma gli ricordava il toast della colazione ... così nacque lo slogan, simbolo della campagna pubblicitaria.

A metà degli anni Trenta Marianna e Giuseppe comprarono finalmente casa a *Walworth Street*, ma qualche mese più tardi Marianna morì. Avevano avuto sei figli, ma la loro unica figlia femmina, Maria, era morta di meningite spinale e di polmonite bronchiale nel 1923, all'età di tre anni. Il più giovane dei cinque figli, Louie, era il padre di Lou; Giuseppe e Marianna erano i suoi nonni.

Non molto tempo dopo la morte della moglie, Giuseppe sposò un'altra calabrese, Rose Bisignano, una vedova con quattro figlie che, si crede, fosse originaria di Strongoli, a nord ovest di Crotone.

Quella di Giuseppe potrebbe sembrare una decisione affrettata, ma non era insolito, specialmente per gli uomini (in particolare gli immigrati) cercare una nuova moglie subito dopo la perdita della prima. Diversamente da quella che sarebbe stata la loro vita in Calabria, Giuseppe non aveva la stessa rete di supporto familiare che gli si sarebbe stretta attorno e che avrebbe avuto cura dei suoi figli: non c'erano nonni, né zii e neppure figlie più grandi che prendessero in mano le redini della situazione. Allo stesso modo, la sua seconda moglie, Rose, aveva ricevuto tutto l'aiuto possibile, ma non c'era nessuno a mantenere la famiglia, nessun reddito. Questo fu davvero un matrimonio di convenienza.

Fin troppo curioso, chiesi a Lou come fosse morto il primo marito di Rose e, con espressione seria, mi disse che lo aveva avvelenato. Mi ci volle qualche secondo per realizzare che stava scherzando, ma l'idea che lei avrebbe potuto avvelenarlo rimarcava la valutazione del padre di Lou sulla donna ... di fatto nessuno amava troppo Rose. Potevo considerare che, nonostante Lou stesse attribuendo a Rose lo stereotipo della matrigna cattiva mettendosi dalla parte del padre, c'era anche un aspetto più serio della questione che faceva riferimento a quello che era realmente accaduto: Rose non aveva trattato bene suo padre e questo lo feriva molto.

Gli chiesi dei rapporti tra i cinque ragazzi e le quattro ragazze in questa famiglia allargata e Lou mise in particolare rilievo Catherine, una delle figlie di Rose, di gran lunga la più affezionata a suo padre e ai suoi zii. Catherine, inoltre, si era presa cura del nonno Joe nei suoi ultimi anni; lo aveva considerato come un padre e i due erano stati molto uniti. Non si è mai resa conto di quanto abbia fatto per il nonno e Lou si tiene ancora in contatto con l'energica zia Catherine, adesso ottantenne.

Fu interessante per me notare quanto velocemente i nomi italiani erano stati americanizzati. Giuseppe era diventato Joe ed i suoi cinque figli Frank, Nick, Mike, Sal e Louis; tra questi, solo Sal (Salvatore) aveva dovuto arrangiarsi con un nome che non aveva davvero nessuna corrispondenza in inglese.

Tutti questi ragazzi di prima generazione avevano parlato sia italiano che inglese; famiglie di questo tipo tendevano a mescolarsi socialmente, lavoravano e vivevano fianco a fianco con altri italiani, e spesso altri calabresi. Ma la generazione successiva non la vedeva più così, erano americani e volevano essere completamente assimilati alla cultura americana. Per Louie Piezzo, il padre di Lou, era stata una scelta ben precisa che i suoi figli dovessero imparare in casa solo l'inglese, in modo che, per come la vedeva lui all'epoca, non avrebbero dovuto sentirsi emarginati come lui si era sentito; voleva che avessero le stesse opportunità per costruirsi un futuro ed avere successo. Tutti i fratelli di Louie avevano adottato la stessa logica con i loro figli.

Lou ha poi compreso le ragioni dei suoi genitori, ma nonostante questo, oggi si rammarica di non parlare italiano. Quando lui e Katrina sono stati a Santa Severina, inizialmente la cosa aveva rappresentato un problema e Lou in particolare aveva trovato frustrante il fatto di non saper parlare la lingua della sua lontana famiglia calabrese. Ma l'aiuto era arrivato grazie a Mariana, la moglie del 'cugino' Luigi Quaranta, che si dava il caso fosse la persona che meglio parlasse l'inglese a Santa Severina, a parte Kay e me ovviamente. Marianna è davvero portata per le lingue, è rumena e quindi parla tanto la sua lingua d'origine quanto l'italiano, ma anche l'inglese e il francese.

Certamente, anche se i genitori di Luigi gli avevano parlato in italiano, non era stato l'italiano ufficiale, ma piuttosto il locale dialetto santaseverinese … che, come aveva scoperto Elizabeth Cortese, con il passare degli anni si era modificato al punto da non essere quasi più riconoscibile. Da giovane Lou aveva studiato un po' di italiano all'università e quando si rivolgeva a suo padre per un aiuto, il padre rideva perché non aveva nessuna idea di ciò di cui Lou stesse parlando. Per Louis Piezzo, l'italiano, che suo figlio stava imparando era una lingua straniera.

Lou mi mostrò alcune mail che aveva ricevuto da una 'cugina', Marion Vaccaro, la nipote di Alessandro Tallarico, prozio di Lou, che gestiva la fabbrica di pellicce dove suo nonno, Joe Piezzo aveva lavorato. L'azienda si chiamava *NuWest* ed aveva avuto origine da un'altra fabbrica di pellicce a Brooklyn, dove Alessandro aveva lavorato.

Alessandro aveva avuto l'idea di tingere le pelli e la pelliccia del coniglio australiano per creare qualcosa che sembrasse foca, ma non riusciva a risalire all'esatta formula che gli permettesse di fissare la vernice, così da non imbrattare i vestiti e la pelle delle persone. Gli mancavano gli studi di chimica, ma sapeva che il suo datore di lavoro all'epoca conosceva questa formula, anche se non era incline a condividerla: in realtà tormentava Alessandro con la sua cosiddetta "formula segreta" e addirittura gli dava dell'ignorante perché non riusciva a scoprirla.

Ma il suo capo aveva un punto debole: gli piaceva il vino rosso che Alessandro produceva in casa e, di tanto in tanto, Alessandro gliene portava una damigiana. Una sera, Alessandro suggerì di prendere qualcosa da bere insieme, ma non si era trattato di un'innocente iniziativa di socializzazione. Alessandro aveva un piano: con grande astuzia, aveva veicolato la conversazione, ormai alterata dall'alcool, al grande successo del suo capo e alle sue capacità manageriali e, dopo aver così lusingato il suo ego, fu breve ed inebriante il passo verso la fantomatica 'formula segreta' … ed il buon vino italiano fece il resto.

Testata e verificata la formula della tintura, Alessandro mise insieme del denaro per far partire una propria attività e presto la *NuWest* arrivò in alto, operando nell'area di *Mill Basin*, a sud di Brooklyn. A dispetto della depressione economica, la *NuWest* ebbe ben presto successo, non solo per l'eleganza dei capi e degli accessori prodotti, ma anche perché molto meno costosi di quelli realizzati in volpe e visone.

Alessandro Tallarico fu, a detta di tutti, un datore di lavoro risoluto, ma corretto, tratto quest'ultimo ben evidenziato quando, fuori dall'azienda, l'Unione dei rappresentanti sindacali aveva fatto un discorso ai suoi operai (la maggior parte costituita da italiani che vivevano nella stessa area di *Downtown Brooklyn*) perché si facessero rappresentare nelle trattative con la direzione. Gli operai avrebbero dovuto votare per la proposta, ma nessuno alzò la mano; non c'è da sorprendersi se l'unione dei sindacalisti pensò che potevano essere stati minacciati in qualche modo e così provarono a farli votare una seconda volta, dopo averli rassicurati del fatto che non avevano nulla da temere e che sarebbero stati protetti.

Ancora una volta non ci fu neppure una mano alzata, solo il suono di qualche risatina soffocata. Poi, qualcuno prese la parola …

- Voi non dovete proteggerci - si disse - il signor Tallarico ci paga già molto più di quello che voi potreste ottenere. Ci dà molte più ferie e vantaggi di quelli che chiunque altro garantisce in questo settore … da che cosa vorreste proteggerci?

Alla fine della guerra, Alessandro se ne andò in pensione e poco tempo dopo la *NuWest* venne fusa con altre due società; nonostante fosse più avanti negli anni di Alessandro, Joe Piezzo continuò a lavorare e si spostò in un'altra fabbrica di pellicce con sede a Brooklyn, la *Meisel & Peskin*, ancora oggi attiva nei pressi di *Scholes Street*.

Pellicciai della *NuWest* alla fine degli anni Trenta. Alessandro Tallarico, un imprenditore che non ha paura di sporcarsi le mani, è il quarto da sinistra.

Parlare della guerra ci portò al tema della lealtà, perché tre dei fratelli di Louie, Frank, Mike e Sal avevano prestato il loro servizio nelle truppe americane, due nell'esercito, uno in marina; anche Louie aveva provato ad arruolarsi, ma gli era stata data, quella che veniva definita una *4F*, un'esenzione, a causa dei suoi problemi di vista. Da quello che Lou mi disse, gli zii probabilmente non avevano mai, neppure per un momento, pensato alla possibilità di potersi trovare, metaforicamente se non proprio fisicamente, faccia a faccia con membri della propria famiglia nell'esercito italiano, il nemico. Come per Frank Cortese, il gene americano di questi 'italiani' si era ormai da tempo manifestato; per il momento, la loro origine italiana era stata come ibernata.

Comunque, erano americani solo da una generazione, e, nonostante combattessero e morissero per la loro patria adottiva, c'era ancora la prospettiva di doversi sposare all'interno del proprio gruppo etnico. Tutti i figli di Joe avevano fatto così e fu solo nella generazione di Lou che le cose cambiarono. Lou si ricordò di quando sua cugina aveva sposato un irlandese e di come fosse stata quasi messa al bando da alcuni membri della famiglia. Tuttavia, ritornando ai vecchi, non proprio bei tempi, non correva buon sangue tra gli italo-americani e gli irlandesi-americani ... a meno di non essere Al Capone, ovviamente.

Ancora tornando a quei tempi, tanto gli irlandesi quanto gli italiani si erano guadagnati dei soprannomi ma, si deve ammettere, 'Mick' e 'Paddy' erano molto meno offensivi di alcuni nomi con cui la comunità italiana aveva dovuto fare i conti. Lou mi raccontò che, quando era stato chiamato '*wop*' da un compagno, ritornando a casa da scuola, aveva dovuto chiedere al padre che cosa volesse dire. Dopo le dovute spiegazioni, suo padre gli aveva detto che non avrebbe mai dovuto tollerare di essere chiamato con nomi di questo genere ... una presa di posizione, io sospetto, nata dall'amara esperienza.

Discutevamo, godendoci dei fantastici piatti orientali per gentile concessione di Katrina, così non ci si deve sorprendere se cominciammo a parlare di cibo, in particolare di cibo italiano.

Ricordai i giorni che avevamo trascorso insieme a Santa Severina, quando avevamo fatto colazione a Le Puzelle, l'agriturismo dove Lou e Katrina si erano fermati, avevamo pranzato con Anna Miriello ed il marito Ciccio e poi cenato con la famiglia di Luigi Quaranta, i suoi genitori, la moglie Marianna e la figlia Alessandra.

Lou, Katrina e Grace Chan, l'amica di Katrina, erano già a Santa Severina da quattro giorni ed erano certi di aver messo su qualche chilo. Ogni nuova famiglia che avevano incontrato e con cui avevano mangiato, aveva preparato abbastanza cibo da sfamare un piccolo esercito. Avevano capito che in Calabria si faceva così e la cosa non gli era dispiaciuta. Tuttavia, una mattina, Lou aveva deciso di fare un po' di esercizio prima di ogni nuova maratona alimentare. Sapeva a questo proposito che, nel loro ultimo giorno a Santa Severina, doveva ormai tenere il passo. Lo dovevamo fare tutti.

Quella mattina la situazione era ulteriormente peggiorata quando, dato che a cuor leggero ci stavamo lamentando del fatto che uova e pancetta non erano mai stati inclusi nella colazione italiana, il nostro cameriere a Le Puzelle, Giuliano "Tutt'orecchi", era corso via ed era tornato con la sua versione del suddetto piatto. E questo dopo aver già consumato una normale colazione.

Consapevole del fatto che in Calabria le festività del Natale, del nuovo anno e dell'Epifania sarebbero presto arrivate, domandai se gli italo-americani avessero conservato le stesse tradizioni, se la Befana e il

Louie Piezzo e Angelina Aprigliano, i genitori di Lou.

Ferragosto avessero trovato posto nello stile di vita americano allo stesso modo in cui l'americano Halloween era stato esportato in tutto il mondo. Come sospettavo, Lou non aveva mai sentito parlare della Befana o di Ferragosto, ma mi disse che sua madre preparava le consuete sette portate di pesce alla vigilia di Natale ... non ebbi cuore di dirgli che molte famiglie calabresi pensano che il numero esatto sia tredici.

In genere a casa, la madre di Lou, Angelina, cucinava italo-americano, anche se, con il passare del tempo, i piatti americani erano diventati parte integrante della dieta giornaliera. Lou fece una distinzione tra l'autentico cibo italiano (come quello che aveva mangiato in Calabria) e la varietà italo-americana. Non c'è da sorprendersi se, quando gli italiani si trasferirono in America, non trovavano gli stessi ingredienti che usavano a casa propria e così gli ingredienti americani erano entrati nella loro dieta e la cucina italo-americana ne era stata il risultato. A mo di esempio citò il *Chicken Parmesan*, uno dei piatti preferiti dagli italo-americani, di cui nel sud Italia non si è mai sentito parlare. Giusto per la cronaca, il piatto preferito di Lou da bambino era la pasta e fagioli ... e lo è ancora.

Non era stato solo a proposito del cibo che gli italiani avevano gradualmente assorbito le tradizioni americane. Louie, per esempio, era stato uno dei tanti bravi giocatori di baseball italiani della metà degli anni Quaranta ed era persino stato apprezzato dai leggendari *Dodgers* di Brooklyn, una faccenda, all'epoca, davvero molto importante. I *Dodgers* erano rimasti così impressionati dal giovane Louie che volevano si unisse alla *Minor League*, *Triple AAA*, dove avrebbe dovuto continuare ad allenarsi per poi entrare nella *Major League*. Tuttavia, il padre di Louie, Joe, mise la parola fine alla questione, non particolarmente impressionato né dall'idea, né soprattutto dalla paga (cinquanta dollari al mese). Al contrario, Louie fu incoraggiato a cercarsi un lavoro e a guadagnarsi da vivere.

Se Louie avesse optato per il baseball, invece di incontrare suo figlio Lou e sua nuora Katrina a New York probabilmente li avrei dovuti raggiungere in California, dal momento che, nel 1958, per numerose controversie locali e nazionali, i *Brooklyn Dodgers* si trasferirono dall'amato *Ebbets Field* a Los Angeles per diventare i *LA Dodgers*.

Sono sicuro che Louie avrebbe avuto qualcosa da dire a riguardo.

Alla fine degli anni Sessanta, il vecchio Joe Piezzo aveva capito che il quartiere di *Walworth Street* era in uno stato di definitivo declino e così la famiglia si era trasferita giù a *Cypress Hill*, vicino a *Prospect Park*. Joe morì non molto tempo dopo.

Due degli zii di Louie di Santa Severina, Pietro e Luigi Miriello (figli della nonna e del suo secondo marito), erano anche loro emigrati in America, ma all'inizio, i due rami della famiglia non sembrarono socializzare molto.

Lou ricorda una sola occasione in cui Pietro era venuto a cenare con i suoi genitori. Pietro era emigrato per primo e poi, nel 1968, il fratello più giovane Luigi era venuto a trovarlo con i suoi due figli Franco e Antonio (ne era sorella Ornella Miriello, madre dei quattro fratelli Quaranta, che ancora vivono nei pressi di Santa Severina). Nel 1979 Luigi Miriello ritornò a Santa Severina, dove visse i suoi ultimi anni; i suoi figli Franco e Antonio, entrambi ben ambientati in America, vi restarono e diventarono cittadini americani.

Le generazioni più giovani delle famiglie Piezzo e Miriello si videro molto più spesso di quanto non avessero fatto i loro genitori ed Antonio Miriello aveva giocato un ruolo fondamentale nello spingere Luigi e Katrina Piezzo a visitare Santa Severina, per la prima volta, nell'autunno del 2012. Del resto, entrambi i rami della famiglia in America avevano finito per vivere ad un tiro di schioppo l'uno dall'altro, a Long Island.

Solo quando mi venne mostrata una foto della madre e del padre di Lou, Louie e Angelina, ebbi una vera e propria illuminazione riguardo a Johnny e Mary. E mi fu chiaro da un'altra foto che avevo visto nel loro appartamento che Mary e la madre di Lou, Angelina, erano sorelle. Infatti erano sorelle gemelle e per coincidenza, la loro famiglia veniva da Casabona, in Calabria, lo stesso piccolo paese dove era nata la nonna di Lou, Marianna Tallarico.

Il padre di Lou e Johnny si erano conosciuti quando avevano tredici anni. Una volta adulti avevano lavorato per aziende diverse nell'industria della carta, ma erano anche stati soci in affari e avevano condotto una piccola attività nella produzione di fustellatrici. Si erano innamorati di due gemelle e le avevano sposate lo stesso giorno in un doppio matrimonio; cinque anni più tardi entrambe le coppie si erano trasferite nella stessa casa bifamiliare a Valley Street, dove ciascuno aveva un appartamento: Johnny e Mary ancora vivono al piano di sotto, Lou e Katrina ora vivono al piano superiore (la storia di Angelina e Mary Aprigliano si può leggere nel capitolo successivo).

Venne ad unirsi a noi la cugina di Lou, Joanne Bifulco; Joanne era la figlia di Sal, lo zio di Lou ed anche se non sapevi nulla delle sue origini italiane, probabilmente le avresti indovinate. Tutto di lei diceva: "Sono italiana. Anzi no, sono calabrese". E solo quando cominciò a parlare capii che era ovviamente americana, ma soprattutto un'italiana sotto mentite spoglie.

Anche Johnny e Mary fecero un salto. Adesso che sapevo dove si andassero ad incastrare nella storia della famiglia Piezzo, li vedevo sotto una luce completamente nuova e volevo saperne di più. Ero entusiasmato da questa incantevole coppia, entrambi discendenti da famiglie di immigrati, entrambi gentili ed affabili e con ricordi vividi e taglienti come un rasoio. Sapevo che avrebbero avuto buone storie da raccontare, così mi fece molto piacere quando mi invitarono al piano di sotto per la colazione del giorno dopo (sapevano che tanto Katrina quanto Lou sarebbero usciti per primi e che probabilmente mi sarei svegliato in una casa vuota).

Quella sera era nato un nuovo capitolo, cosa che voleva anche dire che avrei potuto scoprire qualcosa sulla famiglia della madre di Lou, anche questa calabrese, attraverso gli occhi della sorella Mary.

Mentre davamo fondo al vino rimasto, tornai con il pensiero al giorno in cui avevo incontrato Lou a Times Square, a New York e compresi che scoprire e condividere anche soltanto qualche giorno con la sua famiglia in Calabria, continuava ad avere un impatto sulla sua vita; era stata un'esperienza forte e commovente.

Non avevo ancora sperimentato le stesse emozioni con altre famiglie e sapevo che era accaduto perché tutti gli altri già conoscevano i loro cugini calabresi. Come esploratori alle prime armi, Lou e Katrina avevano scoperto i loro, vivendo insieme la quotidianità di Santa Severina, il piccolo paese su una collina, che il nonno di Lou aveva lasciato più di un secolo prima.

Per Lou i ricordi d'infanzia, per cui si mandavano vestiti alla famiglia a Santa Severina, in un posto dove, aveva creduto all'epoca, la gente probabilmente viveva in condizioni sociali più precarie rispetto alla sua in America, erano andati in frantumi nell'autunno del 2012. A Santa Severina aveva al contrario trovato un posto che era, secondo le sue stesse parole, affascinante e ben conservato, un posto che aveva superato le sue aspettative. Come il nonno Giuseppe, anche Lou aveva trovato un posto da chiamare casa.

Quello che era cominciato come un viaggio nelle proprie origini, verso l'ignoto, si era concluso in un piccolo paese su una collina a quasi quattromila miglia di distanza, dove gente che non aveva mai incontrato prima, rideva, stava insieme, mangiava e beveva. È stato come se si fossero conosciuti da sempre.

Ma, per Lou e Katrina, quella fine è stata ovviamente solo l'inizio.

POSCRITTO

È una calda sera d'estate e sono seduto fuori dalla pasticceria di Santa Severina mentre aspetto di incontrare un altro pezzo del puzzle della famiglia Piezzo-Miriello-Quaranta … Antonio Miriello che ha aiutato Luigi e Katrina ad organizzare la loro visita 'a casa' a Santa Severina l'anno prima, è lui stesso tornato a Santa Severina. Antonio è in grado di aggiungere altri dettagli alla storia e mi racconta che, quando lui, suo padre Pietro e suo fratello Franco erano emigrati nel 1968, all'inizio si era fortemente opposto all'idea di andare in America. Antonio aveva diciannove anni all'epoca ed un tale cambiamento nella sua vita non era certo stato previsto. Solo quando il padre aveva detto che se Antonio non fosse andato con loro, allora nessuno ci sarebbe andato, cambiò idea. Ora che è un ristoratore a Long Island ed un assiduo frequentatore di Santa Severina, Antonio mi dice di sapere che suo padre aveva preso la giusta decisione, per lui e suo fratello.

Rifletto sui capricci della vita e sul mio strano puzzle … se Antonio fosse rimasto fedele ai suoi principi negli anni Sessanta, probabilmente non avrei mai incontrato Luigi e Katrina. Non è il solo ad essere lieto del fermo proposito del padre.

A casa … Lou e Katrina Piezzo.

Vicini di casa

Non avrei mai immaginato di scrivere questo capitolo ma, del resto, ne sostituisce un altro che non è mai stato scritto.

Come sapevo sarebbe accaduto, mi svegliai in un appartamento vuoto ed avevo appena finito di vestirmi, quando una voce amica mi chiamò dal piano di sotto. Mary mi stava dicendo che la mia colazione era in via di preparazione. Ma il pre-colazione si trasformò ben presto in un terzo grado, perché volevo saperne di più su questa vivace coppia che sembrava non aver mai smesso di divertirsi: Johnny, con una battuta brillante sempre pronta e Mary con le sue, ancora più divertenti. Per qualche ragione mi ricordarono George Burns e Gracie Allen, molto simili, ma senza sigaro.

Johnny Farese non era calabrese, una croce che aveva sempre dovuto portare. Sua madre Carmela era nata in America da genitori che probabilmente venivano dalla Lombardia; suo padre era di Sant'Arcangelo Trimonte, nella provincia di Benevento, a nord-est di Napoli. Invece i genitori di Mary e della sorella gemella Angelina, (la madre di Lou) venivano da Casabona, lo stesso piccolo paese della Calabria in cui era nata la nonna di Lou per parte di padre, Marianna Tallarico.

Nel 1914, all'età di ventun anni, Vincenzo Aprigliano, il padre di Mary ed Angelina, era emigrato negli Stati Uniti dove aveva incontrato il cugino Salvatore Felice, che lo aveva portato nella sua prima casa in America, a *Skillman Street*, Brooklyn. Un anno prima, anche Francesca Scutifero era emigrata per ricongiungersi al marito Leonardo Curcio; la accompagnava la figlia di quattordici anni, Vittoria. Secondo le memorie di famiglia, che trovano conferma nel censimento del 1930, la coppia si era sposata nel 1903, Francesca era la seconda moglie di Leonardo e la storia narra che la prima moglie di Leonardo fosse la sorella di Francesca. Sembra quindi che Leonardo fosse emigrato in America soltanto qualche mese dopo il matrimonio e che vi si trovasse da dieci anni, quando sua moglie Francesca e la figlia Vittoria lo avevano raggiunto.

Come innumerevoli altre famiglie calabresi, anche loro si erano trasferiti direttamente in un appartamento a *Skillman Street*, così non ci si deve sorprendere se Vincenzo Aprigliano e Vittoria Curcio si incontrarono. In realtà le famiglie, dal momento che venivano entrambe da Casabona, già si conoscevano e probabilmente avevano incoraggiato la giovane coppia.

Detto questo, a partire dal 1915, la famiglia Curcio si era già trasferita a *Franklin Avenue* e ciò non fece che supportare ulteriormente la mia iniziale teoria, basata essenzialmente sul fatto che alcuni appartamenti compaiono di frequente nell'archivio di Ellis Island come indirizzo di destinazione per famiglie di immigrati. Alcuni appartamenti a *Skillman Street* non erano nient'altro che abitazioni per immigrati. Si trasferivano direttamente lì da Ellis Island e per come mi era sembrato, da lì velocemente se ne andavano.

Vincenzo e Vittoria si erano sposati nel 1920 e si erano trasferiti nella vicina *Kent Avenue*, in una casa che condividevano con altri membri della loro allargata famiglia casabonese, i genitori di Vittoria, Leonardo e Francesca, e gli altri figli della coppia. Alla fine degli anni Trenta, comprarono una casa a *Lafayette Avenue*.

La donna che friggeva il mio bacon in vestaglia e che ritornava spesso al tavolo per rispondere con garbo alle mie domande, era Mary, una delle figlie gemelle di Vincenzo e Vittoria, nate nel 1930. L'altra, la defunta sorella Angelina, era la madre di Lou Piezzo.

Mentre divoravo la mia colazione, feci qualche calcolo e mi chiesi se la giovane Vittoria fosse realmente figlia di Francesca. La copia del manifesto di imbarco le attribuiva quattordici anni ed ancora, secondo il censimento del 1930, Francesca e Leonardo non erano sposati prima del 1903, quando Vittoria avrebbe dovuto avere quattro anni, uno scenario inconsueto per l'epoca. Mi chiedevo se Vittoria fosse stata invece la figlia della defunta sorella di Francesca, o se ci fosse stato un errore nelle date.

Mary era certa che la madre, Vittoria, fosse figlia della nonna Francesca, sebbene ammetteva che i calcoli non tornassero. Fu ancor meno entusiasta all'idea che Vittoria potesse essere nata prima del matrimonio. Ricordava, infatti, quanto sua madre fosse stata severa quando lei e Johnny si erano fidanzati, tanto che quasi non era loro permesso di sedersi vicini.

Tuttavia, con la colazione in tavola, Mary si allontanò, alla ricerca di documenti che avrebbero potuto gettare qualche luce su questa discrepanza e tornò con una copia del certificato di nascita di sua madre, che in effetti dimostrava essere nata nel 1899 e quindi, con ogni probabilità, prima del matrimonio, dato che il censimento confermava il matrimonio di Leonardo e Francesca nel 1903. Ma lo stesso censimento indicava che questo poteva essere il secondo matrimonio di Leonardo, mentre il primo doveva essere avvenuto intorno al 1898. Con la sconosciuta sorella di Francesca, secondo quelli che erano i ricordi di famiglia.

Mary ricordava ancora tutte le volte in cui sua madre aveva rimproverato lei e Angelina di essere troppo socievoli con i ragazzi e cercava di confrontare i nonni che lei conosceva con la possibilità di un lontano scheletro, in agguato da qualche parte, in un armadio.

La vedevo confusa dalle discrepanze con le storie di famiglia con cui era cresciuta, faccia a faccia con una versione leggermente diversa, che l'esistente documentazione sembrava portare alla luce. Ammettendo la correttezza del censimento del 1930 circa la data del primo matrimonio di Leonardo, e considerando che lo stesso censimento poteva riportare dati completamente errati circa la loro età, l'unico mistero sembrava essere l'identità della prima moglie di Leonardo, quando era morta e di che cosa fosse morta. Nessuno aveva alcuna effettiva informazione su queste domande, eccetto vaghe memorie familiari, rese ancora più vaghe dallo scorrere del tempo.

Poteva, a mio avviso, esserci una sola spiegazione che avrebbe risollevato Mary e lasciato intatta l'integrità dei nonni... e c'era un solo modo per esserne assolutamente certi. Una volta tornato in Calabria, decisi che sarei andato a Casabona a controllare la documentazione all'anagrafe, l'ufficio del Comune dove si trovano tutte le registrazioni del posto. Mentre scrivo, questa visita è ancora tra i miei progetti.

———

Il nonno di Mary, Leonardo, aveva lavorato nell'edilizia. Era sempre stato il simpatico della famiglia, un vero impertinente e, sorpresa delle sorprese, aveva sempre avuto buon occhio per una bella caviglia. Plausibilmente era proprio questo suo ultimo interesse la ragione per cui sembrava avere una particolare predisposizione a farsi investire da auto e bus. Forse il suo buon occhio ed un paio di belle gambe per un attimo lo distraevano, tanto da farlo cadere dal marciapiede. Accadeva così spesso che, a quanto pare, familiari e amici pregavano ogni giorno che tornasse a casa sano e salvo.

Sua moglie Francesca, al contrario, era una donna molto autoritaria. Era conosciuta in tutto il quartiere per la sua fine pasticceria e le sue torte ed in tutto il vicinato per la sua meticolosa attitudine alla pulizia, puliva persino il muso del cane con uno strofinaccio dopo ogni pasto. Nessuno sembrava ricordare per che cosa usasse lo strofinaccio dopo.

Erano entrambi analfabeti, quando erano venuti in America, e molto probabilmente morirono analfabeti ma avevano certamente dovuto avere una buona padronanza della lingua parlata. Questo diedero in eredità ai loro figli e Vittoria, diversamente dal marito Vincenzo, sapeva anche leggere e scrivere.

Mary ricordava suo padre Vincenzo come un uomo tranquillo, che lavorava sodo come operaio sulla linea metropolitana, ma aveva trovato alcuni documenti che mostravano un singolare aspetto del suo carattere: a quanto pare, Vincenzo aveva avuto la strana propensione a rischiare la vita. Eccezionalmente infatti aveva prestato servizio in entrambi gli eserciti,

Le gemelle Aprigliano: Angelina e Mary.

quello italiano e quello statunitense, nel primo caso come militare di leva, nel secondo caso per scelta.

Un documento dimostrava che in Calabria era stato congedato dopo due anni di servizio, nell'aprile del 1912, due anni prima di emigrare. Altri due documenti confermavano che verso la fine della Grande Guerra, nell'agosto del 1918, si era arruolato nell'esercito americano e nell'aprile successivo, dopo essere stato congedato con onore, aveva ricevuto sessanta dollari. Nella Grande Guerra, ovviamente, Italia e Stati Uniti erano dalla stessa parte.

Vittoria era casalinga e madre e, a quanto pare, una persona che amava il divertimento, tranne quando si trattava delle figlie e dei loro amici maschi. Diversamente da suo marito, imparò a leggere e scrivere in inglese. Lavorava anche come sarta. Johnny, con un malizioso luccichio negli occhi, aggiunse che, senza che lei l'avesse mai sospettato, scherzavano sul fatto che Vittoria perdesse tutto il giorno a giocare con le 'chiusure lampo' degli uomini.

———

Katrina ci raggiunse proprio mentre Johnny ricordava il giorno in cui, nel 1952, si erano sposati (due coppie, Louie e Angelina, Johnny e Mary), uno dei primi matrimoni italiani a Brooklyn a non essere quello che veniva definito un matrimonio '*football*' (un termine riferito al pranzo di nozze e a come il cibo veniva servito agli ospiti).

I matrimoni italiani erano in genere grandi eventi, così i matrimoni '*football*' avevano un tipo di catering economico per un consistente numero di invitati. La sera prima del matrimonio, familiari e amici aiutavano a preparare dozzine di vassoi di sandwich. Su un lungo tavolo, pieno zeppo di tradizionali salami italiani, affettati misti e polpette, formaggi, pomodori, lattuga, cetrioli, sottaceti, maionese e mostarda, i sandwich uscivano dalla catena di montaggio per essere confezionati e ammucchiati su vassoi diversi per ripieni diversi.

Al momento culminante della festa, gli ospiti chiamavano il tipo di sandwich che volevano, "salame, formaggio e sottaceti, da questa parte", e qualcuno, come alle partite di calcio, lanciava a chi lo aveva chiesto il sandwich giusto, ben incartato. Johnny ricordava il caos dei sandwich lanciati in aria agli ospiti affamati, Ma, ricordava, c'era sempre un'altra scorta di sandwich migliori ed altre prelibatezze in una scatola sotto il tavolo, per particolari e favoriti ospiti, familiari e amici intimi.

Invece il ricevimento di nozze di Louie, Angelina, Johnny e Mary era stata una cena più elegante, seduti a tavola, senza bambini troppo piccoli. Si era tenuto in quello che era chiamato il *Willow Temple*, un ricevimento di nozze cattolico in un tempio ebraico. L'edificio, costruito come un castello, ancora si erge all'angolo fra *Willoughby* e *Nostrand Avenues*; sorto come dimora privata di un macellaio tedesco e della sua famiglia, successivamente era stato venduto e convertito in un tempio con un ampio ed elegante ingresso, perfetto per un ricevimento di nozze italiano alla maniera 'non-football'.

L'amicizia tra queste due coppie mi sembrava essere stato qualcosa di straordinariamente forte e chiesi come fosse cominciata. Anche se all'epoca non si conoscevano, Johnny ricordava quando la madre di Louie, Marianna, era morta; sua madre aveva considerato quanto fosse stato terribile e aveva parlato di quei 'poveri ragazzi'. Louie, il più giovane di quei 'poveri ragazzi', all'epoca aveva nove anni.

Fu dopo un paio di anni che Johnny e Louie alla fine si incontrarono e divennero amici. Louie stava guardando Johnny ed i suoi amici giocare a baseball per strada e Johnny lo aveva invitato ad unirsi a loro, un semplice gesto che aveva dato inizio ad un'amicizia lunga una vita.

Lo zio di Johnny trovò prima per l'uno, poi per l'altro, un lavoro da *Fitzhugh*, un'azienda che produceva carta e scatole di cartone. Johnny cominciò a lavorare lì qualche mese dopo il suo diciottesimo compleanno nel 1945, e dovette ottenere i cosiddetti documenti di lavoro, secondo un regolamento del dipartimento del lavoro che ancora esiste.

Angelina e Lou, Johnny e Mary.

Solo alla fine degli anni Cinquanta, per la prima volta, si parlò della possibilità di dar vita ad una propria azienda con un altro amico, il loro testimone di nozze Sonny ... e così nacque la *Island Steel Rule Die Company*. Subito dopo Johnny fu licenziato da *Fitzhugh* e così divenne l'unico e solo impiegato full time della *ISRDC*. Portarono avanti l'azienda insieme per sedici anni, periodo durante il quale anche Louie lavorava a tempo pieno.

Nel 1975, quando Johnny ottenne un lavoro alla *Blum Folding Paper Box Company*, decisero di interrompere l'attività. Johnny poi ha lavorato nel turno di notte alla *Blum* per sedici anni ma, come ho sperimentato anche su di me, non ha mai perso la mano con la fustellatura ed ancora svolge occasionalmente questo lavoro per un amico, curando l'impaginazione di album per matrimoni.

Johnny arrivò infine al succo della questione, al come e quando con Louie, erano caduti ai piedi delle gemelle Aprigliano che sembravano in realtà semplicemente sorelle, dal momento che non erano gemelle identiche. Fu tutta colpa di Louie, perché era stato il primo a conoscerle, sebbene Johnny mi confessò di averle adocchiate qualche volta, tenendosi a debita distanza, pur frequentando un'altra ragazza, Chubby. Louie voleva chiedere ad Angelina di uscire, ma non aveva abbastanza denaro e così passavano del tempo insieme nella gelateria. Dopo che Johnny aveva rotto con Chubby, Louie gli suggerì di incontrare le gemelle, che all'epoca avevano quindici anni. Fecero proprio così e il resto è storia.

Mary non riuscì a trattenersi dal sorridere compiaciuta, mentre Johnny ricordava quando lei e sua sorella erano andate a guardarli giocare a baseball e lui aveva cominciato a perdere la concentrazione, continuando a mancare la palla.

Dal momento che avevo appena consumato una tipica colazione americana, chiesi a Mary che cosa le piacesse cucinare, piatti americani o italiani? Fece un cenno con la testa verso un Johnny imbarazzato e disse:
- tutto quello che vuole mangiare.

Johnny, a quanto pare, era uno schizzinoso, del genere più estremo, a tavola, che non aveva mai cucinato niente nella sua vita, nemmeno un uovo fritto. Quando Katrina sentì questa ammissione, gli suggerì di aggiungerla alla sua lista di cose da fare prima di morire. D'altro canto, mi ricordava non pochi uomini calabresi che conoscevo.

Delle quattro persone che avevano celebrato i loro matrimoni nel *Willow Temple* nel 1952, solo Johnny e Mary sopravvivono. Ancora avvertono il senso di perdita per la morte dei loro cari amici, con i quali hanno trascorso una vita, lavorando e scherzando insieme. Per la maggior parte del tempo, hanno condiviso questa casa, qui sono cresciute le loro famiglie, i Piezzo ed i loro tre figli al piano di sopra, i Farese ed i loro due al piano di sotto. Queste due famiglie ancora condividono questa casa, soltanto la generazione al piano di sopra è cambiata.

Il mio breve ed inatteso incontro con Mary e Johnny mi procurò un immenso piacere. Nonostante le recenti perdite che avevano subìto, il loro straordinario umorismo era contagioso: sapevano che la vita andava avanti. La colazione di Mary era stata davvero ottima e invidiai Katrina e Lou perché avevano dei vicini di casa come loro. La vita era stata generosa con Mary e Johnny e sospettai che le origini italiane non fossero per loro

Mary e Johnny, straordinari narratori.

importanti come lo erano ad esempio per Lou. Quello che non avevano ereditato dal loro retaggio italiano, lo avevano compensato dal modo in cui si compiacevano del loro patrimonio americano. Mentre li salutavo, fui assolutamente certo che non avrei incontrato altre persone come loro.

POSCRITTO

Siamo alla fine di febbraio del 2013 e sono arrivato al Comune di Casabona per sfogliare i grandi polverosi registri che, da tempo immemore, hanno preso nota di nascite, morti e matrimoni di questa piccola comunità calabrese.

Il punto di inizio della mia ricerca è la nascita di Vittoria Immacolata Curcio nel 1899; sono in possesso di questa informazione grazie ad una copia di un documento della sua data di nascita che la donna aveva richiesto nel 1963 e che ho fotografato quando, a novembre, mi trovavo a Long Island. Il mio obiettivo è semplice, voglio conoscere il nome della madre di Vittoria e voglio avere conferma se sua madre fosse davvero Francesca Scutifero, o la sorella di Francesca o ancora un altro membro della famiglia.

Il signor Vittorio Pisani, il 'custode' dei registri dell'anagrafe è molto gentile con me. Ogni singolo documento che ho bisogno di vedere si trova in un ripostiglio in un'altra area dell'edificio, una stanza senza scrivania in cui può entrare una sola persona per volta. Perdo il conto di tutte le volte in cui il signor Pisani mi lascia nel suo ufficio per salire diverse rampe di scale alla ricerca di un altro registro.

Dopo la prima sortita del signor Pisani nella soffitta al piano di sopra, mi viene confermato che Vittoria è davvero nata nel dicembre del 1899; ora ho bisogno di sapere quando si erano sposati i suoi genitori. Controlliamo il registro del 1903, la data che la famiglia sostiene (e come conferma il censimento del 1930) essere quella del matrimonio: non c'è nessuna registrazione di questa unione.

Chiedo al signor Pisani se possiamo controllare i matrimoni del 1898 e del 1899 ed insieme troviamo un Leonardo Curcio, che aveva contratto matrimonio nel 1899. Quando il signor Pisani ritorna con il registro di quell'anno, anche questo conferma che Leonardo aveva sposato Francesca Scutifero nel febbraio del 1899, un tempismo perfetto perché Vittoria fosse nata a dicembre, dopo il matrimonio dei suoi genitori. Il signor Pisani indica che, a differenza del solito, quello era stato un matrimonio civile; la coppia era stata sposata dal sindaco.

Ricordo di aver notato che nel censimento del 1930, l'età della coppia era completamente sbagliata; ora sembrava che anche la data del loro matrimonio lo fosse. Forse si era trattato solo di un banale errore per cui

Leonardo aveva confuso la data di quando era emigrato, con la data del suo matrimonio. Per Leonardo che era completamente analfabeta, compilare i documenti del censimento non doveva essere stato semplice. E a rigor di logica aveva davvero senso che si fosse sposato nel 1903 e fosse emigrato nella primavera dello stesso anno, senza vedere la sua giovane sposa e la figlia per almeno dieci anni?

E non è ancora finita ... chiedo se è possibile scoprire se Leonardo fosse sposato prima e, di fatto, troviamo un Leonardo Curcio, che si era sposato nel 1894. Il signor Pisani si allontana alla ricerca di un altro registro. Quando ritorna mi viene confermato che lo stesso Leonardo Curcio aveva sposato Tommasina Vittoria Scutifero, la sorella di Francesca nel 1894.

L'ultima domanda senza risposta era: quando era morta Tommasina Vittoria? Troviamo una Vittoria Scutifero deceduta nel 1897 e il signor Pisani si allontana alla ricerca di un altro registro ancora . Ho l'impressione si stia stancando e che, in realtà, speri questa sia l'ultima volta in cui debba salire quelle scale. Quando fa ritorno sta portando con sé il registro che conferma la morte di Tommasina Vittoria il 25 febbraio del 1897; fu due anni più tardi che Leonardo sposò la sorella di Vittoria, il giorno dopo la fine di un periodo di lutto durato due anni.

Mentre sto guidando verso casa, a Santa Severina, immagino il momento in cui Mary leggerà queste righe e l'istante in cui avrà la certezza che il suo istinto non sbagliava. Posso già vedere un largo sorriso che le si apre sul volto.

Saprà per certo che la nonna non era nata al di fuori del vincolo matrimoniale dei genitori e che la ragione per cui la cosa era sembrata differente era solo il frutto di una combinazione tra ricordi sbiaditi e un errore nelle informazioni del Censimento del 1930; conoscerà il nome della sorella della nonna, quando si era sposata e quando era morta; saprà che sua madre Vittoria fu chiamata così, quasi sicuramente per la sorella della madre, Tommasina Vittoria Scutifero.

E poi, ancora un'altra riflessione, penso alla persona che, inconsapevolmente, ha dato inizio a questa ricerca, a Lou Piezzo, la cui madre Angelina era la sorella gemella di Mary, la cui nonna era la bisnonna di Lou.

Adesso, anche lui conosce tutta la storia.

CIBO PER LA MENTE

Katrina mi accompagnò in macchina alla stazione dove presi il treno per tornare alla *Penn Station*, a Manhattan e così indietro verso Jersey City e *Wayne Street*. Lungo la strada mi fermai per un attimo al parcheggio, pagai quanto dovevo a Mitch per essersi preso cura, quel giorno, della piccola-casa-mobile e, dando un colpetto all'enorme cofano, gli dissi che l'indomani, sabato, l'avrei portata fuori per un po'.

Ero stato via poco più di un giorno, ma in quel lasso di tempo avevo ottenuto informazioni sulla storia di ben tre diverse famiglie e avevo bisogno di organizzare tutto nella mia mente e sulla carta.

Quella sera tornai al *Saigon Café* per mangiare e per giustificare la mia assenza da giovedì e lì, incontrai due clienti abituali, Maria Schwarzkopf e suo marito Samir. Inevitabilmente la conversazione finì sull'uragano *Sandy* e i suoi postumi. Sapevo di tanta gente colpita a Jersey City, ciascuno in modo diverso e sapevo che, a parte i tagli alla corrente elettrica, la zona di *Wayne Street*, fortunatamente, l'aveva scampata. Maria e Samir, che vivevano a soli due isolati di distanza, non erano stati così fortunati. Il loro seminterrato si era allagato ed il fango non aveva risparmiato molte delle stanze del piano terra. Ma l'elemento più insopportabile era il cattivo odore, al punto da convincere Maria a trasferirsi a nord dello stato per almeno una settimana, o giù di lì. Samir era rimasto, per dare inizio alle operazioni di pulizia e per essere certo che la loro casa non venisse saccheggiata.

Il passaggio dell'uragano *Sandy* aveva lasciato molti in uno stato di shock. A torto o a ragione sentivano di aver sperimentato un evento da Terza Guerra Mondiale, proprio alle porte di casa; erano passati attraverso qualcosa che avevano visto capitare solo in televisione, ad altri, in regioni del pianeta meno fortunate. Anche se resta da vedere quello che li aveva addolorati, non avrebbero potuto non riportarmi alla memoria il modo in cui si erano sentiti Pat e Rosalie Scida, con la loro 'sindrome del sopravvissuto'.

Dopo aver detto arrivederci a Maria e Samir e augurato loro ogni bene, occupai la mia postazione al bar dove, in assenza di Steve, Danny si era assicurato che il mio bicchiere fosse sempre pieno e quando esaurì il Pinot Nero cominciò ad insistere perché provassi il Cabernet Sauvignon. Il Pinot Nero era stata una delle vittime dell'uragano *Sandy*, le scorte erano finite (mi assicurò che non era stata colpa mia) e non si poteva prevedere quando lo avrebbero consegnato, certamente molto tempo dopo la mia partenza. Così Danny, un tipo lungimirante, mi suggeriva di diventare, velocemente, dipendente da qualcos'altro. Per alleviare questo cambiamento, Kim mi chiese di provare il suo delizioso pudding di cocco e riso. Chi ero io per mettermi a discutere?

La mattina successiva realizzai che, dal mio arrivo negli *States*, c'era stato un curioso schema nelle abitudini riguardanti la mia colazione ... solo quando mi trovavo con persone come Tañia e Adam, Lou e Katrina facevo colazione. Quando mi svegliavo da solo, a New York o nel New Jersey, tendevo a farne a meno. E quel sabato mattina non avrebbe fatto alcuna eccezione, se non mi fossi svegliato presto e avessi dovuto ammazzare del tempo prima di dirigermi verso la mia tappa successiva, Fair Lawn nel New Jersey settentrionale. Perciò, decisi di vedere che cosa aveva da offrirmi la zona tra *Wayne Street* e la piccola-casa-mobile, la zona vicina alla *PATH Station* di *Grove Street*.

Erano appena passate le otto del mattino e c'erano soprattutto fast food aperti per sfamare quanti si spostavano in fretta da e per la stazione. Il cibo del fast food non è proprio tra i miei preferiti (ricorderete le mie difficoltà ad andare oltre il parcheggio del Burger King a Newark) ma avevo imparato da quella esperienza e così, quando vidi l'insegna di un McDonald's, pensai sarebbe stata certamente la migliore cosa possibile.

Sfortunatamente, questo McDonald's in particolare sembrava essere lì solo per clienti pendolari. Non c'erano posti a sedere, soltanto una cassa ed un bancone. Andai alla ricerca di qualcos'altro. Dall'altra parte della strada vidi l'insegna di *Subway* (*Subway* il ristorante, niente a che vedere con la metropolitana).

Non avevo mai mangiato da *Subway* in passato, era una delle poche catene di fast food nelle quali non mi ero mai avventurato nel corso dei miei viaggi negli Stati Uniti; quando sei su un'autostrada e sei affamato, è spesso difficile ignorare le insegne *"Gas. Food. Lodging"* quasi ad ogni uscita. E, su un treno della metropolitana, la settimana prima, mi ero imbattuto in una coppia che stava avendo una accesa discussione sul fatto che *Subway* aveva recentemente cominciato a preparare la colazione. In quel momento la cosa non aveva avuto per me nessun significato, non mi era sembrata particolarmente importante nell'economia dell'universo.

Così, dal momento che chi non risica non rosica, decisi, seduta stante, che era il tempo di rettificare questa mia mancanza e di dare a Subway il beneficio di avermi come cliente e vedere semplicemente che cosa ne avevano fatto della "Straordinaria Colazione Americana". Ovviamente capisco che la mia particolare esperienza di *Subway* potrebbe essere stata unica, ciò nonostante è stata la 'mia' esperienza.

Entrai in un ampio, buio, scialbo ambiente da refettorio, con un bancone da una parte e una sola cliente dall'altra, che sembrava aver conosciuto tempi migliori. Dietro il bancone, c'era un giovanotto fresco e snello, probabilmente al suo primo sabato di lavoro; aveva notato che ero nuovo della situazione e attese, pazientemente, mentre passavo in rassegna le fotografie sulla parete subito dietro di lui e sopra la sua testa, che volevano stimolare il mio appetito con la loro gamma di colorite offerte. Ed è proprio con i colori che avevo un problema, non sembravano reali e sapevo che qualsiasi cosa avessi scelto, sarebbe stata lontana dal suo equivalente in foto.

Inoltre, non volevo un cosiddetto 'combo', perché prevedeva un'abbondante quantità di qualcosa di frizzante o peggio del caffè, che, ne ero sicuro, del caffè avrebbe avuto soltanto il nome. Invece tirai fuori da un frigorifero una bottiglia di succo d'arancia con la consapevolezza che probabilmente mi sarebbe costata molto più di quello che avrei ordinato da mangiare.

Optai per un uovo con un po' di pancetta in un muffin e vidi il mio pallido uovo, piatto come una suola di scarpe, che veniva tirato fuori da due fogli di carta e piazzato con del bacon e il muffin in un microonde. Diedi ancora una volta un'occhiata alla descrizione e realizzai che, inavvertitamente, avevo ordinato soltanto un uovo.

Una volta 'cucinata' la mia colazione, me ne andai verso la lunga finestra e mi sedetti dove potevo vedere il mondo e sentirmi meno oppresso dall'oscurità. Aprii il mio piccolo pacco sorpresa e me ne rimpinzai.

Era stato veloce, era del cibo e aveva riempito il mio stomaco vuoto, ma non aveva assolutamente nessun sapore, niente nella catena alimentare a cui potessi dare un nome. La frizzante, salutare immagine che stavano cercando di spingere con il loro slogan 'mangia cibi freschi' sembrava un po' sbiadita quella mattina. Forse era solo una brutta giornata per Subway.

Ripensai alla mia esperienza culinaria a Newark e provai a raffrontarle, provai a decidere, se mi fossi trovato in una situazione di emergenza, quale delle due avrei potuto rischiare per una seconda volta. Non riuscivo a decidermi. La piccola-casa-mobile mi chiamava; era tempo di andare ad incontrare Daniela.

In seguito si verificarono due eventi, destinati a cambiare non solo i miei piani di quel giorno, ma, alla fine, la struttura stessa di questo libro.

Stavo programmando la 'voce' per dirle di portarmi a Fair Lawn nel New Jersey, quando ricevetti un messaggio da Daniela, in sostanza, alla fine, quel giorno non avrebbe potuto incontrarmi. Mi suggeriva un elenco di date alternative e stabilimmo di incontrarci due giorni più tardi, dopo il mio ritorno da Schnenectady.

Desolato a dir poco, tornai indietro verso *Wayne Street*. So che può sembrare stupido, ma in quel momento ero molto più preoccupato per quello che avrei dovuto fare con gli ovetti di cioccolato *Cadbury*, che avevo portato con me dall'Inghilterra per Matt, il ragazzo inglese di Daniela. Alla fine ebbi un'illuminazione e realizzai che avrei potuto mangiarli io.

Sulla strada del ritorno verso l'appartamento, capitai in un piccolo negozio dove mi misi alla ricerca di una tipica prelibatezza americana chiamata *Rice-a-Roni*. Ora, *Rice-a-Roni* non era qualcosa che normalmente faceva parte della mia dieta, ma da quando un'amica americana, Vicki, aveva deciso che si trattava di un buon regalo da portarmi dall'America, non volevo dimenticare di restituirle il favore.

Lasciatemi dare delle spiegazioni per quelli per cui *Rice-a-Roni* non è qualcosa di normalmente compreso nel proprio patrimonio culinario. *Rice-a-Ron*i è del cibo istantaneo, originario di San Francisco: un miscuglio di riso e maccheroni, a cui, di base, si aggiunge acqua calda o, come è scritto sulla confezione del gusto 'al pollo', si può anche aggiungere del pollo, per rendere *Rice-a-Roni* un pasto completo.

Il regalo da parte di Vicki era stato ovviamente uno scherzo, ma uno di quelli che ci aveva fatto ridere tutti quando avevamo cenato con la sua famiglia a Le Puzelle (un agriturismo a Santa Severina rinomato per la sua cucina) ed io avevo combinato con lo chef di servirglielo come antipasto. Dopo qualche boccone, Vicki realizzò che non si trattava di una tipica pietanza de Le Puzelle e indovinò che le avevo giocato uno scherzo. Non appena i suoi bambini avevano sentito le magiche parole *Rice-a-Roni*, ne avevano divorato una discreta quantità. Lo adoravano.

Così in realtà, era per i bambini di Vicki che volevo del *Rice-a-Roni* e, con del tempo da spendere quella mattina, vinsi il mio imbarazzo e ne comprai un paio di pacchetti.

Ritornato al mio appartamento, controllai le mie email. Ne avevo ricevute due. La prima era da parte di Maria Cavaliere, e mi avvertiva della possibilità di un qualche problema con il nostro incontro a Filadelfia quel sabato, ma che avrebbe provato ad organizzarsi. La seconda finì per essere la soluzione sia al messaggio di Daniela che alla mail di Maria: era da parte di una persona completamente sconosciuta.

Carolina (Bonocore) Ventrella aveva letto due dei miei libri (*Stumbling through Italy* e *Scratching the Toe of Italy*) e andava avanti raccontandomi delle sue radici calabresi. La sua mail includeva quello che, in termini pubblicitari, avrebbe potuto essere definito un *teaser*, un'esca che aveva catturato la mia attenzione e mi spingeva a volerne sapere di più.

Ci scambiammo qualche altra email, prima di realizzare che sarei passato proprio nei pressi della sua casa a Chicago il martedì successivo. La mia proposta di un incontro fu salutata con entusiasmo all'inizio, con disappunto subito dopo, quando martedì finì per essere l'unico giorno in cui Carolina non era disponibile. Così vicini e ancora così lontani.

Ma Carolina aveva già stuzzicato la mia curiosità con la singolare storia della sua famiglia, una storia che mi sentivo spinto ad approfondire. Tuttavia dovevo rassegnarmi all'evidenza che non sarebbe stato possibile farlo con un faccia a faccia. Un vero e proprio turbine di email ci portò entrambi, a capofitto, nel regno del capitolo 'virtuale' e mentre Carolina mi scattava foto di famiglia con il suo cellulare, io centellinavo i punti salienti delle sue email, rivolgendole sempre più domande.

Per gran parte di quel giorno ed in ogni successiva opportunità, io seguii elettronicamente la storia della famiglia Bonocore, che ora viveva a Chicago nel quartiere di Roselle, e che avrebbe potuto collocarsi tra la famiglia che stavo per incontrare a Lyons e quelle che avrei dovuto visitare a Kenosha nel Wisconsin.

———

Ero rimasto a leggere sul mio iPad per gran parte della mattinata, consultando soprattutto il sito di Ellis Island e cercando di mettere insieme i pezzi della storia della famiglia di Carolina. Alla fine decisi che avevo bisogno di una pausa e forse di qualcosa da mangiare. Mi incamminai verso l'area di parcheggio, presi la piccola-casa-mobile e mentre mi stavo dirigendo al centro commerciale di Newport, decisi di tornare indietro e guidai verso Grand *Avenue* e verso *Brownstone Diner and Pancake Factory*.

Mi ero improvvisamente ricordato che qualche giorno prima, in uno dei tempi morti del mio volo di rientro a Newark, avevo fatto una ricerca su Internet sui dieci migliori posti dove fare colazione a Jersey City. È qualcosa che in genere faccio prima di visitare una città americana, ma quello che avevo fatto per Las Vegas o Chicago non aveva funzionato allo stesso modo per Jersey City. Forse lì non c'erano dieci posti in cui fare colazione.

Ad ogni modo avevo preso tutti i riferimenti di *Brownstone Diner and Pancake Factory*, avevo annotato mentalmente la sua posizione, a qualche isolato a sud di *Wayne Street*, e avevo semplicemente sperato che non servissero soltanto la colazione. Se solo ci avessi pensato prima, avrei potuto risparmiarmi l'esperienza di *Subway*, se solo ci avessi pensato prima avrei potuto lasciare la piccola-casa-mobile al parcheggio. Fu un bene essere guidato di nuovo dall'aiuto della mia memoria visiva e non dalla 'voce' e dalle sue monotone istruzioni.

Un gigantesco 'sandwich della colazione' più tardi, sapevo di aver trovato il posto perfetto per dare inizio alla giornata … e mettere su qualche chilo. Così risolsi che, quando ci fossi ritornato (cosa che sicuramente avrei fatto) ci sarei sempre andato a piedi e, forse, avrei cercato di consumare il mio pranzo con più moderazione.

Tenni fede ad una sola di queste promesse. Tornai indietro per depositare al parcheggio la piccola-casa-mobile. Mitch diede un'alzata di spalle: non c'era nemmeno un posto disponibile ed infatti le macchine erano sparpagliate tutt'intorno all'area di sosta, bloccando l'uscita delle altre. Ma mi venne un'idea: avrei potuto lasciare la piccola-casa-mobile in seconda fila dal momento che ce n'erano molte altre e lasciare a Mitch le chiavi, così da permettergli di parcheggiarla quando si sarebbe liberato un posto. Tutto quello che avrei dovuto fare era rassicurarlo sul fatto che sarei ritornato prima delle sette e del suo rientro a casa. Gli lanciai le chiavi e gli mollai la macchina.

Ma invece di tornare indietro a *Wayne Street*, mi diressi verso la costa del Jersey per smaltire il sandwich del pranzo e per dare un'occhiata, per la prima volta oltre il fiume Hudson, al profilo di Manhattan. Era un pomeriggio leggermente freddo e c'era poca gente in giro … forse era sempre così su questa riva del fiume, tutti gli sguardi vi venivano rivolti sempre e solo dalla parte di Manhattan. La gente non sapeva cosa si stava perdendo.

Mi sentivo come portato a conoscenza di qualcosa al di là di ogni descrizione, un panorama che già conoscevo, ma solo da tante immagini di seconda mano ed ora, nell'aria frizzante e grigia di quel pomeriggio di novembre, mi si apriva davanti allo stesso tempo maestoso e mozzafiato. Nonostante negli ultimi cinquant'anni il profilo di Manhattan fosse cambiato (più alto, più fitto di edifici, più iconico) anche agli inizi del XX secolo doveva essere stato impressionante e, per gli immigrati da poco arrivati, certamente incredibile e allo stesso tempo terrificante, tenendo presente da dove venivano.

Penso fu proprio quello il momento in cui mi resi conto che avrei potuto trascorrere del tempo in questo posto, che sarebbe stato bello passare più di qualche giorno, su questa o sull'altra sponda del fiume Hudson. Ora capivo perché gli immigrati erano rimasti affascinati da questo luogo e, a dispetto delle umilianti condizioni di viaggio, della povertà, delle miserevoli condizioni di vita che molti di loro inizialmente avevano dovuto sostenere, alla fine avevano deciso che questo era il posto in cui le loro esistenze potevano cambiare in meglio, dove c'era solo da andare avanti

Continuai a camminare verso sud, lungo la riva, con il costante ronzio degli elicotteri in un immancabile sottofondo. Era questa una cosa che avevo notato su entrambe le rive del fiume: il numero di elicotteri che riempiva i cieli sopra l'Hudson e Manhattan. Pensavo anche di conoscerne la ragione … erano ovviamente elicotteri di notiziari, rivali fra loro, che riportavano le ultime notizie sul traffico verso Manhattan. Tutto, di quello che scoprivo, non aveva assolutamente senso, mentre continuavo la mia passeggiata lungo la riva ed attraversavo un eliporto completo di insegne che offrivano il viaggio di un'ora di volo sopra Manhattan e a che prezzo! Devo confessare che ne fui tentato e che quel giorno mi pentii di non esserci andato.

Mi portai un po' più avanti e riuscii a vedere la sagoma della Statua della Libertà, stagliata al di sopra di una miriade di grigi edifici che proseguivano verso sud e mirabilmente, davanti a quella, le quattro torri di un solitario edificio che pensavo di riconoscere. Procedetti ancora più avanti, un po' più vicino, solo per avere la conferma che quell'edificio che potevo vedere era in realtà Ellis Island, vecchia sede del Centro per l'Immigrazione e la prima tappa di una nuova esistenza per così tanti dei primi immigrati italiani. E pensai fosse giusto vederla dal New Jersey, dal momento che, dopo tutto, è una parte del New Jersey e non di New York.

Ricordai una foto di una famiglia di immigrati italiani affacciata dal ponte di una nave, guardando verso la macchina fotografica, verso il luogo in cui avevano scelto di trascorrere il resto della loro vita, uno scenario che non avrebbero mai neppure potuto concepire nella nativa Italia. So che non c'è alcun modo di scoprire chi fosse quella famiglia, da dove venisse, dove stesse andando e cosa fosse capitato in seguito. Erano stati, in quel momento, niente

La vista attuale dal fiume Hudson, dalla sponda del New Jersey, una vista dominata un tempo dalle Torri gemelle del World Trade Center. Sulla sinistra è in costruzione la nuova torre.

Sezione dello skyline di New York del 1905, come lo avrebbero visto gli immigrati in arrivo.

Agli inizi del secolo, una famiglia di immigrai italiani trasportata da una nave al suo primo approdo negli Stati Uniti, al Centro per l'Immigrazione di Ellis Island. È difficile non chiedersi dove vivano i loro discendenti e che vita conducano oggi.

più che soggetto di uno scatto fotografico. L'uomo o la donna dietro la macchina si era interessato a loro e alla loro immagine solo per un secondo. Probabilmente non si erano mai scambiati neppure una parola. Era possibile che quella famiglia non fosse mai stata immortalata prima di allora da una macchina fotografica.

Abbandonai la riva del fiume e tornai indietro verso *Wayne Street*, seguendo un percorso leggermente diverso. Oltrepassai un'insegna fuori da un pub che pubblicizzava la Guinness, quella corposa bevanda color ebano, esclusivamente irlandese, che ho sempre adorato, il risultato, si è detto, di un errore commesso da Arthur Guinness mentre provava a far fermentare qualcosa di completamente diverso. Ma, in modo del tutto insolito, andai oltre, e guadagnai almeno una trentina di metri prima di tornare indietro.

Oltre a servire il famoso nettare color ebano, *McConnells* era un ristorante molto simile al tipico pub irlandese, un ambiente in cui ero cresciuto, più vicino alla realtà e meno artificioso di molti in cui ero già stato. L'intensità della luce era proprio quella giusta e si andava ad affievolire a mano a mano che ci si allontanava dal lungo bar, con il suo sfondo di whiskey irlandesi ed una quantità di orzo distillato sufficiente a soddisfare qualsiasi irlandese errante e tutta la sua comitiva. Anche la barista era irlandese, un tocco di colore pensai, e so che può suonare ovvio, ma non ero stato in così tanti pub 'irlandesi' che alla fine impiegavano del personale irlandese.

Anche la donna seduta un paio di sgabelli più in là era irlandese e chiaramente un'amica della barista. Prima di tutto mi assicurai che non vendessero anche la Murphys, un'altra versione, la mia preferita, del nettare nero prodotta a Cork e non a Dublino. Per ironia della sorte, la migliore pinta di Murphys che abbia mai bevuto, l'avevo trovata a Portland in Oregon e non in Irlanda. Purtroppo la Murphys non era nel menù, così doveva esserci la Guinness. Sapevo di potercela fare.

Spillare la Guinness (e la Murphys) richiede abilità, mi correggo, più che di abilità si deve parlare di vera e propria arte. Giù nei loro rispettivi scantinati, due pub vicini potevano avere lo stesso fusto di Murphys o Guinness, ma il loro gusto sarebbe dipeso soprattutto dalle condizioni in cui il fusto veniva conservato e dalle mani che spillavano la birra. Siobhan era la mia nuova migliore amica, le sue mani erano ben allenate e la Guinness era eccellente.

Stavo già contemplando il mio primo bicchiere di whiskey irlandese Bushmills, quando mi richiamò Kay. Le raccontai brevemente che la mia visita a Daniela era stata spostata, di come fossi venuto a conoscenza della storia della famiglia di Carolina, anche se in realtà non avrei potuto incontrarla e le raccontai del motivo per cui avevo sentito il bisogno di chiamarla dalla costa del Jersey. Devo aver già menzionato le due uova di cioccolato *Cadbury* che dalla mia tasca facevano sentire il peso del loro richiamo, quando sentii Siobhan dire con nostalgia alla sua amica Orla che avrebbe potuto dare la vita per un uovo di cioccolato *Cadbury* (chiaramente aveva ascoltato almeno metà della mia conversazione).

Ecco il vostro cavaliere, per servirvi ... a cui è capitato di avere in tasca due uova di cioccolato *Cadbury*. La passione di Siobhan per le uova *Cadbury* sembrava essere più o meno la stessa della mia per il Bushmills. Così stipulammo un tacito accordo e, a dispetto delle poco convincenti proteste di Siobhan, insistetti perché prendesse entrambe le uova di cioccolato e così Orla ed io ci godemmo i nostri bicchieri di whiskey offerti dalla casa. Uno scambio più che equo, pensai.

Era ormai buio quando riemersi all'aria fresca. Ritornai al mio appartamento per un breve riposo e poi mi diressi al parcheggio per alleggerire Mitch delle chiavi della piccola-casa-mobile, prima che si affezionasse troppo alle chiavi e alla macchina. Per il resto della serata, presi provvisoria residenza al *Saigon Café*.

La domenica mattina decisi di non ripetere l'esperienza da *Subway*, né avevo abbastanza tempo per l'alternativa *Brownstone Diner and Pancake Factory* e così me ne andai direttamente da McDonald's, poteva non esserci nessun posto a sedere per me, ma la piccola-casa-mobile avrebbe avuto un parcheggio.

Tra un boccone e l'altro diedi istruzioni alla 'voce' la quale mi comunicò che il mio viaggio sarebbe durato poco meno di tre ore, più o meno il tempo che mi ero dato di anticipo. Ero atteso per mezzogiorno, così pensai che sarebbe stato perfetto lasciare Jersey City alle otto e quarantacinque. Prima di raggiungere l'autostrada avrei dovuto avere anche il tempo per una breve sosta per il rifornimento del viaggio di ritorno.

Dopo circa venti minuti di viaggio, feci quello che mi ero ripromesso. Mi portai fuori dalla carreggiata, accostai lungo una fila di pompe di benzina, scesi dall'auto e poi realizzai di dover premere qualcosa all'interno della piccola-casa-mobile per aprire il serbatoio della benzina, situato nella parte posteriore dell'auto. Ma non fu così semplice. Montai in macchina e cominciai a far scorrere le dita su tutto quello che avrei potuto trovare intorno a me, alla ricerca di un pulsante; scesi di nuovo per guadagnare un diverso punto di osservazione e mi inginocchiai per guardare in macchina dall'esterno. Fui raggiunto da un paziente benzinaio, ma nessuno di noi riuscì a trovare il fantomatico pulsante. Controllai se per caso ci fosse un meccanismo manuale; non c'era. Un'altra macchina si mise in coda dietro la mia e dietro un'altra ancora.

Ero ormai sul punto di spostare la piccola-casa-mobile dalla pompa di benzina, quando l'autista di due macchine dietro decise di venire e fare delle indagini ... e nel giro di pochi secondi, il piccolo sportello del serbatoio di benzina venne fuori e si aprì. Gli chiesi dove fosse e lui mi indicò la parte interna dello sportello. Più tardi avrei desiderato aver chiesto molte più informazioni, per quando sarebbe venuto il momento di fare rifornimento una seconda volta.

Dopo aver fatto il pieno, proseguii il mio viaggio verso nord. Mi aspettavo di collegarmi in breve tempo all'autostrada che mi avrebbe portato presto verso la zona di Albany e Schenectady a questa volta, prima di lasciare *Wayne Street*, avevo dato un'occhiata alla mappa ed avevo un'idea più precisa di dove mi stessi dirigendo.

Fu solo quando il sole mi disse di essere da qualche chilometro in direzione sud, che mi resi conto di come la 'voce', senza nemmeno chiedere il permesso, sembrava mi stesse conducendo su un percorso panoramico. Non avevo idea del perché e se mai avessi fatto qualcosa di sbagliato. A parte la piccola escursione verso sud, mi sembrava in genere di procedere in direzione nord e anche se il tempo di arrivo stimato dalla 'voce' era dopo mezzogiorno, ero ancora ottimista sul fatto che non sarei stato troppo in ritardo. Essere in ritardo è una delle tipicità italiane a cui non ho ancora ceduto.

Solo dopo le dodici accostai e chiamai la famiglia Cariddi, spiegando loro che ero in ritardo sulla tabella di marcia ma speravo di essere lì in non più di mezz'ora (alla fine era quello che la 'voce' mi stava dicendo). Non più di quarantacinque minuti più tardi mi ritrovai lungo *Brierwood Boulevard*, alla ricerca di un numero civico.

All'inizio del 2012, una studentessa di inglese dell'università di Cosenza, Klizia Mirante, chiese il mio aiuto per trovare un lavoro nel Regno Unito. Due settimane più tardi era partita da Santa Severina per lavorare per cinque mesi in un museo, a Bath.

Quando Klizia ritornò in paese, le domandai se avesse dei parenti in America e lei me ne confermò l'esistenza: si trattava, per parte materna, della famiglia Cariddi di Strongoli. Klizia non era sicura di dove vivessero.

La madre di Klizia, Isabella Scida, parlò con la sua famiglia a Strongoli, in particolare con Filomena e Letterina Le Rose; Klizia allora tornò da me con il contatto telefonico di Jennie Cariddi di Schenectady, a nord dello stato di New York.

Chiamai Jennie, ma la sentii un po' perplessa davanti a questa fredda telefonata da Santa Severina, così le suggerii di discuterne con il marito, Leonardo; l'avrei ricontattata nel giro di qualche giorno. Mandai subito una e-mail a Klizia e le chiesi se una delle sue prozie potesse chiamare Jennie per rassicurarla del fatto che io fossi chi dicevo di essere.

La telefonata venne fatta e, quando ricontattai Jennie, lei aveva già parlato con Letterina e mi sembrò più convinta. Poi ci scambiammo delle e-mail e programmai di far visita a lei e alla sua famiglia a Schenectady.

Grazie 'Zio Sam'

Vidi tre giovani uomini che andavano su e giù per il marciapiede guardando la strada ora in una direzione, ora nell'altra, ma solo quando li ebbi superati, realizzai che probabilmente stavano aspettando proprio me. Più tardi mi avrebbero detto che la piccola-casa-mobile non era proprio il tipo di macchina che si aspettavano.

Ritornai sui miei passi e svoltai nel vialetto della famiglia Cariddi, dove feci la conoscenza dei figli di Jennie, Michael, Leonard e Christopher, i quali ancora non riuscivano a capacitarsi di come avessi deciso che la piccola casa mobile era un'auto a noleggio adatta per una sola persona. Quando Michael mi rivelò il prezzo su cui si aggirava la piccola casa mobile, rabbrividii al solo pensiero.

Mentre entravamo in casa, mi scusai ripetutamente per il ritardo e raccontai loro che, avendo imboccato il percorso panoramico, avevo impiegato quasi quattro ore a raggiungere Schenectady da Jersey City.

Una volta entrato in casa, mi trovai ancora a scusarmi e a stringere mani a molte altre persone, compresa la donna per cui avevo fatto tutta quella strada e che avrei dovuto incontrare, l'eccezionale Jennie Cariddi, suo marito Leonardo e la sorella più grande di Jennie, JoAnn. C'erano inoltre la figlia di JoAnn, Alice con il marito Louie, Veronica, collega di Leonard, Cynthia, la moglie di Michael e Kristie, moglie di Christopher con il loro bambino di tre anni, Nico. Scoprii in seguito che alcuni erano venuti anche da molto più lontano rispetto al luogo da cui venivo io.

Per di più, sul basso tavolo del soggiorno, posizionati bene in vista, in modo che mi fosse impossibile non notarlo, c'erano delle copie di ciascuno dei miei libri sull'Italia. Mentre Michael mi spiegava che erano arrivati appena il giorno prima, si scusava per non averli ancora finiti di leggere. Ciò nonostante, aveva passato tutta la notte a guadagnare qualche centinaio di pagine di *Scratching the toe of Italy*. Molto più di quanto fosse necessario, pensai.

Jennie e suo marito Leonardo Tamasi erano rispettivamente americani di prima e di seconda generazione. La famiglia di Leonardo veniva da Carpinone, comune che, all'epoca del loro trasferimento si trovava in Abruzzo, e ora è, invece, nella regione dell'Italia centrale del Molise, costituitasi successivamente. La famiglia di Jennie veniva da Strongoli, in Calabria, severo sperone di roccia, nelle vicinanze della costa ionica che, attraverso la valle del fiume Neto, riesco a vedere dal balcone di casa.

Dopo la mia visita a Pat Scida alcuni giorni prima, avevo già saputo qualcosa a proposito della famiglia di Jennie e di come la famiglia Cariddi fosse finita in America. Raffaele Cariddi era venuto in America nel 1909 e tre anni più tardi era stato raggiunto dal fratello Francesco. Per più di un anno, Francesco aveva vissuto in una pensione a Springfield, nel Massachusetts, e aveva lavorato nell'edilizia o forse in una delle tante industrie di tessuti della zona. Francesco era poi tornato a Strongoli, aveva sposato Antonietta Scida, sorella di Pasquale, padre di Pat Scida, e poi la coppia era ritornata in America, a North Adams nel Massachusetts, dove si era stabilita.

Si racconta che Francesco, tornato a Strongoli, avesse descritto con entusiasmo la sua nuova vita in America e che avesse detto al padre Vincenzo che, se si lavorava sodo, si sarebbe potuta mangiare carne ogni giorno. All'epoca, in Calabria, una notizia del genere sembrava una favola per bambini.

Dal sito di Ellis Island è chiaramente emerso quanto segue: Antonietta aveva deciso di andare in America con il cognome del marito, Cariddi, cosa che, anche se d'uso americano, rappresentava certamente una scelta alternativa in Calabria. Curiosamente, qualcuno modificò il manifesto di imbarco e al cognome Cariddi sovrascrisse quello di Scida, ma non c'è alcun modo di sapere se l'errore sia stato commesso a Napoli o a New York.

Un'altra anomalia era stata il nome di Antonietta. Per qualche ragione, per andare in America, aveva deciso di abbreviarlo in Antonia, che nella successiva documentazione venne erroneamente trascritto come Andrina e perfino come Annetta. Fu come se, diventando quasi da un giorno all'altro Antonia Cariddi, avesse consapevolmente americanizzato il suo nome prima ancora di aver mai messo piede nel paese.

Una volta in America ritornò ad Antonietta e così fu conosciuta per il resto della sua vita. Ritornati in terra americana, i Cariddi, prima di andarsene a North Adams, si incontrarono con Pasquale Scida, fratello di Antonietta che all'epoca viveva a Brooklyn.

Questo tutto ciò che sapevo, ma ero anche consapevole di qualcos'altro. Sapevo che non era così semplice comprendere la storia di una famiglia, quando c'erano più di un paio di persone coinvolte ... la grande famiglia riunita ad Albuquerque ne era un tipico esempio. Anche Jennie aveva cercato di venirne a capo e così sparimmo al piano di sopra, in una delle camere da letto più piccole, dove teneva la maggior parte dei ricordi di famiglia.

Un paio di paragrafi fa, ho usato la parola 'eccezionale' per descrivere Jennie Cariddi; non è che mi sia scappata la penna. Era come se Jennie stesse aspettando da un quarto di secolo qualcuno che, come me, bussasse alla sua porta e le chiedesse della sua famiglia. Il fatto che, quando era successo, si era trattato di un vecchio, per certi versi affascinante irlandese, era semplicemente un extra. Aveva già tutto per le mani, documenti, fotografie, ritagli di giornale ed il suo diario. Aveva già fatto il grosso del lavoro.

Prima che qualcuno davvero notasse la nostra assenza dalla riunione del piano di sotto, dovevo fare in modo di capire i caratteri salienti della storia della sua famiglia, dopo che i suoi genitori, Francesco e Antonietta Cariddi erano arrivati a North Adams, nel 1914.

Jennie mi chiese notizie di Filomena, a Strongoli, e compresi che aveva pensato, fin dal momento in cui Letterina l'aveva chiamata per rassicurarla di essere una persona di fiducia, che in effetti io avessi incontrato sia Filomena che Letterina. Ed invece le persone di famiglia che conoscevo erano la nipote di Santa Severina, Isabella Scida e sua figlia Klizia Mirante. Sul momento, non ero proprio sicuro di quello che Letterina avesse detto a Jennie e così decisi di portare l'attenzione sulla mia amicizia con Klizia ... e constatare come, in modo misterioso, Jennie e Klizia si somigliassero.

———

Volevo sapere se Francesco avesse sempre avuto l'intenzione di tornare in America dopo il suo rientro a Strongoli, perché di solito, gli immigrati italiani, in particolare in quegli anni, all'inizio del nuovo secolo, guadagnavano velocemente del denaro in America e poi facevano ritorno a casa per restarci.

Il fenomeno del rientro di immigrati diede vita al soprannome di 'uccelli migratori' o ritornati. Gli italiani non erano stati i soli a ritornare nella loro terra natale, ma statisticamente i più numerosi. È stato stimato che di quelli emigrati tra il 1880 ed il 1920, circa il quaranta per cento fece rientro in Italia, ma, ovviamente, molti come Francesco Cariddi e Bruno Cortese erano poi ritornati in America.

A dispetto delle quasi servili esistenze nelle loro città natali e le privazioni sofferte durante la traversata dell'Atlantico, molti italiani (del sud Italia in particolare, che costituivano la parte più numerosa di migranti) sentivano una profonda nostalgia della famiglia, degli amici e delle loro comunità e volevano disperatamente ritornare a casa.

Come se il viaggio non fosse stato abbastanza terribile, per molti, le condizioni di vita sperimentate in America non furono molto diverse da quelle in Calabria, Basilicata o Puglia. Nella parte più a sud di Manhattan e a Brooklyn, gli appartamenti erano spesso squallidi, infestati e bui e le strade rumorose, frenetiche e caotiche. La possibilità di guardare il cielo aperto, campi a perdita d'occhio, le pieghe dei monti, era assai scarsa. L'altra faccia della medaglia era che, se lavoravi duramente, potevi quasi certamente migliorare la tua sorte. In Calabria c'erano famiglia e amici, cielo, campi e montagne, ma la prospettiva per il futuro era quella: un'esistenza povera, afflitta, soggetta a tutti quei disastri naturali che la mente poteva immaginare.

Almeno, quelli come Francesco e il fratello Raffaele si erano trasferiti presto dalla città e si erano stabiliti in una zona dello stato di New York, dove l'aria e l'ambiente ricordavano di più la loro Calabria, solo un po' più fresca d'estate.

E allora Francesco Cariddi era stato 'un uccello migratore' o aveva avuto sempre l'intenzione di ritornare in America? Forse aveva fatto ritorno a Strongoli solo per sposare Antonietta Scida, proveniente da una buona famiglia del posto, con alle spalle una storia di emigrazione?

Jennie non la pensava così. Era sicura che Francesco avesse sempre avuto l'intenzione di tornare in America. Aveva semplicemente giocato secondo le regole, rispettando il periodo di fidanzamento richiesto prima del matrimonio, anche se nessuno riesce ad indovinare quanto possa essere durato. Due mesi più tardi erano a bordo dell'*Europa*, sulla rotta per l'America con la benedizione del padre di Francesco, Vincenzo, che gli aveva consigliato di tornare in America, dove avrebbe avuto una vita migliore.

Chiesi a Jennie dei ricordi dei suoi genitori riguardo alla traversata da Napoli, ma così come molti altri, non ne avevano mai parlato, se non per dire che era stata lunga e affollata. Forse ne sapevano poco, ma la nave su cui avevano viaggiato Francesco e Antonietta, l'*Europa*, aveva una capacità di carico di 2400 passeggeri e soltanto in 460 avevano viaggiato in quell'occasione. Gli era sembrata affollata, ma avrebbe potuto essere molto, molto peggio.

È da notare che, fino a quel momento, non avevo parlato con nessuna famiglia in cui coloro che erano emigrati nei primi anni del Novecento avessero lasciato ai loro figli o ai loro nipoti chiari dettagli su come era davvero stato il loro viaggio in America. Una tale reticenza mi ricordava mio padre, che aveva combattuto ed era stato ferito nella battaglia della Somme nel 1916. Mi ci erano voluti diversi anni di assiduo, inquisitorio, incrollabile zelo per sbrogliare la matassa e tirargli fuori tutta la storia. Forse, come mio padre, gli immigrati americani semplicemente non volevano ricordare un tempo, nelle loro esistenze, che sarebbe stato meglio dimenticare, un viaggio che era stato non più che un male necessario, un fine che giustificava i mezzi.

Fin dalla costruzione del tunnel ferroviario *Hoosac*, alla fine del diciannovesimo secolo, l'area di North Adams vantava la presenza di una significativa comunità italiana. C'era altro lavoro nella zona, in particolare nelle fabbriche di tintura e stampa di tessuti dove lavorava il padre di Pat Scida, ma, mentre gli europei si massacravano sui campi di battaglia della Francia, molti americani scoprivano che l'automobile, ed in particolare il modello T Ford, stava diventando un bene sempre più a buon mercato, cosa che a sua volta aveva portato ad un incremento della costruzione e dell'ammodernamento della rete stradale.

Nel nord-ovest del Massachusetts, una delle vecchie rotte ferroviarie americane, la *Mohawk Trail*, che attraversava le montagne *Hoosac* seguendo i fiumi *Millers* e *Deerfield*, era stata ricostruita come strada statale. Il percorso di centoquattro chilometri correva da est ad ovest tra *Orange e Williamstone* e collegava le comunità comprese all'interno di questo territorio, includendo ad ovest North Adams.

Insieme a molti altri italiani, era stato a questo progetto che Francesco Cariddi al suo ritorno negli Stati Uniti, aveva lavorato dodici ore al giorno per Zio Sam e Zio Sam lo pagava bene. Quando la *Mohawk Trail* era stata completata, aveva trovato lavoro in una delle tante fabbriche cotoniere di North Adams, la *Arnold Print Works*; suo fratello Raffaele lavorava nella vicina *Windsor Print Works*.

La loro prima casa, quando Francesco lavorava alla *Mohawk Trail*, era stata un appartamento in affitto di sei camere, al secondo piano di un condominio di dodici appartamenti ad *Holden Street*, appena sotto Union Street. Il proprietario di questo condominio era un altro immigrato italiano, Giacomo Tomaselli, originario di Caserta, a nord-est di Napoli. Tomaselli, muratore di mestiere, era emigrato nel 1906 e aveva ovviamente avuto successo. Fu qui ad *Holden Street* che, nel 1915, nacque James, primo di dodici figli tra cui due coppie di gemelli – uno dei gemelli della seconda coppia morì quando era ancora molto piccolo. L'ultima figlia, Frances, nacque nel 1935.

Molti anni più tardi un altro abitante dello stesso condominio ad *Holden Stree*t, un amico d'infanzia del giovane Jimmy Cariddi, scrisse qualcosa a proposito dell'essere cresciuti nella strada dove vivevano e giocavano insieme.

Lo scomparso Tony Tallarico descriveva i bambini che facevano rotolare per strada cerchi più alti di loro; ad ogni ora, nel periodo che precedeva il Natale, guardavano le sagome delle bambole che si muovevano nella vetrina d'angolo del *Boston Store*; in estate inseguivano i furgoncini del ghiaccio soltanto per raccogliere e mettersi a succhiare ogni pezzetto di ghiaccio

La curva Hairpin sulla *Mohawk Trail* nel 1920. Oggi la strada costituisce parte della Massachusetts Route 2. Sulla destra si può scorgere North Adams.

Interno della *Arnold Print Works* a North Adams dove lavorava Francesco Cariddi.

caduto; e quando in città arrivava il carnevale, si mettevano in fila indiana al tendone della lotta libera, per vedere gli abitanti del posto che si sfidavano, scommettendo se si poteva resistere cinque o dieci minuti con il lottatore del quartiere.

Inoltre descriveva così quei condomini:

"Non c'era il riscaldamento centralizzato in quegli appartamenti di sei camere. Ciascuno aveva una cucina, con un serbatoio per l'acqua che veniva scaldata su un fornello all'estremità opposta. Il vano del serbatoio del gas era attaccato al soffitto. Il gas era pompato ad una lampada in alto con una reticella. Quando la luce improvvisamente si accendeva, allora voleva dire che il gas era finito. Dovevi inserire un quarto di dollaro nella colonnina prima di poter avere altro gas".

"Lo sgabuzzino era il bagno ed aveva una cassetta in alto riempita d'acqua. Si tirava una catenella per scaricare l'acqua nel water. Non c'erano vasche da bagno. Mia madre ci lavava in una piccola tinozza di metallo che metteva sul tavolo della cucina".

"Joe Pizzi, che aveva un negozio di abiti da donna su Main Street, aveva una grossa Buick. Di domenica portava la nostra famiglia a Sand Springs per un picnic. C'era una grande piscina con cabine private lungo il bordo. Era un posto molto frequentato. Solo recentemente ho capito il perché. La maggior parte degli immigrati della nostra zona erano operai che lavoravano molto e quello di cui avevano più bisogno era un bagno settimanale. Sand Springs era il posto dove potevano farlo".

"All'epoca non sapevamo di vivere in un ghetto"

Ghetto o no, per Francesco, Antonietta e la loro famiglia che cresceva, aveva rappresentato un grosso passo in avanti. Secondo Jennie, in quel primo periodo, il padre era stato guidato da tre desideri: diventare un cittadino americano, avere una sua casa e assicurarsi che i suoi figli imparassero a parlare, leggere e scrivere in inglese. Riuscì a realizzarli tutti e tre.

Questo era il mondo in cui era nato Jimmy Cariddi. E proprio come suo padre, Jimmy era un uomo con una grande grinta. Aveva uno spiccato spirito imprenditoriale che venne per la prima volta alla luce quando, all'età di nove anni, cominciò a vendere il *North Adams Transcript* per le strade della città.

Questo suo primo embrionale 'business' si perfezionò ed ogni giorno, alle cinque e mezzo del mattino, Jimmy si trovava negli uffici del *Transcript* per andare a prendere, ancora caldi di stampa, i primi cinquanta numeri del giornale; poi correva a venderli a *Main Street*, prima di precipitarsi indietro a prenderne ancora. Ogni giorno faceva colazione al *Noel's Lunch* e prendeva una ciambella in una panetteria. Erano clienti entrambi soddisfatti, per cui colazione e ciambella erano gratis. E la stessa cosa accadeva con altri clienti: c'erano molti vantaggi ad essere 'il ragazzo del giornale'.

Alla fine si era comprato una bicicletta e riusciva a vendere cinquecento giornali al giorno, grazie alla sua parlantina, soprattutto quando era a *Main Street,* e a quel suo correre per la città. All'epoca aveva perfino coinvolto sua sorella Anne (di due anni più piccola) e le aveva assegnato una delle sue tratte. Era il 1927 ed era insolito per una ragazza vendere giornali in giro. E una bicicletta per Anne non era un problema … Jimmy adesso ne aveva tre.

All'inizio il denaro raggranellato veniva seppellito in un barattolo del caffè nel giardino dietro casa, ma all'epoca in cui frequentava le scuole medie (aveva all'incirca tredici anni) aveva in banca 450 dollari.

Quando Jimmy diventò un giovane adulto, intraprese una lunga serie di iniziative ed ogni volta qualcosa di innovativo lo conduceva a qualcos'altro di ancora più innovativo, fino a che, nel 1936, fondò la *Cariddi Sales Company*. Senza dubbio, la storia della famiglia Cariddi in America è soprattutto la storia di James Vincent Cariddi e del come coinvolse la sua famiglia in svariati affari.

Francesco Cariddi e Antoniette Scida con il loro primogenito James e, nel 1925, i gemelli JoAnn e Ralph con il fratello Joseph al centro.

Dopo aver deciso di voltare pagina con il vendere giornali, la nuova impresa di Jimmy trascinò quasi tutta la famiglia Cariddi ad arrostire e confezionare nocciioline all'aglio e all'aringa, pistacchi e anacardi. Comprava la frutta secca all'ingrosso, in sacchi da più di venti chili e ne ricavava centinaia di pacchetti, poi ne pinzava dodici ad una lunga striscia di cartoncino e le vendeva ai bar, ai locali e ai negozi del posto a ottanta centesimi la striscia. Nasceva così la *Mohawk Tasty Bits Company*.

L'anno era il 1934 e per coincidenza, nel dicembre del 1933, la legge sul Proibizionismo era stata ritirata. La gente poté finalmente fare un salto in un bar, ordinare legalmente una birra e, ovviamente, provare un pacchetto o due di *Mohawk Tasty Bits*.

Anche la piccola Jennie, tredici anni più giovane di Jimmy, aveva prestato il suo aiuto in questo affare e ricordava che, la domenica dopo la chiesa, aiutava ad assemblare i cartoncini sotto l'occhio vigile del caposquadra di Jimmy, il fratello Joseph. Tutti erano stati coinvolti e a ciascuno veniva dato un nichelino.

La terza impresa di Jimmy lo portò ancora una volta a lavorare con i proprietari dei locali e dei bar del posto, ma Jimmy aveva lasciato la *Tasty Bits* ed era adesso passato al business dei juke box.

Subito dopo la fine del Proibizionismo, l'ormai legale intrattenimento da bar, a meno che non si trattasse di bar clandestini, aveva preso piede in tutta America. Nel 1934 e nel 1935 vennero fuori due aziende, la *Wurlitzer* e la *Rock-Ola* con l'idea innovativa del jukebox, per cui i clienti, nei bar e nei club, potevano pagare per ascoltare la loro musica preferita. E Jimmy Cariddi, che teneva sempre gli occhi bene aperti su eventuali opportunità di guadagno, si trovò al posto giusto proprio quando l'affare ebbe inizio.

A metà degli anni Trenta, Jimmy possedeva e gestiva tra le quaranta e le cinquanta macchine, sia *Wurlitzer* che *Rock-Ola*, un po' dappertutto in città, nei vicini centri del Massachussets ed anche nel lontano sud, come nello stato di New York.

Ancora una volta erano stati i suoi fratelli e le sue sorelle ad aiutarlo, Joe, Ralph, JoAnn e anche Jennie. JoAnn e Ralph erano responsabili dell'aggiornamento continuo della musica e della raccolta del denaro, Jennie era quella che stampava le etichette per ogni nuova canzone ed artista, hit del tempo ora diventati dei classici come Fred Astaire con la sua *A fine romance* e *Let's face the music and dance,* Bing Crosby con *Pennies from heaven* e *The touch of your lips*, le sorelle Boswell con *I'm gonna sit right down and write myself a letter* e Fats Waller con *Bye bye baby.*

Il lato negativo di questo lavoro era il venire chiamati nel bel mezzo della notte perché una macchina si era fermata ed era necessario sostituirla o ripararla. Nonostante questo, a cinque centesimi a canzone, presto la cosa fruttò un mucchio di dollari.

———

Quando Francesco, ora conosciuto da tutti come Frank, aveva cominciato a lavorare per la *Arnold Print Works* nei primi anni Venti, la famiglia aveva dovuto trasferirsi in una casa messa a disposizione dalla Arnold a Phoenix Street dove pagavano un affitto di nove dollari al mese. Era stato nel cortile di questa casa che il giovane Jimmy aveva nascosto i suoi risparmi in un barattolo di caffè.

Verso la fine degli anni Venti uno degli obiettivi di Frank era ormai in via

Nel 1934: Jennie è in mezzo ai suoi genitori in basso; all'estrema destra si trova JoAnn; Jimmy è dietro sua madre.

di realizzazione. Tutti i suoi figli sapevano parlare inglese e quelli che ormai andavano a scuola lo facevano davvero bene.

In seguito, nel 1928 Frank portò a termine un altro dei suoi obiettivi con l'acquisto della sua prima casa a *West Main Street* e il giorno in cui vi si trasferirono la più piccola dei suoi figli, Jennie, veniva spinta in casa nella sua carrozzina. La famiglia Cariddi occupò la metà di una casa a due piani e diede in affitto l'altra metà. In breve tempo, Frank acquistò un'altra proprietà, proprio dietro la loro casa a *West Main Street* ed affittò anche quella.

Anni più tardi comprò ancora un'altra proprietà con quattro appartamenti che affittò, ed avrebbe continuato il suo assalto alla compravendita di immobili, se sua moglie non avesse puntato i piedi e non lo avesse trattenuto per le briglie.

Nello stesso anno in cui i Cariddi acquistavano la loro casa a *West Main Street*, verso sud, nelle vicinanze di Williamstown, si portava a termine la costruzione di una grande villa di settantadue stanze a *Mount Hope Farm*, la *Elm Tree House*. Si trattava di quella che doveva essere la residenza estiva di Alta Rockefeller Prentice e di suo marito, il colonnello Ezra Parmalee Prentice; Alta era la terza figlia del magnate del petrolio e filantropo John D. Rockefeller.

Nei primi anni Trenta, Frank Cariddi lasciò la *Arnold Print Works* per diventare giardiniere dei più di cinquemilaseicento ettari della tenuta dei Rockefeller.

Jennie ed io stavamo passando in rassegna un album di famiglia con le foto di Jimmy e delle sue imprese, album che l'intera famiglia aveva messo insieme per il suo novantesimo compleanno nel 2005, quando ecco che apparve Michael che, come tutti gli altri, voleva sapere dove fossimo sgattaiolati. Mentre Michael mi fotocopiava ogni pagina dell'album, Jennie ed io provammo a concludere per sommi capi … le chiesi se i suoi genitori fossero mai ritornati in Italia. Lo avevano fatto, due volte, ma prima che Jennie potesse approfondire la questione, venne richiamata in cucina al piano di sotto, per supervisionare le cruciali fasi finali della cena che aveva preparato.

Come Sina Sculco, Jennie era diventata un'esperta nell'arte del 'cucinare e intrattenere contemporaneamente una conversazione intelligente'. Aiutata e spalleggiata da sua sorella JoAnn, una vivace ottantanovenne, mi raccontò delle due occasioni in cui il padre e la madre avevano fatto ritorno in Calabria, nel 1938 e ancora nel 1951, ogni volta per tre mesi. In occasione della loro prima visita, avevano portato Francis Patrick che all'epoca aveva cinque anni, avevano viaggiato per gran parte dell'Italia e ovviamente avevano anche visitato la loro famiglia a Strongoli, il loro paese d'origine. La sorella di Jennie mi raccontò che quando Pat era tornato non riusciva più a parlare in inglese ... l'italiano era diventata la sua lingua preferita.

All' epoca Frank era già un cittadino americano, ma sua moglia no, e nel viaggio di rientro, sulla lista dei passeggeri della *Conte di Savoia*, lei compariva come 'straniera'. Quando in seguito ritornarono in Italia nel 1951, Antonietta, incoraggiata ed aiutata dai figli che parlavano inglese, era ormai diventata una cittadina americana. Quando il giudice che si era occupato della sua richiesta le aveva fatto una domanda allusiva al dittatore italiano Benito Mussolini, che presto sarebbe entrato in guerra contro gli Stati Uniti, lei gli rispose: "Non sono preoccupata per lui. Questo è il mio paese, gli Stati Uniti d'America!".

E nel secondo viaggio in Italia era stata la giovane ventitreenne Jennie Cariddi ad accompagnare i genitori. Ed in quei tre mesi in Italia, questa giovane, attraente ragazza americana, aveva fatto girare la testa a molti italiani e aveva ricevuto numerose proposte di matrimonio. Jennie ricordava che una volta era andata in banca con il padre e, il giorno dopo, il giovane

La famiglia Cariddi nel 1943.
Jennie è seduta a destra; JoAnn è seduta a snistra; Jimmy è accanto a sua madre.

che li aveva serviti allo sportello era comparso alla loro porta per chiedere la sua mano. Suo padre aveva pronunciato un solenne: "No!".

Jennie in Italia aveva tenuto un diario ed aveva scritto di suo cugino Nino (il figlio di Giuseppe, fratello della madre) e della sua festa di fidanzamento (con Grazia) a cui aveva partecipato a Strongoli. Nino lavorava nella vicina città di Crotone dove, per una settimana, la famiglia Cariddi si era fermata al Grand Hotel. Jennie ricordava Crotone per il suo lungomare, la spiaggia ed i negozi, ma soprattutto per l'espresso del bar dell'hotel dove lavorava l'affascinante e gentile Nino e dove lei ed i suoi genitori prendevano ogni mattina caffè e brioche. Suo padre aveva portato con sé un mucchio di sigarette americane e Nino era stato ben lieto di averne qualcuna.

La famiglia era ritornata poi a Strongoli, prima di dirigersi in treno a nord, a Genova, per salire sulla nave che li avrebbe riportati a casa negli *States*. Nino ricomparve alla stazione per il suo arrivederci, per regalare a Jennie una scatola di cioccolatini e chiederle se avesse parlato di lui alla madre. Una Jennie molto confusa gli disse che non lo aveva fatto.

Le ragioni dietro questo curioso incontro diventarono chiare quando, ritornata in America, Jennie ricevette una lettera da Nino, in cui le chiedeva di sposarlo. Aveva già pianificato tutto e chiedeva a Jennie di poter avere un vestito fatto apposta per lui, per il matrimonio, aveva scelto addirittura il colore. A quanto pare, aveva messo gli occhi su Jennie ed anche sciolto il suo fidanzamento con Grazia. Jennie gli scrisse che non aveva nessuna intenzione di sposarlo.

In America ovviamente, non si approvava il fatto di sposare un cugino, mentre all'epoca in Calabria la cosa non era così insolita, specialmente in piccole comunità. Quando Jennie era ritornata in Calabria la volta successiva nel 1992 con Leonard, il romantico Nino si era reso irreperibile.

Con uno scintillio negli occhi, Jennie continuò a raccontarmi di una delle ultime tendenze dell'epoca, i pantaloni pinocchietto, pantaloni fin sotto le ginocchia e semplicemente perfetti per andare in bici d'estate e per lo sport. E ovviamente Jennie li aveva indossati a Strongoli e a Crotone. A Strongoli le donne sghignazzavano e a Crotone gli uomini la fissavano sbalorditi.

In occasione di queste due visite, i Cariddi avevano viaggiato per e dall'Italia su una nave e avevano portato con loro un enorme baule, pieno zeppo di regali e indumenti per i loro parenti, per come andavano le cose all'epoca, si era elettrizzati per qualsiasi cosa venisse dall'America, specialmente per i jeans.

È difficile non chiedersi che cosa sia passato per la testa di Frank e

Antonietta durante quelle traversate dal loro glorioso nuovo mondo ai vecchi e familiari luoghi della giovinezza e poi ancora indietro – viaggi anni luce distanti da quella prima traversata insieme nel 1914 nelle viscere dell'*Europa*.

Nel suo viaggio di ritorno a bordo dell'*Atlantic*, Jeannie ricordava che il baule era pieno zeppo di leccornie italiane – specialmente formaggi come il Parmigiano Reggiano, prosciutti e olio d'oliva. Inoltre la settimana prima della loro partenza, Frank era stato preso dalla frenesia dello shopping: un soprabito di lana e un cappello a tesa larga per lui, vestiti per Antonietta, un vestito di lana per Jennie e maglioni di angora per tutte le sue sorelle; aveva comprato regali per tutti come, ad esempio, diverse lenzuola di lino italiano, tovaglie e coperte.

Mentre cenavamo, la conversazione ritornò a Jimmy e al fatto che il giro dei suoi affari era cresciuto alla fine degli anni Trenta, quando aveva diversificato la sua attività e aveva cominciato a comprare merce come lucido per scarpe, lacci, articoli di cancelleria, batterie, dentifrici e prodotti

La famiglia Cariddi nel 1952; ancora un'altra visita allo Studio Trabolds per l'ennesimo ritratto di famiglia. Jennie è seduta a sinistra; JoAnn è in piedi dietro Jennie sulla sinistra; Jimmy è dietro sua madre.

farmaceutici. Questo business a sua volta si era allargato quando aveva cominciato a trattare articoli più grandi come biciclette, attrezzatura da pesca, giocattoli e canoe, finché non era stata fondata nel 1936 la *Cariddi Sales Company*.

All'inizio, la sede si trovava nella grande casa di famiglia a *West Main Street*, ma ben presto crebbe ben oltre la portata della sua base familiare e venne trasferita nel centro di North Adams; vi si aggiunsero anche manufatti in lino ed un numero crescente di impiegati e commessi si unì ai membri della famiglia che già lavoravano per la compagnia. La *Cariddi Sales Company* finì per rifornire ogni stato del New England e quello di New York, le zone a nord verso i confini del Canada e quelle a sud verso la Pennsylvania.

Per tutto il tempo Jimmy Cariddi rimase al comando dell'azienda fino a che, nel 1943, non la lasciò nelle capaci mani di JoAnn e Ralph. Aveva deciso di partire per dare il suo contributo alla causa degli Alleati nello scenario europeo della seconda guerra mondiale e così prese parte alle azioni di guerra nei territori della Normandia del giugno 1944.

Jennie aveva redatto una lista dei membri della famiglia che avevano dato il loro contributo all'azienda di Jimmy nel corso degli anni (un impressionante mix di mansioni e posti di responsabilità).

Joseph era stato responsabile commerciale della spedizione degli ordini ai negozi al dettaglio.

Ralph era il Super Rappresentante commerciale che si apriva ai nuovi territori, trovando nuovi clienti negli Stati del New England ed in quello di New York.

Pat era responsabile acquisti per i giocattoli e l'attrezzatura sportiva. JoAnn era segretaria e ragioniera.

Jennie lavorava sul conto clienti e faceva la segretaria.

Jennie ricordava anche un detto di sua madre che era stato loro utile nel corso degli anni: "*mischiatevi con persone più meglie di voi e fate la scuola*". La carriera personale di Jennie ne era un esempio perfetto: aveva cominciato come tirocinante nel settore crediti della *Sears* ed era stata promossa a responsabile crediti prima che venisse intercettata dal fratello maggiore.

Jimmy, gentile fino all'eccesso, più tardi aveva ringraziato il manager della *Sears* per aver preparato sua sorella così bene.

La *Cariddi Sales Company* esiste ancora a State Road, North Adams ed è specializzata in giochi elettronici, giocattoli, hobbistica ed attrezzatura sportiva. Resta un'azienda familiare e fino alla sua morte, avvenuta nel 2012 all'età di novantasei anni, il suo fondatore Jimmy Cariddi, ancora vi svolgeva un ruolo importante. Le sue figlie, Antoinette e Gail Ann ancora gestiscono l'azienda e, per quest'ultima, si tratta ora di un impegno familiare che alterna a quello di parlamentare dello Stato del Massachusetts.

Come risulta evidente dalla sua esperienza in Italia, Jennie aveva avuto molti corteggiatori, ma incontrò il futuro marito, Leonard Tamasi, non nella più comune delle circostanze. Seduto davanti a me, Leonard mi sorrideva con aria d'intesa, mentre Jennie mi raccontava la storia.

Nella seconda metà degli anni Cinquanta, proprio dopo il suo ritorno dalla Corea, Leonard aveva chiesto ad un amico che usciva con una delle amiche

Frank e Antoinette Cariddi, come li ricorda la gente di North Adams.

di Jennie, di organizzare un'uscita a quattro; voleva avere un appuntamento con Jennie. Jennie non aveva mai incontrato Leonard ed all'inizio era stata scettica su quello che, secondo lei, si presentava come un appuntamento al buio. Non era il genere di cose a cui era abituata ed inoltre aveva già altri progetti.

Ma alla fine Jennie cambiò idea ed i tre amici, passati a prenderla a tempo debito, vennero presentati ai suoi genitori, prima di andare a ballare al *Crooked Lake*. Leonard aveva chiaramente impressionato il padre di Jennie; si sentì Frank sottolineare che, se Jennie non avesse sposato quell'uomo, non si sarebbe più sposata ... e che per di più aveva il viso di una Madonna. Il resto, come dicono loro, è storia ... una storia romantica.

Come tutti i pasti calabro-americani di cui avevo fatto esperienza nel corso dei miei viaggi, anche questo rappresentava un perfetto connubio tra le due culture: una cena per un re e per tutto il suo esercito! Non potevo fare a meno di ripensare a quella conversazione che quasi un secolo prima Francesco Cariddi (come si chiamava all'epoca) aveva avuto con il padre Vincenzo, quando era ritornato in Calabria nel 1913 per corteggiare e sposare Antonietta Scida. Aveva detto al padre che, lavorando duramente in America, avrebbe potuto mangiare carne ogni giorno ... e suo padre gli aveva risposto l'equivalente calabrese di "vai allora, figlio mio".

Francesco aveva fatto proprio così, ed i frutti delle sue fatiche erano tutti intorno a questa tavola: americani di prima, seconda e terza generazione; il sogno di Frank di una vita migliore per lui, sua moglie e la loro famiglia aveva dato vita a frutti così abbondanti. Jennie calcolò che, dai suoi genitori Frank e Antonietta Cariddi, aveva avuto origine una famiglia numerosa, composta da 163 persone e che continuava a crescere, una famiglia che, ogni anno ad agosto, si riuniva al campeggio a Greenfield per ricordare e festeggiare.

Francesco aveva raggiunto tutti gli obiettivi che lo avevano riportato in America nel 1914. Il fatto che presto fosse diventato 'Frank' aveva rappresentato un passo importante. E dal momento che anche io ho fatto qualcosa di non molto diverso circa trent'anni fa, non potevo non apprezzare il significato psicologico di un semplice cambio di nome.

Quando si sedeva sul retro della casa, sul portico su *West Main Street* e guardava l'ampia distesa di terra che si estendeva fino ad una piccola collina, Frank certamente si gustava il suo pezzo d'America, invece 'Francesco' vedeva l'opportunità di fare anche di quella terra un piccolo pezzo di Calabria.

Per prima cosa l'aveva divisa in cinque livelli e presto avevano fatto la loro comparsa alberi di pere, prugne, mele, pesche, cespugli di more e piante di pomodori, piselli, patate, cavoli, insalata, melanzane, zucchine, zucche, peperoni, cipolle e aglio, basilico, prezzemolo, rosmarino, origano e, ovviamente, un pollaio. Un meraviglioso orto e un frutteto: un vero orticello calabrese. Francesco aveva costruito anche un piccolo gazebo, dove la sua famiglia che intanto cresceva, poteva godersi degli splendidi picnic estivi.

Alla fine dell'orticello, il terreno saliva improvvisamente, per formare una rupe rocciosa che dominava North Adams. Dopo gli anni Quaranta tutti conoscevano la Witts Ledge come la collina della Coca Cola, dopo che la Coca Cola aveva dipinto il suo logo sulla sua parete, un enorme cartellone naturale che poteva essere visto a chilometri di distanza.

Frank dava l'acqua alle sue piante due volte al giorno, alle sei del mattino e poi di nuovo nel tardo pomeriggio quando il sole era più debole. Mentre ogni sera annaffiava, il fratello Ralph (Raffaele) sedeva nelportico, sul retro della casa e osservava. Ralph non era un giardiniere, ma un tranquillo e pensoso uomo che viveva con sua moglie Jennie in uno degli appartamenti di suo fratello. Non avevano figli e così Jennie era sempre a disposizione quando la famiglia Cariddi cresceva.

Quando l'estate cominciava a declinare, la famiglia era impegnata a

Alcuni dei membri della famiglia Cariddi che condividono l'ospitalità della casa di Jennie e Leonard. Jennie è la quarta da sinistra; JoAnn è la terza da sinistra.

essiccare, imbottigliare ed inscatolare i frutti delle fatiche di Frank, mettendo in ordine i prodotti che avrebbero consumato nel corso dell'inverno (visioni e suoni ancora familiari nella Calabria di oggi).

Quando settembre lasciava il posto ad ottobre, Frank andava ad Albany a prendere casse di uva californiana e presto l'aria sarebbe stata invasa dall'allettante profumo di quando l'uva viene lentamente pigiata e, naturalmente, diventava vino. Jennie ricordava che tutti i figli erano affascinati da questo annuale rito e amavano mangiare pure l'uva.

Questo per me è un racconto fin troppo familiare, perché ogni anno, in questo periodo in Calabria, gli stessi aromi del tardo settembre si spandono da ogni magazzino e sono portati dal vento per le stradine. Tutti sono impazienti di sapere se il vino di quest'anno sarà buono come quello dell'anno prima.

Ma Frank non si occupava solo del suo giardino. Lo si poteva vedere a North Adams, vestito in modo impeccabile, mentre fumava le sue sigarette italiane e chiacchierava con gli amici con cui condivideva i racconti del passato e del presente, un orgoglioso e amabile cittadino del paese che amava.

———

Qui a Schenectady, stavo educatamente rifiutando dell'altro vino rosso della famiglia Cariddi. Ne avevo già preso due piccoli bicchieri e sapevo che dovevo guidare a lungo verso Jersey City.

Terminata la cena, si cominciava a tornare a casa ed io stavo radunando le mie cose per fare altrettanto, quando Leonard apparve con una bottiglia di vino ed un bicchiere per me. Non appena cominiciai a protestare, educatamente alzò una mano e mi disse che non c'era motivo di mettermi in viaggio per Jersey City in quel momento. Aveva molto più senso bermi un paio di bicchieri di vino e farmi un buon sonno. Jennie e Michael, l'unico membro della famiglia rimasto, scuotevano la testa come per approvare la cosa e chi ero io per mettermi a discutere? Chiamai Sherrie a *Wayne Street* e le dissi che avevo cambiato programmi.

Forse era stato il vino, ma non so come, inavvertitamente innescai un'irrisolta disputa familiare, tirando in ballo la recente elezione presidenziale. Era chiaro che Leonard e Michael avessero votato per partiti opposti e che i loro voti si erano reciprocamente annullati.

Jennie mi venne in soccorso con alcune storie di vita familiare a North Adams ed un particolare ricordo di suo padre, di quando era andato in pensione. All'inizio di ogni mese, preciso come un meccanismo ad orologeria, si sedeva sul portico, nel retro, aspettando l'arrivo del postino con l'assegno mensile della pensione. E quando l'assegno arrivava, con un largo sorriso, lo teneva in alto per aria e diceva: *"Thank you Uncle Sam"*. (Letteralmente Grazie Zio Sam, laddove la 'U' di Uncle e la 'S' di Sam formano US, sigla con cui vengono indicati gli Stati Uniti d'America; vedi pagina 6.)

Frank Cariddi aveva lavorato duramente per tutta la sua vita e la pensione che riceveva era una gratificazione; era grato per le opportunità che questa terra gli aveva dato e, soprattutto, era immensamente orgoglioso di essere un cittadino americano.

Non riuscivo a fare a meno di chiedermi che cosa ogni singolo immigrato fosse riuscito a capitalizzare delle opportunità che gli si erano presentate, quando era sbarcato ad Ellis Island ... o forse persone come Bruno Cortese, Giuseppe Sculco, Pasquale Scida, Giuseppe Piezzo, Alessandro Tallarico e Francesco Cariddi erano state eccezionali? Nell'elencare questi sei nomi,

Il poster di Uncle Sam (le iniziali degli US, gli Stati Uniti d'America), simbolo degli *States* apparve per la prima volta come invito al reclutamento nell'esercito americano nel 1917, quando l'America fece il suo ingresso nella prima guerra mondiale.
Tre anni prima un poster simile di Lord Kitchener era apparso in Gran Bretagna, sempre come richiamo alle armi. Entrambe furono usati per reclutare soldati anche in occasione della Seconda guerra mondiale.
Frank Cariddi non entrò mai a far parte dell'esercito degli Stati Uniti, contrariamente a suo figlio Jimmy, che partecipò alle operazioni belliche in Normandia, nel giugno del 1944.

realizzo che sono solo una metà di ogni famiglia. Donne come Louise Fortino, Angelina Parisi, Maria Mazza, Marianna Tallarico e Antonietta Scida non erano state altrettanto speciali? Ero sicuro che prima di concludere quel viaggio, ci sarebbero stati ancora altri nomi da aggiungere alle due liste.

E non per la prima volta, i miei pensieri tornarono a quella sconosciuta famiglia italiana, catturata da un obiettivo fotografico, in piedi, stordita e in attesa, sul traghetto che la portava ad Ellis Island. Ancora mi chiedo che cosa ne sia stato di loro.

La mattina seguente, dopo aver fatto colazione, ci mettemmo a parlare di come venisse considerato un italo-americano sul posto di lavoro.

Questo perché, la sera prima, avevo chiesto a Michael cosa avesse portato gli immigrati a Schenectady, dal momento che, come a North Adams, c'era stato un significativo insediamento di italiani in questa zona. La risposta era semplice, due sole parole, *General Electric*. Fino a quel momento non avevo avuto la più pallida idea che Thomas Edison fosse in qualche modo collegato alla città ... vada per l'attore Mickey Rourke, ma non Thomas Edison.

La *General Electric* era stata creata nel 1892 dalla fusione dell'allora *Edison General Electric Company* di Schenectady con la *Thomson-Houston Electric Company* di Lynn, nei pressi di Boston. All'epoca, la General Electric era di gran lunga la più grande compagnia della zona ad offrire lavoro e dove lavoravano molti immigrati italiani.

All'inizio degli anni Sessanta, lo stesso Leonard aveva lavorato per la base di addestramento della Marina degli Stati Uniti a West Milton, a New York ... ma non era neppure lontanamente stato come per gli immigrati tra gli anni Venti e Trenta.

Leonard ricordava alcune delle storie di suo padre su come gli italiani venissero discriminati quando si arrivava ad ottenere una promozione: in quello stesso periodo, era politica della *General Electric* quella di promuovere le posizioni manageriali a condizione che nessun italiano potesse accedervi.

Anche ottenere un lavoro come semplice dipendente non era così semplice e comportava almeno un paio di ostacoli. Prima di tutto, bisognava passare da uno dei tanti 'Tony' di turno, anche loro sempre italiani, e da un Mister So-tutto-io quando si voleva lavorare per la *General Electric*. Pagare 'Tony' un centinaio di dollari era il modo sicuro per entrare e con buona speranza garantirsi un impiego per la vita.

Si trattava in questo caso di un italiano che sfruttava un altro italiano e mi domandai allora quale potesse essere stata la discriminazione da parte dei non-italiani. La cosa ci portò a ricordare le parole più offensive con cui ci si rivolgeva agli italo-americani ... qualcosa in cui Lou Piezzo una volta si era imbattuto, quando era stato chiamato 'wop', storpiatura per il termine italiano 'guappo'. Leonard aveva sotto mano una lista di altri termini che ricordava erano stati indirizzati a lui e ai suoi amici: "palla di unto" (greaseball), "dago", "guinea" e "ginzo". Non mi ero mai imbattuto in questi ultimi due nomi. Il primo, guinea, si riferisce alla carnagione scura di alcuni Italiani del Sud e alla loro somiglianza con i cosiddetti neri della Guinea, mentre ginzo è un termine che ha a che vedere nello specifico con gli italo-americani, spesso di origine siciliana.

Le nostre divagazioni etimologiche non erano ancora terminate che Leonard, preoccupato dal fatto che fossi arrivato senza un cappello e fuori facesse un po' freddo, trovò qualcosa proprio adatto a me, un berretto da baseball verde della *Jameson Irish Whiskey*. L'elemento etimologico venne fuori quando feci notare come la parola irlandese 'whiskey' era scritta, con una 'e' secondo la pronuncia americana; il whisky scozzese invece è senza 'e'. Accadde che Leonard avesse una bottiglia di Scotch nel suo armadietto e così controllò che fosse veramente come dicevo io.

Colpiti dal nostro nuovo vocabolario, Leonard ed io ci abbracciammo, poi feci lo stesso con Jennie. Sentivo di salutare una donna che mi sembrava di conoscere da quasi una vita e non da meno di un giorno. Jennie mi consegnò un regalo da portare a Filomena a Strongoli e, proprio quando stavo uscendo, mi ricordò che, seavessi voluto usare il titolo del suo diario per il mio libro, avrei potuto tranquillamente farlo.

Proprio allora decisi che sarebbe stato *Thank you Uncle Sam*.

Addio cara amica, benvenuta Mazda

Non avevo subito detto alla piccola-casa-mobile di riportarmi indietro. Pensai fosse arrivato il momento di indagare meglio sul funzionamento della 'voce' e capire perché mi avesse portato qui, seguendo il percorso panoramico. Se era, in effetti, ciò che aveva fatto.

Mi portai sulla strada principale, accostai e cominciai a digitare sui pulsanti del touch-screen fino a quando non trovai l'oggetto della ricerca. Qualcuno, presumibilmente l'ultima persona ad aver noleggiato l'auto, aveva programmato il GPS per evitare le strade a pagamento, in poche parol, per evitare le autostrade interstatali. Mi sembrava incomprensibile come qualcuno che potesse pagare per noleggiare la piccola-casa-mobile, il veicolo più costoso dell'auto-noleggio, non volesse poi pagare dei pedaggi.

Ad ogni modo, il giorno prima avevo trascorso troppo tempo al volante della piccola-casa-mobile e non vedevo l'ora di arrivare direttamente a Jersey City, anche se c'era ancora una deviazione da imboccare.

La mia amica Denise, a Crotone, mi aveva parlato di una sua cugina che viveva a Fair Lawn nel New Jersey ed avevo fatto in modo di vedere Daniela Maddaloni più tardi quella mattina, nel suo appartamento.

Sapevo già che la storia della sua famiglia, emigrata dalla Calabria negli anni Sessanta, era complicata ed emozionante allo stesso tempo e che Daniela avrebbe potuto non volerla includere in questo libro, più che mai in seguito alla recente scomparsa della madre Lina.

Arrivai alle undici e fui accolto da Daniela e da Matt, il suo compagno inglese. Matt se la svignò ben presto, mentre Daniela prese a raccontarmi la storia di come la sua famiglia dalla Calabria fosse finita nel New Jersey.

Era, come sospettavo, un racconto emozionante e presto mi fu chiaro che, nonostante Daniela fosse felice di mettermi a parte della sua storia, lei e la sua famiglia non erano ancora pronti per condividerla con un uditorio più allargato.

Arrivò il momento di cambiare discorso.

Eravamo entrambi d'accordo sul fatto che sarebbe stato divertente chiamare la cugina, la mia amica Denise a Crotone. C'era solo un problema: nessuno dei due aveva il suo numero. Una telefonata alla sorella di Daniela risolse questa piccola difficoltà.

Fu per tutti noi un'esperienza surreale quella conversazione a tre. Un paio di settimane prima avevo cenato con Denise a Crotone ed ora, ero seduto al fianco di sua cugina nel New Jersey, parlando con Denise come se fosse nella stanza accanto.

Mentre guidavo verso Jersey City, la mia mente era preoccupata dalla complessità della storia raccontatami da Daniela e sapevo che la sola persona con cui avrei potuto condividerla sarebbe stata la mia amica Denise a Crotone.

Quando tornai a *Wayne Street* c'erano due importanti email che mi aspettavano sull'iPad. La prima era un altro messaggio di Maria Cavaliere da Reading, in Pennsylvania, la quale si chiedeva se fosse possibile incontrarci la domenica anziché il sabato. Anche se avevo sperato di andare alla festa di compleanno della nipotina di Gino e di Sina Sculco, ero pronto a cambiare giorno pur di non rinunciare a vedere Maria.

La seconda era una email di Tommaso Fonte, con la cui famiglia avrei trascorso il Ringraziamento a Kenosha, nel Wisconsin ed era la risposta a due email che gli avevo mandato.

La prima faceva seguito ad una richiesta della mia amica Vicki Kelly da Roccabernarda, quella con la passione per *Rice-a-Roni*, circa un lontano parente di suo suocero che lei credeva vivesse a Kenosha; Vicki voleva sapere se Tommaso Fonte conoscesse la famiglia Piro.

In seguito alla mia scoperta che Elvira Arabia, la cognata di Ralph Sculco, viveva anche lei a Kenosha, mi chiedevo se Tommaso potesse conoscere anche lei. A quel tempo non avevo idea di quanto fosse grande o piccola Kenosha e se fosse quel genere di posto in cui le famiglie italo-americane, anche quelle provenienti da Santa Severina e Roccabernarda, potessero frequentarsi.

L'email di Tommaso era la perfetta risposta a quella di Maria, perché conosceva entrambe le famiglie e aveva già organizzato la nostra visita ad Ippolito Piro il giorno stesso in cui fossi arrivato. Per di più stava cercando di entrare in contatto anche con Elvira.

Sapevo che lunedì sera il *Saigon Café* sarebbe stato chiuso, ma ero adeguatamente preparato a questa catastrofe minore e avevo, se ricordate, già adocchiato un ristorante tailandese nelle vicinanze la mia prima sera a Jersey City. Il *Sawadee* era aperto e, nonostante mi mancasse la speciale atmosfera del *Saigon Café*, mi gustai la cena, anche se non vi rimasi a lungo, perché dovevo fare i bagagli per il volo delle otto e trenta del mattino successivo, da Newark a *Chicago Midway*.

Per la seconda volta misi la sveglia al mio nuovo giocattolo, l'iPhone.

———

Mi svegliai un quarto d'ora prima che la sveglia suonasse ... o piuttosto un quarto d'ora prima che la sveglia non suonasse. Ho sempre avuto l'abitudine di svegliarmi appena prima della sveglia. Anche se scommetto che se non avessi mai programmato una sveglia, non avrei mai preso questa abitudine.

Dissi alla 'voce' di portare me e la piccola-casa-mobile a casa ... cioè la 'sua' casa, vicino all'aeroporto. Quel viaggio di venti minuti doveva essere la nostra ultima avventura insieme e forse fu solo perché volevo ritardare il momento del distacco, che, per qualche ragione, riuscii a sbagliare due istruzioni della 'voce' e così facendo aggiungere ancora dieci minuti al viaggio. Per la seconda volta mancò poco che riducessi ad un rottame la piccola-casa-mobile quando mi trovai all'inizio della rampa per l'interstatale. La rampa dalla quale veniva giù in senso contrario il traffico dall'uscita della superstrada. Mentre sterzavo bruscamente a destra, giù per un'altra rampa, mi chiesi che cosa avessero potuto pensare quegli altri autisti, quando avevano visto solo due fari, che per un momento, andavano nella loro stessa direzione.

Avevo previsto una separazione che mi avrebbe dato il tempo di scattare una foto alla piccola-casa-mobile, forse ci sarebbe anche stato qualcuno a ritrarci insieme, ma purtroppo l'opportunità di dare un colpetto al suo cofano e dirle un addio affettuoso svanì, quando l'autista della navetta dell'aeroporto mi sollecitò a darmi una mossa perché stava per partire.

Questa era la mia seconda partenza da Newark in poco più di una settimana, così trovai estremamnte sconcertante il fatto che, se la prima volta avevo superato tranquillamente ed in modo scorrevole il controllo passaporto e la sicurezza, invece, questa seconda volta, le operazioni sembravano infinite, nonostante si fossero verificate entrambe più o meno alla stessa ora del giorno.

Il problema sembrava essere uno dei responsabili: egli appariva non solo agitato e assolutamente maleducato nei confronti di alcune persone, ma totalmente ignaro del fatto che ci fosse un problema. Camminava a grandi passi su e giù per le code, ignorando le preghiere di quanti avevano creduto di essere in orario per i loro voli, ma che in quel momento dovevano far fronte alla possibilità di perderli.

Una giovane coppia asiatica alle mie spalle era su un volo che sarebbe partito prima del mio, così insistetti perché passassero avanti. Dopo i miei controlli di sicurezza, vidi un giovane che correva e zigzagava freneticamente tra quelli con del tempo per lo shopping. Teneva in mano le scarpe tolte per i controlli di sicurezza, si era aperto un varco attraverso folle sbigottite mentre, tentando disperatamente di stare dritto nei suoi calzini, cercava il sollievo che gli avrebbe procurato l'uscita per il suo volo.

A bordo del mio volo *Southwest*, ancora una volta scoprii che potevo usare il mio iPad online. Stavo ancora tentando di decidere se prenotare un alloggio per quella notte a Chicago o nelle sue vicinanze, oppure correre il rischio in uno dei tanti motel ben segnalati lungo le autostrade americane. Decisi di scegliere la seconda opzione perché non ero sicuro di quanto a lungo mi sarei trattenuto per la mia prima tappa nella periferia di Lyons.

Mi stavo deliberatamente lasciando un margine di flessibilità dal momento che, per me, Chicago è sempre stata una città americana speciale, un luogo dal quale ero stato attratto molte volte. Non ero proprio sicuro di avere il tempo per andare in centro o se avessi solo potuto girare intorno alla città per dirigermi verso il Wisconsin, per il mio appuntamento con Tommaso Fonte, a mezzogiorno del giorno dopo.

Al *Midway Airport* presi la navetta che mi portò all'autonoleggio, un percorso di non più di duecento metri facilmente percorribile a piedi. Il giovane autista stava cercando di fornire quante più informazioni possibili nella sua corsa di due minuti, nella vaga speranza che i suoi clienti potessero pensare che aveva offerto loro un servizio tale da meritare una mancia.

Presso l'ufficio di noleggio non c'era a disposizione nessuno con origini calabresi, quindi non ci sarebbe stato nessun bonus. Me ne andai più o meno con quello che avevo prenotato … quando il responsabile vide che mi aspettavo una macchina del tipo 'economy', scrollò le spalle, mi disse di non averne nessuna di questa categoria, indicò un paio di file di automobili (modelli di categoria superiore) e mi suggerì di prendere quella che mi piaceva. Optai per una Mazda bianca.

In realtà, non me ne andai immediatamente perché dovevo chiamare Pepè Fragale, la donna che ero venuto ad incontrare, per comunicarle di essere in viaggio e perché dovevo abituarmi ad un sistema GPS che, in questa macchina, era come una sorta di passeggero 'extra' seduto sul cruscotto e non era, come nel caso della piccola casa mobile, incorporato direttamente nel cruscotto. Per prima cosa, mi accertai che non fosse stato programmato per evitare le strade a pagamento. Non me ne aspettavo nessuna nella prima parte del mio viaggio, ma certamente ne avrei incontrato più tardi in giornata e la mattina seguente.

Poi, digitai il mio indirizzo di destinazione, *South Rose Avenue*, soltanto per sentire che non esisteva. Provai di nuovo: stessa cosa. Portai il GPS al chiosco delle informazioni e dissi al ragazzo che non sembrava funzionare. Fece una prova e confermò la possibilità di un problema. Lo portò dove venivano revisionate le auto e mi disse che qualcuno me ne avrebbe portato uno nuovo. Pochi minuti più tardi, venne fuori un altro ragazzo con lo stesso GPS e la buona notizia: alla fine avrei potuto 'andare al ballo' perché aveva risolto il problema. Per qualche motivo al GPS non piaceva il prefisso '*South*' (sud) … non distingueva *South Rose Avenue* da *North Rose Avenue*; questi erano nomi che, a quanto pare, utilizzava solo la gente del luogo.

Finalmente tutto solo con Mazda e la mia nuova 'voce', la stessa 'voce' della piccola-casa-mobile, partii dritto ad ovest attraverso *Cicero Avenue* verso Lyons. Avevo notato prima il nome *Cicero* su un cartello stradale tra l'aeroporto e l'autonoleggio e stavo ancora cercando di riportare alla luce qualcosa dai recessi della mia memoria che me lo rendeva familiare. Poi finalmente capii: questa zona di Chicago si chiamava Cicero, dove nel 1906 viveva e lavorava Bruno Cortese e da dove, dai primi anni Venti, Al Capone gestiva l'impero del contrabbando. Fino a quel momento non avevo realizzato che il *Midway Airport* si trovasse sulla *Cicero Avenue*, a Chicago.

Sul finire dell'estate del 2012, Pepè Fragale ed il nipote di undici anni, Lorenzo, avevano trascorso un mese a Santa Severina, paese d'origine di Pepè. Pepè e Lorenzo erano partiti da Lyons, un sobborgo di Chicago.

Il mio amico Carlo mi aveva parlato della sua visita solo il giorno dopo il suo rientro in America; l'ultima volta che aveva preso qualcosa da bere al suo bar era stata la sera prima, anzi, l'unica sera in cui non eravamo là.

Carlo mi diede il numero del nipote di Pepè, Gustavo Tigano, che si trovava all'Università di Cosenza (e non mi aveva detto di avere una fidanzata capace di parlare inglese, la quale, anni dopo mi avrebbe aiutato a revisionare questo libro). Avevo già incontrato Gustavo prima, ma non avevo mai capito che avesse dei legami con l'America; Gustavo mi diede il numero della zia a Chicago.

La prima volta che contattai Pepè, qualcosa andò storto con la linea telefonica; controllai il numero con Gustavo e provai di nuovo un paio di settimane dopo.

Questa volta ci riuscii ed organizzai una mia visita nella sua casa a Lyons, nella periferia ovest di Chicago, il martedì prima del giorno del Ringraziamento, sulla mia rotta per Kenosha nel Wisconsin.

La donna che emigrò da sola

Senza contrattempi, svolte nella direzione sbagliata e ricalcoli del percorso, Mazda e 'la voce' mi avevano portato sano e salvo a Rose *Avenue*, dove scoprii che il numero civico datomi sembrava non esistere in quella strada. La ripercorsi nuovamente un paio di volte, per avere conferma della reale assenza del numero civico che stavo cercando. Tornai indietro verso *Plainfield Road* e l'incrocio con la *43rd Street* e vidi una casa affacciata sulla *43rd*, ma che in qualche modo era anche schiacciata come un sandwich tra *Rose Avenue* e la stradina alle sue spalle. Un giovane uomo usciva dalla casa proprio mentre accostavo là fuori, dietro ad un'auto con il cartello 'Vendesi'. Anthony Fragale mi diede il benvenuto a Lyons, sobborgo di Chicago.

Entrammo ed Anthony mi presentò a sua madre Pepè, una piccola donna sull'ottantina, dal largo e affascinante sorriso. Pepè mi accolse nella loro casa e ci sedemmo attorno al tavolo della cucina. Raccontai loro la storia del GPS che non aveva riconosciuto il loro indirizzo perché includeva la parola 'south' e si resero conto che forse era questa la ragione per cui i corrieri, a volte, trovavano difficile rintracciarli, anche perché, di questi tempi, la maggior parte di loro utilizza una navigazione satellitare di qualche tipo.
   Finimmo per parlare della visita di Pepè a Santa Severina in estate e di come le nostre strade non si fossero incrociate, nonostante entrambi fossimo stati su e giù per la piazza migliaia di volte in quel caldissimo agosto e, anche se conoscevo suo nipote Gustavo, se mai li avessi visti insieme, avrei pensato che Pepè fosse la madre. Ancora una volta, anche se Pepè (il suo nome italiano è Giuseppina) era emigrata da sola nel 1958, c'era stata una storia di emigrazione nella famiglia che risaliva a quasi un centinaio di anni prima.
   Nel 1913, all'età di diciassette anni, il padre di Pepè, Pietro Gerardi, era

Pietro Gerardi, padre di Pepè, è a destra, in piedi, vicino al fratello Umberto; l'altro fratello, Francesco, è sulla sedia. Nella foto la madre, Rosa Salerno.

Immigrate che si sottopongono alla visita oculistica ad Ellis Island, 1905.

arrivato a New York a bordo della *Principe di Piemonte*; all'inizio di quello stesso mese, anche un altro giovane di Santa Severina era sbarcato a New York, un falegname di ventidue anni, Francesco Marasco.

Tre anni dopo, Pietro aveva fatto ritorno a Santa Severina e non aveva più rivisto gli Stati Uniti: era tra i molti italiani definiti "i ritornati". A casa, a Santa Severina, corteggiò e sposò la sorella di Francesco Marasco, Marietta (Maria) Marasco.

Maria e Francesco erano due dei sei figli di Gaetana Tallarico, due ragazzi e quattro ragazze. Nel 1921, all'età di cinquantasei anni e ormai vedova, Gaetana emigrò negli Stati Uniti con due delle sue figlie, Annina e Robina e furono accolte da Francesco, il figlio che all'epoca viveva a Cicero. Per pura coincidenza, era lo stesso anno in cui anche Al Capone si era trasferito a Chicago per lavorare al fianco del suo mentore, il famigerato gangster Johnny Torrio.

L'ingresso di Gaetana negli *States* non era stato semplice. La sua età rappresentava uno svantaggio e la visita medica aveva portato alla luce due evidenti problemi, effettivamente esistenti, la senilità e la doppia cataratta immatura. Se suo figlio non fosse stato lì ad accoglierla, è probabile che Gaetana sarebbe stata rispedita indietro in Calabria; forse il fatto di essere accompagnata da due delle sue figlie rappresentava una garanzia, perché poteva essere considerata una persona con una rete di supporto intorno a sé e che non sarebbe stata di peso per lo Stato.

Anthony mi disse che l'attrattiva rappresentata dalla zona di Cicero per gli immigrati italiani e per tutti gli altri, provenienti in gran parte dall'area est-europea, non era differente dalle opportunità di lavoro offerte dalla *General Electric* a Schenectady. Dal 1905 la *Western Electric* aveva iniziato ad operare in un imponente stabilimento, l'*Hawthorne Plant*, all'incrocio tra la *South Cicero Avenue* e la *West Cermak Road* (la *22nd Street*). Nel giro di pochi anni tutta la produzione della *Western Electric* venne concentrata in questo solo sito il quale, si è detto, assomigliava ad una piccola cittadina, con un proprio ospedale, vigili del fuoco e servizio lavanderia. Oggi tutto ciò che rimane di questa enorme impresa è una torre che si innalza lungo la ferrovia, solitario ricordo di un'epoca passata.

Ed in questa storia familiare era nata Pepè Gerardi; suo padre aveva vissuto in America per tre anni, la nonna era emigrata lì e lì c'erano ancora zii e zie per parte materna. Quindi non sorprende che alla fine degli anni Cinquanta la giovane Pepè, all'epoca ventenne, avesse deciso di essere ormai pronta per il grande passo. Suo padre Pietro, ormai sessantenne, conosceva bene la giovane. Era consapevole dello scarso interesse della ragazza per la scuola e sapeva di quanto le opportunità in Calabria, senza un titolo di studio, fossero limitate. Le sorelle di Pepè erano state più volonterose negli studi e, molto più tardi, erano diventate delle insegnanti. Pietro scrisse al cognato Frank Marasco a Cicero e gli chiese se Pepè poteva alloggiare da lui e approfittare di ciò che l'America aveva da offrire.

Naturalmente Pepè aveva famiglia negli *States*, ma comunque era enorme il passo che una giovane donna di ventiquattro anni doveva compiere da

La madre di Marietta, Gaetana Tallarico, con i suoi nipoti – Pepè a sinistra, le sorelle Antonietta e Gina, il fratello Nicola e la piccola Rosalba

sola. Non stava andando in America con un marito o un fratello o un padre; né faceva da seguito ad una scia di parenti stretti. Piuttosto stava spiccando un enorme salto nel buio, più simile a ciò che avevano fatto un secolo prima, molti dei suoi antenati di sesso maschile e suoi compaesani.

Poteva sembrare minuta e semplice, mentre sedeva a tavola davanti a me ma sapevo di essere in compagnia di una donna davvero notevole

Ed era stato così, nell'ottobre del 1958, che Pepè Gerardi aveva detto addio a Santa Severina ed era partita per unirsi ai suoi parenti negli Stati Uniti. A Roma aveva preso il volo TWA 835 per l'aeroporto *Idlewild* (JFK di oggi) a New York, via Parigi. Da New York si spostò a Chicago.

Frank, lo zio di Pepè, era diventato cittadino americano nel 1936 e lui e la moglie Maria vivevano ancora sulla *West 28th Street* a Cicero; fu lì che Pepè diede inizio alla sua nuova vita in America. Era, ricordò, quasi come trovarsi a casa, perché la famiglia di suo zio era molto gentile e premurosa.

Sapeva anche quanto questo avrebbe tranquillizzato la madre, dal momento che c'erano storie di altri giovani immigrati aiutati dai loro 'presunti' parenti in America; forse la questione dipendeva da quanto fosse stretto questo vincolo di parentela perché, a volte, le connessioni familiari calabresi presentano un'indefinibile elasticità.

Pepè trovò presto lavoro presso la *Copenheimer Tailors* su *Pulaski Road* e poi si trasferì presso altri due sarti del posto, *Meyer Ag* e *Nemcheck*, prima di lavorare per parecchi negozi di abbigliamento.

Nei primi anni Sessanta, Pepè aveva partecipato ad un matrimonio nel Wisconsin, a Kenosha (dove, per puro caso, mi sarei dovuto recare la mattina dopo) e qui aveva incontrato un uomo che aveva cercato di trovarle un fidanzato, un altro giovane calabrese che, poi si scoprì, essere già impegnato. Infatti proprio lui a sua volta, passò al fratello, Frank Fragale, la foto di Pepè e così Pepè e Frank diedero inizio ad una fitta corrispondenza e, grazie alle lettere e alle foto che si scambiarono, finirono per innamorarsi.

Nel marzo del 1963 Pepè ritornò in Calabria e sposò l'uomo che non aveva mai incontrato e a cui non aveva mai parlato, neppure per telefono.

Questa storia fu, per come mi apparve, quasi un'immagine speculare di tutte le storie che avevo sentito riguardo ad immigrati tornati in Calabria per chiedere la mano di una sposa più giovane ... nelle ricerche condotte per questo libro, mi sono imbattuto in molte relazioni sentimentali transoceaniche. Pepè e Frank rappresentavano un'eccezione perché era stata Pepè a ritornare in Calabria a chiedere la mano di suo marito ed era stato

Il matrimonio di Pepè Gerardi e Franco Fregale.

Frank, non una giovane sposa, a progettare di seguire la donna in America.

Il sacerdote che li aveva sposati aveva rimarcato questo insolito aspetto del loro rapporto, sottolineando quanto fosse più comune che la moglie seguisse il marito e non viceversa; non poté inoltre trattenersi dal menzionare anche la differenza di età, infatti Pepè aveva sei anni più di Frank.

———

Frank Fragale e i suoi genitori, Antonio e Caterina, provenivano tutti da San Giovanni in Fiore, ai piedi delle montagne della Sila e a poco più di venti chilometri da Santa Severina. Quando chiesi a Pepè quale fosse il cognome di Caterina, mi rispose 'Fragale', quale era ovviamente, per le persone che vivevano in America, ma nella sua città natale, a San Giovanni in Fiore, Caterina era e sarebbe sempre stata, Caterina Biafiore.

Quando lo scrittore inglese Norman Douglas aveva visitato San Giovanni al tempo in cui Antonio e Caterina erano ancora dei ragazzi, aveva annotato nel suo diario di viaggio *Old Calabria* "[…] ciò che è maggiormente degno di interesse a San Giovanni sono le donne" e che, in tempi passati "era pericoloso avvicinarsi a queste creature affascinanti ed allegre, perché sono gelosamente sorvegliate da fratelli e mariti". Ma in tempi più recenti le cose erano cambiate e Douglas continuava ad osservare che "[…] fratelli e mariti, grazie a Dio, adesso sono in America, e puoi essere amichevole con le donne come più ti piace […]".

Nonostante il fascino delle donne di San Giovanni, Douglas dipingeva un'immagine spiacevole del paese: "cumuli di immondizia […] indicibilmente squallido […] sordido […] malsano […]". C'è poco da meravigliarsi se furono in molti ad andarsene. Detto questo, Antonio e Caterina non se ne andarono, anche se molti, da entrambe le loro famiglie allargate, decisero di emigrare.

Questa differenza di cognome tra le donne calabresi e quelle americane dopo il matrimonio (in America la moglie prendeva il cognome del marito, invece conservava il suo cognome da nubile in Calabria) spiegava le molte occhiate indifferenti che mi guadagnavo, quando agli amici di Santa Severina dicevo che stavo andando a visitare Pepè Fragale. Tutti qui la conoscono soltanto con il suo cognome da ragazza, come Giuseppina (Pepè) Gerardi. Più di cinquant'anni dopo essere diventata negli *States* Pepè Fragale, a Santa Severina rimane sempre Pepè Gerardi.

In effetti, fino a quando non ci eravamo incontrati, non sapevo che Pepè fosse proprio una 'Gerardi', un cognome che non mi era sconosciuto, dal momento che la casa in cui viviamo è di proprietà di un'altra 'Gerardi',

Silvana Gerardi. La 'nostra' famiglia Gerardi considera mia moglie e me parte della loro famiglia allargata e spesso siamo i soli, non legati da alcun vincolo di parentela, ad essere sempre invitati a quelle che normalmente sarebbero delle occasioni familiari. Così a Santa Severina, anche noi facciamo parte dei 'Gerardi'.

Non è così insolito, anche in un piccolo paese come Santa Severina, (con meno di 2500 abitanti) trovare due o più famiglie con lo stesso cognome, ma che non condividono nessun legame parentale. Tuttavia, quando lo si chiede, la gente solitamente si dimostrerà cauta e dirà qualcosa del tipo "Si, siamo parenti … alla lontana, però". È un'ammissione incerta di cui nessuno in realtà ha certezza (o ritiene importante), un po' come la sindrome del 'cugino' alla quale ho già accennato, per cui ci si definisce 'cugini' quando, nella migliore delle ipotesi, si è cugini di terzo o quarto grado, ma anche quando, nella peggiore delle ipotesi, probabilmente non si è neppure parenti, ma semplicemente amici di lunga data o vicini di casa.

Non che sia un problema, è solo l'eccentrico modo in cui funzionano le cose. A volte puoi conoscere due o tre persone da mesi, anche da anni, prima di renderti conto che sono fratelli (cosa successami di recente con due uomini di Santa Severina che conosco da anni ed ho incontrato

Anthony Fragale (a destra) e suo cugino Peppe Tigano sulle loro Vespa.

indipendentemente l'uno dall'altra, per poi scoprire che si trattava di due fratelli), mentre ce ne sono altre che pensi siano imparentate in qualche modo ed invece non lo sono, condividono solo un cognome.

A volte una famiglia con lo stesso cognome di un'altra, sarà fermamente convinta dell'assenza totale di legami, anche guardando indietro nelle nebbie del passato. Questa è spesso un'indicazione del fatto che una famiglia si creda migliore di un'altra e non voglia vedersi associata a quella. A volte le rivalità all'interno di un piccolo centro possono disorientare ed è meglio non soffermarcisi a lungo.

Tuttavia ero non poco curioso di sapere se la 'nostra' famiglia Gerardi fosse imparentata con quella di Pepè e, se sì, in che modo. La risposta fu un sì cauto, ma l'esatta relazione tra nonni e bisnonni non poteva essere definita con precisione. Effettivamente le nebbie del tempo regnavano fitte e c'erano adesso almeno due distinte famiglie di Gerardi a Santa Severina.

Mentre Pepè cominciava a servire l'ennesimo magnifico pranzo calabro-americano, tornammo al tempo in cui lei e Frank si erano sposati, a quando Frank era nell'esercito (l'esercito italiano in cui aveva prestato i due anni di servizio militare, che all'epoca erano obbligatori).

Dopo il matrimonio e la luna di miele, Pepè, ormai incinta, era tornata negli Stati Uniti dove, all'inizio dell'anno successivo, era stata raggiunta dalla madre Maria, perché si prendesse cura di lei e del suo primogenito Anthony.

Non ci fu mai nessun dubbio sul fatto che Maria sarebbe tornata in Calabria quando tutti avrebbero potuto fare a meno di lei ... anche se, a quanto pare, era presto diventata dipendente dalle soap opera americane, nonostante non capisse una parola di inglese.

In questo periodo Pepè non solo aveva imparato l'inglese, ma era anche diventata una cittadina americana, cosa che, e lei lo sapeva, avrebbe reso più facile al marito l'ingresso nel Paese. Ma Frank, ancora di sede a Cotronei (tra Santa Severina e San Giovanni), durante il suo servizio militare, sentiva disperatamente la mancanza di sua moglie e non aveva ancora visto suo figlio. Presto non riuscì più a resistere e all'inizio del 1964, chiese ed ottenne un congedo prima della scadenza della leva a patto che, se fosse rientrato in Italia nei successivi dodici anni, avrebbe dovuto completare il suo servizio.

Nel giro di pochi giorni Frank Fragale si riunì alla moglie americana e al figlio a Cicero.

Con l'aiuto del cugino Vince Marrazzo, Frank presto trovò lavoro in una

Anthony Fragale e la madre Pepè nella loro casa a Lyons, sobborgo di Chicago.

fabbrica a Cicero che si occupava della lavorazione dell'acciaio inossidabile. Poi si spostò all'*Elkay Manufacturing*, all'epoca specializzata nei complementi per la casa in acciaio; Frank lavorò all'*Elkay* fino a che non andò in pensione, trentasette anni dopo.

Non divenne mai cittadino americano e ritenne che, a meno che non pensasse di diventare Presidente degli Stati Uniti (e non era tra le sue aspirazioni), la cosa non avrebbe rappresentato un grave problema. Detto questo, diventò, per il resto, un americano a tutti gli effetti, dal tacchino del giorno del Ringraziamento e di Natale agli hamburger con patatine di *McDonald's*. Naturalmente, quando si trattava di calcio e altri sport, Pepè e Frank rimasero italiani fin nel midollo.

Mentre la famiglia Fragale cresceva, in agguato da qualche parte sullo sfondo, c'era sempre una piccola questione in sospeso tra Frank e l'esercito italiano e di conseguenza, il governo. Alla fine, dal momento che era rimasto negli Stati Uniti per dodici anni, il suo status venne regolarizzato e fu libero di ritornare in Italia.

Ora che Frank poteva viaggiare, la famiglia Fragale solleticò l'idea di tornare in Calabria definitivamente. In origine l'idea era stata di Frank, ma furono Pepè e i suoi tre figli, Anthony, Dino e Cathy, ad attraversare l'Atlantico per testare la situazione in Calabria. Avvenne alla fine degli anni Settanta ed Anthony, all'epoca un adolescente, ricorda di aver trovato difficile la scuola a Santa Severina poiché, inaspettatamente, il livello accademico era più alto in Calabria rispetto agli *States*. Per quanto risultasse difficile, riuscì bene e quando la famiglia alla fine tornò in America, saltò una classe a scuola grazie alla sua esperienza calabrese.

In Calabria Antonio (così com'era chiamato) aveva avuto anche un altro interesse oltre alla scuola, il primo Vespa Club di Santa Severina. C'erano circa quattordici o quindici membri, ricorda Antonio, che se ne andavano con una certa regolarità in campagna sui loro motorini, per fare un picnic con vino, formaggio e soppressata.

Ed anche se l'esperimento era stato divertente, e nonostante il fascino esercitato da famiglia, amici e motorini in Calabria, la giovane famiglia Fragale comprese che la loro casa ormai era in America. Antonio parcheggiò la sua Vespa per l'ultima volta e ritornò ad essere Anthony e ad un anno dal giorno dopo il loro arrivo a Santa Severina, Pepè e i suoi tre figli ritornarono in America per riunirsi a Frank, a Cicero.

Le visite familiari da e per l'America continuarono nel corso degli anni ma, come tanti altri prima e dopo, la famiglia Fragale che cresceva, era saldamente ancorata agli Stati Uniti e così rimase.

Quando Anthony mi parlò di suo padre, la voce gli tremava. L'uomo che lui e la madre adoravano, l'uomo che descriveva come un "Clint Eastwood italiano, vigoroso, bello e onesto, una brava persona", era morto nel 2011.

Nonostante la perdita, Pepè aveva ancora trovato l'energia, nell'agosto dell'anno seguente, per portare con sé il nipote di undici anni per la sua prima visita a Santa Severina, e mostrare a Lorenzo, il giovane figlio di sua figlia Cathy, dove era nata e per presentarlo ai suoi numerosi zii, zie e cugini che parlavano una lingua diversa.

In soli quindici giorni Lorenzo era diventato già abbastanza indipendente per andare a piedi fino alla piazza, incontrarsi e chiacchierare con una comitiva crescente di amici, più di quanto avessero fatto la madre e gli zii Antonio e Dino nel 1979. Sicuramente devo averlo visto, anche se all'epoca non ne sapevo niente, e devo aver pensato che, così com'è normale in paese in quel periodo dell'anno, fosse il figlio di un Santa Severinese che tornava a casa per l'estate 'dal Nord'.

Pepè mi raccontò come, tornati a casa in America, Lorenzo non smettesse di parlare della sua vacanza al sole di Calabria e del fatto che, anche se era profondamente americano, non vedeva l'ora di tornare nell'altra sua casa, a Santa Severina. Forse presto, d'estate, farà ritorno in Calabria e darà vita ad un nuovo Vespa Club e lui ed i suoi amici (e i loro telefoni cellulari) se ne andranno in campagna a fare un picnic con vino, formaggio e soppressata.

Mentre mi preparavo a lasciare Pepè ed Anthony, tornai con la mente indietro, a quell'elenco mentale stilato pochi giorni prima a Schenectady, un elenco di persone 'speciali' ed 'uniche'. Sapevo che c'era almeno un altro nome da aggiungere, Pepè (Gerardi) Fragale. A rendere Pepè ancora più unica c'era il fatto che fosse la sola di quell'elenco con cui avessi effettivamente avuto uno scambio di persona.

Prima di lasciare Lyons, Anthony mi diede dettagliate indicazioni su come arrivare all'interstatale, girare intorno a Chicago e dirigermi a nord, verso il Wisconsin. Mentre mi allontanavo dalla casa, realizzai di non essere così fiducioso sul fatto di potermela cavare senza l'aiuto della 'voce'. Non avrei mai pensato di dover ammettere di essermi ormai abituato a sentirmi dare delle istruzioni per sapere dove andare, di essermi ormai abituato alla "voce" e al suo tono rassicurante, di essermi ormai abituato a basarmi sulla sua esperienza, anzichè ad una mia rappresentazione mentale.

Come sarebbe andato a finire il mondo?

Ancora sulla strada

Seguii le indicazioni di Antonio per l'interstatale, o meglio lo feci fino a quando 'la voce' non finì per contraddirle. Alla fine, però, optai per 'la voce' che, anche se non poteva avere la stessa competenza di Antonio su quei luoghi, fino a quel momento era stata ragionevolmente veritiera e probabilmente stava tenendo in considerazione la sua conoscenza delle condizioni del traffico.

Inoltre, avevo definitivamente preso la decisione di girare intorno a Chicago e dirigermi a nord verso il Wisconsin, resistendo così alla tentazione di visitare dei vecchi posti che avevo 'bazzicato' … e un bar in particolare vicino al *Loop* (il centro metropolitano) sulla *South Wabash*. A causa della mia incertezza iniziale, non avevo prenotato nessuna sistemazione per quella notte, decidendo invece di tentare la sorte in uno dei numerosi motel, solitamente segnalati poco prima delle uscite dell'interstatale. Era qualcosa che non avevo mai fatto prima, ma avevo sempre avuto il segreto desiderio di provarci.

Si stava facendo buio e non perché fosse tardi, ma a causa di una pioggia fitta e persistente. L'interstatale era incendiata dai fari delle auto e avevo appena superato un'uscita che un tempo avrebbe avuto un'insegna con le parole *Gas Food Lodging* (Rifornimento, Cibo, Camere), ma che al giorno d'oggi invece mostrava direttamente quali lusinghe fossero in offerta nel raggio di poche centinaia di metri dall'uscita. Decisi che la prossima sarebbe stata la mia. Ragionavo sul mio dirigermi verso una camera tranquilla, poco costosa ed anonima e verso qualcosa da mangiare, non necessariamente da gustare, solo qualcosa da mettere nello stomaco.

Mi immisi nella corsia di svincolo all'uscita *Grand Avenue*, dove vidi un cartello per *La Quinta*, una catena di motel che conoscevo solo di nome. Svoltai di nuovo a destra e mi trovai in un girone di suggestioni per il viaggiatore sfinito, soprattutto locali in cui cenare, ma anche un paio di pensioni. Svoltai nel parcheggio di *La Quinta* e controllai i prezzi sul mio iPhone prima di entrare. Volevo solo essere certo che, appena fossi arrivato al banco della reception, non si verificasse un'enorme esplosione dell'inflazione.

Non avevo bisogno di preoccuparmi, perché il giovane alla reception era stato istruito per essere accogliente e disponibile ed era certamente così. Quando vide il mio indirizzo di casa, mi disse che l'obiettivo della sua vita era di andare a ritirarsi in pensione in Italia; secondo i miei calcoli, avrebbe dovuto aspettare ancora almeno quarant'anni. Prese pure nota della mia età e mi diede un generoso sconto 'senior', così alla fine pagai meno di quanto il sito web mi aveva fatto intendere.

Avevo il codice wi-fi per il mio iPad, una sorprendente e confortevole camera da letto e una selezione di posti in cui mangiare a brevissima distanza; ero soddisfatto di quanto mi avesse riservato la sorte.

Prima di fare un salto fuori nella pioggia sottile, il mio iPad mi aveva già comunicato la presenza cinque locali in cui mangiare, raggiungibili a piedi. Decisi di dare un'occhiata all' *Outback*, una catena di ristoranti di cui non avevo mai sentito parlare, e che scoprii essere una *steakhouse* a tema australiano la quale offriva "un'informale, suggestiva atmosfera dell'entroterra australiano". Siccome non ero mai stato in Australia, pensai che questo potesse essere un buon inizio.

Come tutte le catene di ristoranti americani di questo tipo, il personale era affabile ed educato fino all'eccesso … era come se avessero aspettato per tutto il giorno il mio arrivo, ed ora che ero finalmente lì, avrebbero iniziato a coccolarmi e a viziarmi esageratamente. Maria, la mia cameriera, incarnava questa predisposizione e presto mi sentii speciale in mezzo ad un mare di "clienti-più-giovani-di-me" che si divertivano insieme.

A un tavolo o due di distanza, una coppia attirò la mia attenzione. Si trattava di persone normali nel senso che, come quasi tutti gli altri, erano sulla ventina e si stavano godendo la loro serata di cibo finto-australiano. Ma erano anche fuori dal comune, perché erano due delle persone più grasse che avessi mai visto e seriamente mi chiedevo come fossero entrate per la porta. Per di più, sembravano abbastanza soddisfatti, anche se involontariamente stavano distogliendo la mia attenzione dal menu, mentre cercavo senza successo bistecca di canguro e poi il pesce, per cui optai per il *mahi* alla griglia.

Lo so, si dice che si dovrebbe bere il vino bianco con il pesce, ma io vengo da una scuola di pensiero diversa … se la lista di vini rossi comprende il Pinot Noir Californiano, allora lo si ordina e ci si gode il momento. Se è abbastanza buono per un cattivo di James Bond, è abbastanza buono anche per me.

L'arredamento era in quella finta, forzata autenticità che posti così trasudano con ostentazione. Non c'è nessun imbarazzo e nessuna pretesa che alla fine assomigli alla realtà, qualunque sia il tema che si sta cercando di proporre. Non fu il miglior pasto di un ristorante 'di catena' che avessi mai mangiato, né fu il peggiore. Avevo trovato il pesce un po' insipido, ma la cosa era stata più che compensata dall'eccellente vino e dalla mia continua curiosità sulla coppia al di là del corridoio: aveva iniziato a mangiare prima del mio arrivo e ancora si stava dando da fare con i budini quando me ne andai. Almeno si erano vicendevolmente trovati e condividevano un interesse sui 'problemi di salute'.

Me ne andai senza aver imparato nulla sull'Australia, o il suo entroterra.

Ritornato a *La Quinta*, mandai un email a Tommaso Fonte per confermare che lo avrei incontrato alle dieci del mattino come stabilito. Gli dissi che ero proprio dietro l'angolo, ancora in Illinois, ma ad un tiro di schioppo dal Wisconsin e Kenosha.

Ricevetti inoltre un'altra mail da Maria, da Reading in Pennsylvania, in cui mi informava dell'impossibilità di incontrarci nel fine settimana come previsto. Le complicazioni familiari di viaggio dopo il giorno del Ringraziamento ora escludevano sia il sabato che la domenica. Ero davvero molto deluso, ma almeno la domenica avrei potuto partecipare alla festa di compleanno della figlia di Anna Sculco.

Durante il mio soggiorno in America, Carolina (Bonocore) Ventrella mi aveva contattato per email dopo aver letto due dei miei libri ed in seguito scambiammo un certo numero di messaggi a proposito delle sue origini calabresi.

Da queste mail, mi era stato subito chiaro che la storia dei suoi genitori (e di come avevano finito per lasciare la loro casa di Marano Marchesato, vicino Cosenza) fosse molto più che affascinante: era semplicemente unica nel suo genere.

Carolina viveva e lavorava a Roselle, un sobborgo di Chicago e una zona dell'Illinois vicino alla quale ero passato dopo aver lasciato la famiglia Fragale a Lyons, lungo la strada verso il Wisconsin.

Nonostante già sapessi dell'impossibilità di incontrarci (anche dopo il mio viaggio nel Wisconsin) sentivo che valeva la pena di riuscire a conoscere qualcosa di più circa le origini calabresi di Carolina e registrarle insieme alle altre storie di questo libro.

Internet ha reso possibile questo capitolo virtuale ... forse Carolina ed io ci incontreremo in un'altra occasione.

L'UOMO CON LA CICATRICE SULLA FRONTE

Domandai a Carolina se il nonno paterno avesse una cicatrice sulla fronte. Mi rispose per e-mail dicendomi che pensava fosse così, ma che aveva bisogno di verificarlo con la madre. Inoltre mi chiese come facessi a saperlo. La risposta era semplice: il sito web di Ellis Island non solo aveva registrato la traversata di Enrico Marchese da Marano Marchesato in America, a bordo della *Madonna* nel marzo del 1920, ma anche i suoi tratti distintivi. Ed Enrico Marchese aveva una cicatrice sulla fronte.

Ovviamente quando il nonno era ancora vivo, Carolina era troppo piccola per ricordare dettagli del genere, ma sua madre, Carmela Morelli, la cui famiglia proveniva dalle vicinanze di Marano Principato, se lo ricordava bene e sapeva che la cicatrice era stata provocata da un incidente quando il nonno era stato nell'esercito. Carolina si chiese allora se non fosse per quello che il nonno indossava sempre un cappello in tutte le foto di famiglia.

Fino a quel momento Carolina non aveva ancora realizzato che Enrico Marchese fosse mai emigrato e fu ancora più sorpresa quando saltò fuori che era stato in America anche prima del marzo 1920, e ancora successivamente.

Ad ogni modo, sapeva che per parte materna, c'erano state diverse partenze e rientri dall'America, come quando nel 1907 il padre di Carmela, Gaetano, era andato a Chicago dove già viveva e lavorava il fratello più grande Raffaele; tre anni più tardi li aveva raggiunti l'altro fratello Eugenio.

Sia Raffaele che Gaetano erano rientrati a Marano, Eugenio invece era rimasto in America e alla fine si era trasferito a Kenosha nel Wisconsin. Ricordi di famiglia suggeriscono che Gaetano si era trovato coinvolto in controverse vicende sentimentali negli Stati Uniti ed aveva deciso che era arrivato il momento giusto per ritornare in Calabria, dove più tardi aveva sposato Angelina Savaglio. Anche il fratello maggiore, Raffaele, ritornò in Calabria, ma in seguito i due non ebbero più alcun rapporto. Se i problemi sentimentali di Gaetano in America abbiano in qualche modo coinvolto anche Raffaele, nessuno lo sa, ma successivamente i due furono fratelli solo di nome.

Sembra anche che Gaetano avesse portato con sé in Italia i suoi modi da dongiovanni e che fosse ritenuto un vero donnaiolo. Si diceva anche che avesse regalato ad alcune delle tante donne della sua vita alcuni preziosi oggetti della moglie Angelina, come lenzuola e gioielli. Lui ed Angelina ebbero una bambina, Carmela, la madre di Carolina; Gaetano morì quando Carmela aveva quattro anni.

Piccole ed unite comunità come quella di Marano Marchesato possono generare grette rivalità che qualche volta sfociano in vere e proprie vendette, molto più spesso accade che non ci si rivolga la parola, in alternativa a reazioni che sarebbero più violente. Le cause alla radice di tutto questo

La madre di Carolina, Carmela Morelli, e la madre di Carmela, Angelina Savaglio.

hanno quasi sempre a che fare con la terra e la sua proprietà. Carmela avrebbe dovuto ereditare una parte della proprietà terriera dei Morelli quando fosse diventata adulta, ma questo non accadde mai. Lo zio Raffaele, che aveva già "offerto" la sua indifferenza a sua madre dopo la morte del marito, alla fine convinse Angelina a vendergli quella terra ad un prezzo stracciato. La famiglia ebbe l'impressione che qualsiasi risentimento lui avesse provato nei confronti del fratello più giovane, lo avesse poi riversato sulla sua vedova e la figlia.

Così Carolina conosceva la storia della famiglia materna e le sue connessioni con l'America. Inoltre quando i suoi genitori erano emigrati negli anni Sessanta, suo zio Eugene (Eugenio) ancora viveva a Kenosha. Fu davvero una sorpresa per lei sapere che l'uomo con la cicatrice sulla fronte, il nonno paterno, Enrico Marchese, era anche lui emigrato, ma la storia era infinitamente più intrigante e complessa.

Ancora non eravamo arrivati al punto cruciale della storia, che Carolina già mi aveva conquistato con il suo protagonista principale, l'uomo con la cicatrice sulla fronte. Enrico Marchese era senza dubbio un personaggio unico nel suo genere. Scoprii che era emigrato nel marzo del 1920 e che sul manifesto di imbarco della *Madonna* aveva dichiarato di aver vissuto in America tra il 1905 ed il 1914. Questo mi spinse ad una vera e propria missione: ricostruire la cronologia dei suoi spostamenti, un percorso complesso che occupò buona parte del mio tempo libero per diversi giorni, fino a quando non ebbi finalmente la meglio sui suoi andirivieni tra il 1909 ed il 1924.

Nell'arco di questi quindici anni Enrico Marchese era emigrato a Chicago quattro volte: marzo 1909, marzo 1920, ottobre 1920 e giugno 1924.

Questo ciclo di partenze e ritorni era, già di per sé, curioso. Dopo aver trascorso cinque anni in America era ritornato in Italia proprio l'anno in cui molti altri non vedevano l'ora di andare nella direzione opposta.

Nel giugno del 1914, l'assassinio a Sarajevo in Serbia dell'arciduca Francesco Ferdinando d'Austria aveva innescato alleanze militari che, nell'arco di un mese, erano sfociate in un conflitto europeo di dimensioni globali. Nonostante l'Italia non avesse fatto il suo ingresso nel conflitto che nel 1915, molti avevano capito come si stavano mettendo le cose e si erano diretti ad ovest. Enrico invece era arrivato in Italia giusto in tempo per essere arruolato nell'esercito e per procurarsi quella cicatrice sulla fronte.

Nel 1920 ritornò in America per due volte. Quell'anno la *Madonna* percorse sette volte la rotta tra Marsiglia e New York via Napoli e in due di quelle occasioni Enrico Marchese si trovava a bordo. La ragione per cui era andato avanti e indietro rimane un mistero e ovviamente, doveva essere rientrato nuovamente in Calabria ancora altre volte, tra il 1920 ed il 1924.

Nell'ottobre del 1920 ed ancora nel 1924 aveva persino fornito come residenza Chicago e non la Calabria; sui manifesti di imbarco aveva dichiarato di essere sposato e che la moglie, Concetta Tombino (anche se le aveva attribuito il cognome Marchese in una sola occasione) viveva nel suo paese natale a Rende, non lontano da Marano. L'unica cosa che si sa per certo è che, non molto tempo dopo l'ultimo rientro di Enrico in Calabria, si era imbarcato in una relazione extra-coniugale con un'altra donna, anche lei sposata, Carolina Covelli ed uno dei risultati della loro relazione era stato il padre di Carolina Ventrella, Emilio.

Per Enrico e Carolina, entrambi sposati con altre persone, intraprendere una relazione di questo genere ed avere dei figli rappresentava, a quel tempo, un atto singolarmente coraggioso e che qualcuno avrebbe definito sconsiderato. Dovevano certamente sapere che le pressioni sociali e religiose del posto avrebbero reso loro la vita difficile così, pensai io, la loro relazione doveva essere stata davvero speciale. Pensai anche a Carolina Covelli e a quanto poco la famiglia di Carolina Ventrella la conoscesse, e mi chiedevo se era possibile che la cosa fosse correlata alla passione di Enrico di andarsene avanti e indietro per l'Atlantico. Forse, ne dedussi, i due si erano incontrati in America e Caterina Covelli era stata un'emigrante che, come Enrico, era ritornata alle sue origini calabresi.

La Princess Irene, sulla quale si imbarcò una delle Carolina Covelli menzionate.

Il sito web di Ellis Island mi chiamava.

La risposta era semplice e complessa insieme. Carolina Covelli era sbarcata in America nel dicembre del 1913 ... due volte. Stando a quanto registrato, una Carolina Covelli arrivò a New York diretta a Chicago il 18 dicembre, ma anche il 19 dicembre su due differenti navi, la *Principessa Irene* (che era salpata da Napoli il 5 dicembre) e l'*America* (partita da Napoli il 6 dicembre). Tutte e due le Carolina Covelli avevano ventiquattro anni, venivano dallo stesso paese ed il padre di entrambe si chiamava Gaspare; tutte e due si sarebbero fermate da un fratello chiamato Luigi al medesimo indirizzo, a *Forquer Street* (oggi *Arthington Street*) a Chicago.

Forquer Street correva parallela alla *Taylor Street,* l'originario fulcro della Little Italy di Chicago ed è questa la strada dove aveva abitato per qualche tempo Enrico Marchese; nelle sue due successive visite a Chicago nel 1920, si era fermato a vivere con il cugino Eugenio ad *Aberdeen Street* che correva tra la *Taylor* e la *Forquer*.

Tutto questo, dunque, suggerisce sia possibile che le strade di Enrico e Carolina si siano incrociate tra la fine del 1913 ed il 1914 quando vivevano nella stessa strada di Chicago o forse si erano incontrati più tardi nel 1920 quando Enrico era tornato a Chicago ed abitava nelle vicinanze di *Aberdeen Street*. Qualche volta, certamente, anche Carolina era ritornata in Calabria dove si era sposata e più tardi aveva dato alla luce i due figli illegittimi avuti da Enrico.

Niente di tutto ciò spiega perché ci fossero due giovani donne con lo stesso nome, e verosimilmente la stessa famiglia, su due diverse navi più o meno contemporaneamente. La sola ovvia differenza fra le due consisteva nel fatto che una fosse di qualche centimetro un po' più alta dell'altra. Questo rompicapo mi tenne sveglio per diverse notti senza che riuscissi a risolverlo. Tutto ciò che potevo fare era inventarmi delle ipotesi.

Per prima cosa controllai e ricontrollai ogni brandello di informazione contenuta sul sito di Ellis Island e non riuscii a trovare niente che cambiasse di una virgola i fatti come già descritti. Subito esclusi l'ipotesi che Gaspare e la moglie potessero aver avuto due figlie gemelle e fosse loro piaciuto così tanto il nome di Carolina da darlo ad entrambe. È pur vero che erano successe cose strane: mi ero imbattuto in una famiglia di immigrati che aveva chiamato il primogenito Primo, il secondogenito Secondo, il terzo Terzo, il quarto figlio Quarto ... e così via.

La sola spiegazione che riuscii a mettere insieme fu che la prima Carolina fosse quella originale: una giovane donna di ventiquattro anni che lasciava

Marano Marchesato e se ne andava verso una nuova vita con il fratello Luigi nella Little Italy di Chicago. La prima Carolina Covelli stava utilizzando la reale identità dell'altra e la sua documentazione per entrare in America. Il fatto che entrambe le donne avessero lasciato Napoli in giorni successivi non può essere una mera coincidenza. C'è una qualche prova indiziaria a supporto di questa teoria. Così come era usuale per una donna sola, la Carolina Covelli che era arrivata a bordo della *Principesse Irene* aveva viaggiato con altre persone provenienti dal suo stesso paese; in maniera del tutto insolita invece, quella che viaggiò a bordo dell'*America* compì la traversata da sola. In effetti sulla pagina del manifesto di imbarco dell'*America* che registra la sua traversata e sul quale compare una lista di trenta persone, ce n'è una sola proveniente dalla Calabria e tredici non sono neppure italiane.

Il fatto che una delle donne verosimilmente provenisse da Marano e l'altra da Marchesato suggerisce inoltre un certo collegamento. Ma quale fosse l'impostora e se abbia concepito questo sotterfugio da sola o facesse parte di una sorta di traffico di immigrati, probabilmente non lo sapremo mai. Forse entrambe avevano assunto una falsa identità e la vera Carolina Covelli non è mai emigrata.

L'unica certezza risiede nell'abitudine, di donne – e uomini – precedentemente deportati ed espulsi, cercare di rientrare in America e che qualcuno, per esempio, sfruttasse l'aiuto di un amico o di un parente nel comune di appartenenza. C'è una storia di questo genere a pagina 311.

Quello appena riportato è solo l'inizio del racconto di Carolina Ventrella, ma è un chiaro segno di come i suoi nonni, Enrico Marchese e Carolina Covelli, avessero condotto delle esistenze insolitamente vivaci, anche prima di dare inizio ad uno scandalo più vicino a casa.

———

Emilio e Giuseppe erano illegittimi ed entrambi nati dalla stessa coppia, Carolina Covelli ed Enrico Marchese. All'epoca Carolina ed Enrico erano sposati con altre persone e come e perché avessero scelto di diventare amanti e di avere dei figli insieme è una storia che i loro discendenti non hanno mai completamente compreso. Plausibilmente si incontrarono in America e proprio là diedero inizio alla loro relazione; anche in caso contrario, quasi certamente si conoscevano già prima di andare in America.

Quali siano state le circostanze, nel 1927 era stato concepito Emilio ed i suoi genitori, Carolina ed Enrico, avevano deciso di vivere la loro relazione alla luce del sole con il conseguente marchio di condanna che contraddistingueva quell'epoca. Tra la fine degli anni Venti e l'inizio degli anni Trenta, la parola divorzio era quasi sconosciuta (qualcuno potrebbe commentare che a quasi un secolo di distanza le cose in Italia non sono poi così tanto cambiate) e 'vivere nel peccato' non era il modo migliore per farsi degli amici e aver credito tra le persone. Pare che la famiglia di Carolina fosse più agiata di quella di Enrico e abbia mostrato la sua disapprovazione alla nuova unione diseredandola.

Il Comune del posto diede il suo contributo allo scandalo con la sua stessa scandalosa condotta e negò ad entrambi i ragazzi il cognome del padre, Marchese; al contrario, attribuì loro dei cognomi scelti a caso. Emilio, il maggiore, divenne Emilio Bonocore; Giuseppe fu Giuseppe Pianese. Bonocore infatti era un cognome del luogo abbastanza diffuso, mentre Pianese era un cognome molto più diffuso nella zona di Napoli.

Entrambi i ragazzi crebbero con addosso il marchio del disonore senza averne alcuna colpa e la comunità del posto, per così dire cristiana, non fu in genere incline a rendere loro la vita facile. Ma le cose andarono peggio prima che per loro la situazione potesse migliorare. Quando i ragazzi erano poco più che adolescenti la madre morì e così furono più o meno lasciati a cavarsela da soli. Addirittura gli altri membri della famiglia, che in genere evitavano i due fratelli, andarono a casa e portarono via il baule del corredo della madre, con il suo contenuto di coperte e lenzuola e quanto fosse servito per la casa.

Al di là della storia, a questo punto venne fuori un tipico racconto calabrese sulla superstizione, reminiscenza del malocchio, l'occhio cattivo di cui mi aveva raccontato Luigi Cubello. In base al racconto, chi aveva portato via il baule fu in seguito tormentato dal 'fantasma' di Carolina Covelli e da notturni suoni di colpi alla porta, fino a che non decisero di restituire il baule. Una cattiva coscienza, la chiamerei io.

Concetta Trombino, la moglie di Enrico, aveva sempre evitato i ragazzi e continuò a fare così anche dopo la morte della loro madre.

La vita portò i fratelli su strade diverse; c'era la guerra ed Emilio se ne andò al nord, per trascorrere un breve periodo nell'esercito e poi fermarsi a Pavia, dove fece apprendistato in una sartoria. E come sarto, nella Pavia del dopoguerra, guadagnò parecchio, prima di ritornare in Calabria negli anni Cinquanta.

Nel frattempo il fratello più giovane, Giuseppe, aveva trovato moglie ed essendo a corto di denaro, aveva chiesto ad Emilio di prestargli la cifra sufficiente per comprare un po' di terra da coltivare. Ma nel giro di pochi

Il battesimo di Carolina (Bonocore) Ventrella.
La bambina di due anni, siede sulle ginocchia della madrina; il bambino più piccolo a sinistra è il fratello maggiore di Carolina, Antonio. I genitori di Carolina, Carmela Morelli ed Emilio Bonocore sono in alto a sinistra e l'uomo con il cappello all'estrema destra è Enrico Marchese, l'uomo con la cicatrice sulla fronte.

anni le cose si erano capovolte. Emilio non se la passava così bene come sarto nella nativa Marano, invece Giuseppe aveva avuto successo nella vendita di frutta e verdura nel paese e dintorni.

Non si è mai saputo se Giuseppe avesse restituito ad Emilio il denaro che gli aveva prestato o se mai Emilio glielo avesse chiesto, comunque andarono le cose, questo non rappresentò mai un problema per i due fratelli. Anche Emilio si era ormai sposato e lui e Carmela Morelli avevano avuto due bambini, Carolina e Antonio ma, crescendo, la famiglia Bonocore trovava difficile arrivare a fine mese a Marano.

Quando nacque Carolina, la famiglia ebbe ancora un altro scontro con l'eccentrico Comune di Marano Marchesato. Era nata di domenica, ma l'ufficio anagrafe al Comune (dove vengono registrati nascite, matrimoni e decessi) era chiuso quel giorno. Il lunedì suo padre andò a registrare la nascita, ma il dipendente comunale insistette sul fatto che, poiché l'anagrafe era chiusa di domenica, la nascita della piccola Carolina sarebbe stata ufficialmente registrata come avvenuta di lunedì.

Ogni anno Carolina e la sua famiglia celebravano due compleanni, quello vero e, un giorno più tardi, quello ufficiale, riportato su tutti i suoi documenti.

Come abbiamo visto, la famiglia della madre di Carolina, Carmela Morelli, veniva dalla zona vicina a Marano Marchesato e aveva avuto una storia di emigrazione negli Stati Uniti datata al 1907, quando il padre di Carmela, Gaetano Morelli era andato a Chicago solo per diventare uno dei tanti italiani 'ritornati' quando si era ristabilito in Calabria.

È quindi probabile che, come per altre famiglie che ho incontrato, parlare di emigrazione e di una vita 'altrove' fosse una normale parte dell'educazione di Carmela. E come appare chiaro adesso, fu anche parte dell'eredità di Emilio, nonostante alla fine non è certo di cosa ne sapesse. Fino a che non cominciai a scavare un po' nel sito web di Ellis Island, né Carolina Ventrella, né la sua famiglia allargata in Calabria sapevano che il nonno, il padre di Emilio, fosse emigrato più volte e più volte era ritornato.

Così quando le cose cominciarono a diventare economicamente difficili per la famiglia Bonocore, non fu chissà quale enorme salto mentale per Carmela ed Emilio parlare di emigrazione, nella speranza di poter assicurare un futuro migliore ai loro figli. La loro considerazione per la città di Chicago come meta è un indizio del fatto che forse Emilio era a conoscenza del legame del padre con questa città. Del resto anche il padre di Carmela aveva vissuto lì e suo zio Eugene (Eugenio) era rimasto in America quando i fratelli erano rientrati in Calabria. Ma Eugene adesso viveva nel Wisconsin.

I piani della famiglia presero corpo alla fine del 1963 quando Emilio partì per Chicago. Per ironia della sorte fu aiutato dal cugino di Carmela, Luigi Morelli, il figlio dello zio Raffaele che aveva fatto soffrire così tanto la madre di Carmela trenta anni prima. La missione di Emilio era trovare un lavoro remunerativo e un appartamento, prima che il resto della famiglia potesse raggiungerlo in America. Carolina ricorda come, anche se aveva solo tre anni e mezzo, avesse avvertito che suo padre la stava lasciando per sempre ed anche di aver provato a nascondergli le valigie, troppo pesanti perché riuscisse a spostarle. Si era sentita abbandonata, ma non c'era nessun bisogno di spaventarsi – poco più di sei mesi più tardi lei, suo fratello Antonio e la madre Carmela avevano fatto le valigie, pronti a lasciare la natia Calabria.

Per la piccola Carolina questo distacco fu un'esperienza traumatica. Pianse disperatamente, così come il nonno Enrico Marchese mentre, in piedi al binario della stazione di Cosenza, diceva addio alla famiglia del figlio. Lei in quel momento non poteva saperlo, ma l'uomo in piedi al binario aveva

La famiglia Bonocore nel 1963 e nel 1964.
l'ultima foto in Calabria e la prima a Chicago.

già fatto esperienza di quelle stesse emozioni in quattro diverse occasioni.

Carolina non rivide più il nonno.

Emilio aveva trovato un alloggio a *Taylor Street* nella Little Italy e velocemente anche un impiego nella *Britanny Limited*, sartoria e confezioni di prestigiosa fattura sulla *Michigan Avenue*, il cosiddetto *Magnificent Mile*.

Carolina è sicura di un fatto: suo padre non seppe mai di aver trovato una casa per la sua sua famiglia ad un solo isolato di distanza da dove il padre, Enrico, aveva vissuto quarant'anni prima.

———

Nei primi anni Sessanta, due fratelli con una comune e complessa eredità si erano ritrovati a vivere situazioni economiche diametralmente opposte nella loro nativa Calabria. Ma Emilio, uomo saggio capace di leggere e scrivere, aveva consapevolezza delle sue competenze che forse avrebbero potuto non fruttare molto a Marano Marchesato, ma certamente sarebbero state molto più richieste nella Chicago elegante e dinamica degli anni Sessanta; ed era stata questa la direzione che aveva preso. Sapeva anche, prendendo una decisione così importante, di potersi mettere finalmente alle spalle "i dardi dell' oltraggiosa fortuna" che avevano perseguitato la sua giovane esistenza nonostante non ne avesse alcuna colpa. In ogni senso, stava ricominciando tutto da capo.

A Chicago la famiglia Bonocore si arricchì. Nel giro di due anni vi si aggiunse un nuovo membro, Maria, la sorella di Carolina, nata non molto tempo dopo che la famiglia aveva dispiegato le ali ed era andata via da Little Italy.

Nel 1980 Emilio diventò un cittadino americano; Carmela al contrario non ha mai preso la cittadinanza. Tutti e due hanno imparato a parlare inglese, ma mai con scioltezza. Emilio aveva un problema di udito e lavorava con altri italiani, così anche Carmela la quale, anche se aveva assimilato meglio la lingua, oggi mantiene il suo accento calabrese. A metà degli anni Ottanta, Emilio e Carmela sono ritornati insieme a Marano Marchesato per far visita alla loro famiglia: Emilio e suo fratello Giuseppe hanno per l'ultima volta condiviso del vino fatto in casa e i ricordi della loro infanzia.

Diversamente dai suoi fratelli, Carolina Ventrella adesso vive a Chicago, ed è una ragioniera ed un'esperta di vini part-time che nutre una vera e propria passione per le sue radici calabresi. E questa passione è così forte da farle mancare la Calabria così tanto da fare male a volte, lo posso avvertire chiaramente. È come se, molto spesso, il ricordo della sua infanzia, quel giorno sul binario della stazione di Cosenza, si riproponesse agli occhi della sua mente.

Ovviamente, sentire così tanto la mancanza della Calabria non la rende cieca sul fatto di essere ormai americana così come lo è anche la sua famiglia. Sa anche che sua madre, la quale ancora vive a Chicago, è un'eccezione e, a dispetto dell'aver lavorato e vissuto in questa città per gran parte della sua vita, rimane una calabrese vecchio stampo, intrappolata nella curva spazio-temporale di un'esistenza trascorsa in un altro luogo. Carolina mantiene continuamente i rapporti con le famiglie dei suoi genitori, ormai non più intrappolate nella mentalità dello stigma sociale di scandali e vendette e, quasi ogni anno, ritorna in Calabria per far loro visita, per ricaricarsi.

Non molto tempo dopo la prima volta che ci eravamo scambiati delle e-mail, Carolina mi mandò una poesia scritta da lei. I suoi sentimenti parlano da soli.

Marano Marchesato, estate 2010: Michael Ventrella (figlio di Carolina), Carolina (Bonocore) Ventrella, Lina (Pianese) Ferrara (la vedova del fratello di Emilio, Giuseppe) e Carmela (Bonocore) Morelli, madre di Carolina.

ITALIA – TERRA DEI GIRASOLI

È passato così tanto tempo da quando ho sentito il calore del tuo sole sul mio viso; così tanto tempo da quando le mie lacrime ti hanno toccato, terra in cui sono nata.

Festeggerò molto presto il mio cinquantesimo compleanno; come avrei amato festeggiarlo sotto le stelle e la luna della Calabria.

Non importa quanto io possa essere lontana, tu sarai per sempre nel mio cuore; non importano gli anni e la distanza che ci hanno separati.

Ricordati di me, della piccola ragazza che prendeva il treno dalla Calabria a Roma; si, sapevo che stavo dicendo addio alla mia casa.

Fugaci ricordi dell'oceano, montagne ed un cielo azzurro terso; gettando baci al vento e pronunciando un ultimo lungo e distante addio.

Gli anni sono passati e i tuoi ricordi sono sparpagliati nel mio cuore così vividi; come raggi di sole su un campo di girasoli, se ne può sentire il calore e la luce.

È nel mio cuore per sempre e per sempre possa restare una parte di me, che nessuno possa portarmi via; perché nel mio cuore so che, nel viaggio chiamato vita, un giorno io tornerò.

Ciao Italia ancora per un po'. Ti vedrò ancora e tu mi abbraccerai e mi sentirò completa; e riempirai quel vuoto nella parte più profonda della mia anima.

Aspetto con ansia il prossimo viaggio di Carolina da queste parti per poterla finalmente incontrare, bere insieme un paio di bicchieri di rosso vino calabrese e per ringraziarla di persona per aver condiviso con me la storia dell'uomo che aveva una cicatrice sulla fronte.

POSCRITTO

Nel 2016, in un sabato di giugno di cui non ricordo la data esatta, rientrai in Calabria da un breve viaggio in Irlanda. Arrivato a casa, apro le finestre, mi cambio e nel giro di un paio d'ore sono ancora una volta in viaggio in direzione di Marano Marchesato per incontrare Lina Ventrella e la sua amica Linda. Per me e per Lina è un'occasione emozionante incontrarsi finalmente in terra calabrese e conoscere la vedova del defunto zio Giuseppe ed i suoi tanti cugini.

Il giorno dopo andiamo in macchina a Santa Severina e quella sera Lina è l'ospite d'onore di una piccola festa nel giardino di amici. Alla fine la storia della straordinaria famiglia di Lina è semplicemente parte di un capitolo virtuale; alla fine sto condividendo cibo, vino, amici e risate calabresi con la Lina Ventrella in carne e ossa.

La mia amica Vicki mi aveva inviato una mail da Roccabernarda non molto tempo dopo il mio arrivo in America. Sapeva che stavo per far visita a Tommaso Fonte (in effetti lei aveva avuto una parte determinante in questo incontro) e voleva sapere se Tommaso conoscesse la famiglia Piro a Kenosha.

Il marito di Vicki fa parte della famiglia Piro e, qualche anno prima, aveva provato a far loro visita a Kenosha, ma senza riuscirvi.

Tommaso mi rispose di conoscere la famiglia Piro e che aveva organizzato per me una breve visita da loro il giorno prima del Ringraziamento (che avrei trascorso con Tommaso e la sua famiglia).

Escluso il legame con il marito di Vicki, Pasqualino, e con i suoi meravigliosi genitori, Salvatore e Caterina, non sapevo assolutamente nulla di questo ramo della famiglia Piro.

Dal paradiso all'inferno

Con l'aiuto della 'voce' arrivai a Kenosha in orario. Tommaso Fonte si stava dedicando un po' al giardino mentre aspettava il mio arrivo. Dopo i saluti di rito, entrai in casa per incontrare la moglie Lucy e depositare i miei poveri averi al sicuro, al piano di sopra, nella camera degli ospiti (che sarebbe stata la mia casa per due notti) prima di metterci in viaggio per andare a far visita alla famiglia Piro.

Ero a conoscenza di due sole informazioni: venivano da Roccabernarda, un piccolo paese in collina a circa undici, dodici chilometri a sud-ovest di Santa Severina; avevano qualche legame alla lontana con la famiglia che conoscevo a Roccabernarda con lo *stesso* cognome. Non sapevo assolutamente nient'altro di questa famiglia Piro. Durante il tragitto Tommaso (il quale mi chiese di chiamarlo Tom) mi disse di ritenere che la famiglia Piro fosse emigrata negli anni Sessanta; Tom inoltre mi fece esercitare su come dovessi pronunciare il nome del capo famiglia, Ippolito Piro.

Riflettendoci meglio, non è proprio esatto dire che non ne sapessi niente … dopo tutto, la famiglia era calabro-americana ed ero abbastanza sicuro di sapere ciò che, tempo al tempo, sarebbe successo di lì a poco.

Ci accolse uno dei figli di Ippolito, Angelo, anche se di fatto Tom me lo presentò come Johnny, come lo aveva sempre chiamato. Una volta entrati mi presentarono Ippolito, la moglie Domenica ed il fratello di Angelo, Ralph.

Il mio presentimento circa quanto sarebbe accaduto trovò conferma quando tutti prendemmo posto attorno ad una grande *tavola* per metà imbandita … una tavola che, era chiaro, voleva dire 'qui si fa sul serio'. Gli italiani hanno un modo tutto loro per distinguere l'oggetto in sé come parte

La famiglia Piro ed alcuni amici alla fine degli anni Trenta.
La donna a sinistra con il bambino in braccio è Anastasia Vaccaro, la madre di Ippolito.
Ippolito è il bambino più grande a sinistra. In alto a destra Domenica Rosa che più tardi
diventerà la moglie di Ippolito.

dell'arredamento, e un tavolo preparato per mangiare, *la tavola*. Quella intorno alla quale eravamo seduti noi era una *tavola*.

Ma non era ancora arrivato il momento di pranzare. Infatti, stavo ancora spiegando perché mi trovassi lì e quale genere di cose fossi interessato a scoprire, un'operazione inedita fino a quel momento, poiché, normalmente, avevo contattato le famiglie prima di lasciare la Calabria.

Così cominciammo dall'inizio.

Non fu una sorpresa per me sapere che, anche se Ippolito era emigrato nel 1965, una generazione prima altri membri della famiglia avevano, per così dire, saggiato l'oceano. Ma questa non era la solita vecchia storia: questa in particolare, aveva un nuovo elemento, incarnato nella persona dell'energica madre di Ippolito, Anastasia.

Nel 1905 il diciottenne Francesco Vaccaro aveva lasciato Roccabernarda e si era diretto negli Stati Uniti. La sua destinazione finale era Kenosha, dove cominciò a lavorare nella produzione di letti.

Nel 1913 anche Francesco Piro, all'epoca diciannovenne, anche lui di Roccabernarda, era emigrato ed anche lui era andato a finire a Kenosha, dove viveva e lavorava il cugino Raffaele.

Probabilmente le famiglie si conoscevano dal momento che, come Santa Severina, Roccabernarda è un piccolo paese, quel genere di posto in cui tutti conoscono tutti. Così non ci si deve sorprendere se all'epoca, intorno al 1920, Francesco Piro fosse diventato un inquilino della famiglia dei Vaccaro a Kenosha.

Intanto Francesco Vaccaro si era sposato ed aveva americanizzato il suo nome … non in Frank, come ci si sarebbe aspettato, ma in Guy. Una scelta curiosa (non si trattava di un tipico nome americano, anche se probabilmente era una parola che Francesco aveva sentito moltissime volte).

Alla fine degli anni Venti, Francesco Piro ritornò in Calabria per corteggiare e sposare Anastasia Vaccaro, la sorella del suo padrone di casa 'Guy' Vaccaro e sembra che la loro unione fosse stata organizzata tra le due famiglie a Roccabernarda. Si sposarono nel 1927.

Era probabile che, nella sua testa, Francesco si aspettasse di rientrare in America, a Kenosha e al suo lavoro come impiegato nella fabbrica di letti da Simmons dove, pare, sovrintendesse alle matite utilizzate nella fase di progettazione. Aveva trascorso in America quasi metà della sua vita e si era persino arruolato quando l'esercito degli Stati Uniti aveva avuto bisogno di interpreti durante la Prima Guerra Mondiale. Senza dubbio si sentiva molto più americano che calabrese.

Ma Anastasia non fu per nulla impressionata dai racconti di questo glorioso nuovo mondo di cui Francesco le parlava con così tanto entusiasmo e puntò i piedi, irremovibile. Questo capovolgersi degli eventi deve aver colto Francesco di sorpresa: anche se Anastasia non era mai stata negli Stati Uniti, oltre al fratello Guy, c'erano molti altri membri della famiglia Vaccaro di Roccabernarda che vivevano e lavoravano nella zona di Kenosha. Anastasia non volle cambiare idea ed il progetto di Francesco di dare inizio ad una nuova famiglia in America venne accantonato. Per quanto Francesco le avesse tentate tutte, questa signora non era fatta per i cambiamenti; in nessun modo avrebbe potuto andare in America, in nessun modo avrebbe potuto lasciare i suoi genitori e la sua famiglia. Così Francesco fu costretto a rassegnarsi alla realtà: questo ramo della famiglia Piro, che avrebbe incluso anche il giovane Ippolito, sarebbe nato e cresciuto a Roccabernarda.

Francesco aveva guadagnato denaro americano a sufficienza per comprare del terreno sia in paese che nelle sue vicinanze e vi fece crescere ulivi, aranci, alberi di fichi, peri e, ovviamente, delle viti e così divenne più ricco di molti dei suoi paesani.

Nonostante ciò, Francesco conservava un forte legame con gli Stati Uniti e parlava dell'America ai suoi figli, tanto da dimostrare il suo amore per quel paese, l'orgoglio di essere un cittadino americano e la tristezza provata per non essere tornato.

Forse ancora gli rimaneva un briciolo di speranza, la speranza di poter davvero, un giorno, tornare indietro; dopo tutto, aveva servito nell'esercito e avrebbe potuto passare la cittadinanza ai suoi figli. Così quando si arrivò al secondo conflitto mondiale, non fu una sorpresa che Francesco giurasse lealtà all'America anziché all'Italia di Mussolini; aveva sempre pensato che l'Italia avesse fatto la scelta sbagliata e si fosse schierata con l'asse sbagliato.

Per il padre di Ippolito deve essere stata un'esperienza sconfortante … dover rassegnarsi non solo ad un completo stravolgimento dei suoi programmi, ma anche sostituire la vita che aveva immaginato a Kenosha con un'esistenza meno vivace nel paese di Roccabernarda.

Fu davvero sorprendente come alcuni di questi affezionati ricordi del sogno americano passassero al figlio maggiore Ippolito, e che, alla fine, seguire le orme del padre e andare in America diventasse il sogno di Ippolito.

Era il 1965 quando Ippolito e Domenica decisero di spiccare il volo e attraversare l'Atlantico. Dopo tutto, come suo padre, Ippolito era un cittadino americano e sarebbe stato da ingrati non approfittare di questa fortuna.

Siccome si avvicinava l'ora di pranzo, Angelo andava su e giù per controllare cosa stesse succedendo in cucina, al piano di sotto. Sua madre non riusciva più a salire le scale e così lui aveva assunto il ruolo di chef, ma per tutto il tempo, cercò di bilanciare queste incombenze con il profondo interesse per la storia della sua famiglia.

Prima di procedere nella storia, per tranquillizzarmi, avevo bisogno di capire l'esatta relazione tra Salvatore Piro (suocero della mia amica Vicki) conosciuto a Roccabernarda e l'Ippolito che sedeva vicino a me a Kenosha.

La questione era, in realtà, molto più chiara (e molto più diretta) di quanto mi aspettassi: il padre di Ippolito, Francesco Piro era cugino di primo grado del nonno di Salvatore Piro, chiamato anche lui Francesco Piro.

Risolto questo piccolo enigma, parlammo della vita della famiglia prima del 1965, prima che venissero a Kenosha.

Ippolito e Domenica si conoscevano da una vita. Mi fu mostrata una foto scattata nei primi anni Quaranta in cui Ippolito aveva circa nove anni e Domenica quattro. All'epoca agli angoli opposti della foto, dal 1957 marito e moglie.

All'inizio degli anni Sessanta avevano avuto due figli, Francesco e Anastasia ed Ippolito lavorava lontano da casa. C'è stato un periodo in cui gli italiani del Sud riuscivano a trovare lavoro al nord Italia ed era stato nella zona di Milano che Ippolito ed altri provenienti da Roccabernarda avevano trovato lavoro nella costruzione dei nuovi ponti autostradali.

Era un lavoro sicuro e ben pagato ed ogni settimana Ippolito mandava degli assegni a Domenica a Roccabernarda. Domenica non era proprio certa di cosa farsene, non immaginava che avrebbe potuto convertirli in denaro contante, così, settimana dopo settimana, la pila di assegni non incassati diventava sempre più alta nel cassetto in cui li conservava.

Chiaramente Domenica era una donna piena di risorse, cresceva i suoi due figli con il denaro che riusciva a guadagnare con ciò che produceva con i suoi animali e la sua terra ... Angelo mi disse che, più tardi, mi avrebbe mostrato in quale modo la sua famiglia avesse mantenuto questa abitudine.

Così quando Ippolito era rientrato da Milano, aveva scoperto di avere molto più denaro di quanto si fosse mai aspettato ... forse fu proprio questa ritrovata agiatezza a rendere possibile la decisione di emigrare in America, un posto che, crescendo, aveva amato grazie alle storie di seconda mano di suo padre, un posto di cui era cittadino.

Nel 1963 venne alla luce la loro terza figlia Rosa e due anni più tardi, su una nave, Ippolito si dirigeva negli Stati Uniti. Domenica rimase a

Roccabernarda dove lavorava in una fattoria e nel 1967 con i suoi tre figli anche lei volò in America per riunirsi ad Ippolito a Kenosha.

Fino a poche settimane prima, non avevo mai sentito parlare di Kenosha, così chiesi che cosa avesse portato qui così tanti italiani ed in particolare così tanta gente da un paesino italiano piccolo come Roccabernarda. Ovviamente la risposta era semplice: il lavoro li aveva condotti qui così come la comunità che fondarono. Ma diversamente da Cicero e Schenectady, a Kenosha non c'era una sola grande azienda; vi erano piuttosto un certo numero di fabbriche, tra cui alcune automobilistiche, nell'angolo sud est del Wisconsin, tra Chicago e Milwaukee. La tradizione della frequentazione dei rocchisani a Kenosha era quella in cui Francesco si era inserito nel 1913 e quella da cui suo figlio trasse vantaggio più di cinquant'anni più tardi. Detto questo, per due anni, prima che Domenica ed i suoi figli lo raggiungessero, Ippolito aveva lavorato e abitato nelle vicinanze di Racine.

Ippolito ricordava con scarso entusiasmo i primi sei anni trascorsi in America e mi disse: "Sono stati un inferno!". E come a sottolinearlo, ribadì: "Avevamo lasciato il paradiso per l'inferno".

Scene di vita dalla fattoria in cui Domenica spennava oche e galline. Con lei ci sono tre dei bambini Piro, Rosa, Frank e Anastasia.

Uno dei principali problemi era stato quello di non avere parenti stretti nella zona. Nonostante la sorella di Ippolito, Maria Piro, fosse venuta in America, all'incirca nello stesso periodo con il marito Tommaso Bonofiglio, vi erano rimasti solo per poco tempo. Come Ippolito, Maria aveva la cittadinanza, ma Tommaso non si era abituato alle otto ore di lavoro quotidiano ed era irremovibile: voleva ritornare in Calabria. Per Anastasia, l'effetto fu devastante: Ippolito lavorava duramente e rimaneva fuori casa per tutto il giorno, così si sentiva particolarmente isolata.

All'inizio vivevano sopra un garage, in un'azienda agricola ed erano molte le volte in cui il sogno di cui Francesco aveva parlato con così tanto entusiasmo appariva loro una realtà lontana e sbiadita. Per i primi anni, Ippolito era andato a lavorare a Belle City, percorrendo ogni giorno a piedi circa otto chilometri prima di riuscire a trovare un lavoro più vicino a casa, presso la *American Brass*, a Kenosha. Fu proprio lavorando qui che ritrovò un caro amico di Roccabernarda, Tommaso Fonte.

Anastasia lavorava nell'azienda agricola e non faceva altro che spennare oche e galline. Mi disse di aver pensato, quasi ogni giorno, di aver fatto un terribile sbaglio e si chiedeva perché avessero barattato la campagna calabrese, gli amici e la famiglia per tutto questo. Ma si attaccava a ciò che le faceva intravedere dei miglioramenti e, a dispetto delle avversità, era ancora convinta di aver fatto bene e che, alla fine, quella si sarebbe rivelata la scelta migliore per la sua famiglia.

Ippolito e Domenica sono state le prime persone che abbia incontrato ad essere così sincere su quanto sia stato difficile il loro primo periodo in America. Gli altri forse avevano pensato ai loro primi mesi e anni selezionando solo i momenti buoni, mentre la famiglia Piro ricordava, in modo vivido, quanto fosse stato difficile per loro.

Con il passare del tempo avevano cominciato a comprendere che il Sogno Americano si pagava a caro prezzo, non era qualcosa che si realizzava semplicemente quando mettevi i piedi in America. Dovevi lavorare per quel sogno, dovevi assorbire una nuova cultura e imparare una nuova lingua … nessuna di queste cose era semplice quando non avevi il sostegno di un'altra famiglia o di amici dietro l'angolo.

Ma le cose andarono meglio e nel 1970 riuscirono ad acquistare una casa a Kenosha, la stessa dove eravamo tutti seduti in attesa, mentre Angelo faceva le sue magie in cucina, fino a che non comparve con qualcos'altro da aggiungere alla tavola.

A poco a poco Ippolito e Domenica avevano cominciato a capire che in America sarebbero stati meglio di quanto lo sarebbero stati se fossero tornati indietro in Calabria … potevano vedere i frutti delle loro fatiche tutt'intorno a loro, a casa, in famiglia. Sedere a tavola con loro e con due dei loro figli mi ha insegnato cosa sia l'umiltà e mi ha fatto sentire grato per tutto ciò che ho avuto. Potevo vedere la determinazione che ancora mostravano, scolpita sui loro volti consumati dalla fatica. Era chiaro come ci fossero stati tempi in cui la loro esistenza in America li aveva portati verso un abisso, ma la loro risolutezza li aveva risospinti indietro e li aveva aiutati ad andare oltre.

Era ormai arrivato il momento di cambiare argomento e il miglior modo per farlo è sedersi attorno ad una tavola calabro-americana, che ormai l'energico Angelo stava per completare. Per la prima volta in un'occasione del genere, non incombeva su di me l'incubo di dovermi moderare nel bere per poi riuscire a guidare la mia auto. Tom era il mio migliore autista, nonché l'unico a disposizione, ed ero libero di gustarmi il fantastico vino rosso della famiglia Piro.

Ippolito mi chiese della vendemmia in Calabria. Voleva sapere se avessi anch'io partecipato a quel magico rito lo scorso settembre. Gli spiegai come, non solo vi partecipassi, ma che ogni anno facevo del mio meglio quale membro della squadra di aiutanti di Aurelio Gerardi e, terminato il lavoro, tutti noi (mariti, mogli, bambini e lavoranti) ci sedevamo intorno ad un tavolo, pranzavamo al fresco e bevevamo il prodotto rimasto dalle fatiche dell'anno precedente. Purtroppo, la musica ed il ballo dopo pranzo, una tipicità di questa occasione quando Ippolito era ragazzo, al giorno d'oggi sono un'eccezione più che la regola.

Gli parlai dei suoni e dei profumi di Santa Severina … il suono di ruote sull'acciottolato quando l'Ape tre ruote e i camioncini contrattano i loro preziosi carichi per le stradine strette ed il soffocante aroma del mosto messo a fermentare, che gocciola sotto le porte di ogni magazzino in paese. Ad Ippolito, chiaramente, il mio racconto riportò alla mente affezionati ricordi e Angelo promise che, dopo aver mangiato, avremmo fatto un salto al piano di sotto e dato un'occhiata al magazzino dei Piro e alla sua americana abbondanza.

Persino Tom Fonte era rimasto sbalordito dal banchetto, che cominciava a riempire ogni centimetro quadrato della tavola (Tom aveva informato Ippolito e Domenica della mia visita solo qualche giorno prima). Grazie a Dio non avevano avuto il tempo di organizzare niente di speciale!

Trattandosi di una tavola calabrese, c'erano diverse portate tra cui ravioli al formaggio, soppressata, capocollo, olive e pasta con le polpette, seguite da ciambelle, torta al cioccolato fatta in casa e la *pitta ccu passuli*, dolce invernale con uvetta, noci e miele, una sorta di *baklava* che, una settimana prima, era saltato fuori nella mia conversazione con la famiglia Sculco.

Angelo la chiamava *pitta ccu oggliu*, ma si trattava dello stesso dolce e ovviamente, e dal momento che i dialetti calabresi sono quello che sono, non ci si deve sorprendere se si trovano molti diversi nomi per indicare la stessa cosa (a Roccabernarda è anche chiamata *pitta 'nchiusa*).

Ero grato del fatto che alla fine qualcuno, inconsapevolmente, mi avesse dato l'opportunità di scrivere qualcosa sulla crudele *pitta ccu passuli*, una cara, carissima amica dei dentisti in Calabria. Veramente per molto tempo sono stato convinto che alcune ricette di questo dolce fossero state escogitate dall'associazione dentisti come un espediente per far soldi.

La *pitta ccu passuli* è uno di quei piatti calabresi, come la pasta al forno, di cui esistono tante ricette, ingredienti segreti e tecniche speciali quante sono le famiglie calabresi. Nel periodo di Natale, molte famiglie producono una quantità esagerata di questa roba e, ovviamente, la condividono con i loro amici, amici come noi, ad esempio. Il risultato finale può collocarsi su qualsiasi gradino in una scala di sapori che va dal 'deliziosamente succulento e aromatico' al 'perfetto fermaporta'. Sfortunatamente, o che avvenga per caso, o per un piano ben preciso, la maggior parte di questi dolci sembra gravitare verso l'ultima posizione della scala.

Avendo provato, nel corso degli anni, innumerevoli interpretazioni della *pitta ccu passuli*, ne ho assaggiate solo tre che posso onestamente dire mi siano piaciute. I loro creatori rimangono anonimi, ma loro sanno di chi sto parlando; una di questi ha fatto il dolce per la prima volta nella sua vita lo scorso Natale e l'ho trovato assolutamente fantastico (spero solo non sia stato un caso). Ne sono stato così entusiasta che ne avrò piena certezza solo l'anno prossimo.

E adesso la famiglia Piro mi dava l'opportunità di aggiungere un quarto nome alla lista …. senza dubbio non si trattava del genere 'fermaporta'.

———

Con un banchetto di questo tipo, suppongo sia stato inevitabile riportare la conversazione ai tempi delle vacche magre, quando le cose non andavano così bene. Domenica ricordava che, dal suo punto di vista, il cambiamento era stato graduale: una parte di lei avrebbe voluto tornare in Calabria, ma, con il passare del tempo, si era resa conto che la vita in America fosse migliore di quella della sua famiglia a Roccabernarda. Condivideva i suoi racconti con loro e realizzò che la sua controparte in Calabria non aveva lo stesso accesso a cose a lei, invece, garantite, come il telefono in casa e qualche volta persino i francobolli. Anche in una comunità rurale come quella di Roccabernarda, un bene di prima necessità come il latte poteva essere un grattacapo da dover risolvere ogni giorno: in America tutti i negozi vendevano latte. Per ironia della sorte, gli ingredienti per un piatto tradizionale calabrese come la *pitta ccu passuli* erano probabilmente molto più reperibili in un qualsiasi negozio di alimentari in America e non a casa, in Calabria.

Quando Domenica aveva cominciato a vedere e a capire le cose da una prospettiva più ampia, l'America diventò sempre di più l'opzione migliore

Il magazzino americano della famiglia Piro in tutta la sua abbondanza.

per lei e per la sua famiglia che, nel frattempo, si allargava. Anche se sentiva la mancanza della sua famiglia in Calabria, adesso lei ed Ippolito dovevano tenere in considerazione la propria famiglia e quanto crescere in America avrebbe avvantaggiato tutti.

Angelo era in splendida forma. Aveva appena compiuto i suoi doveri come chef e capo cameriere che si trasformò nel custode dell'archivio di famiglia e cominciò a condividere con me alcune delle foto della loro storia. Detto questo, all'incirca tra il capo cameriere e l'archivista diventò, solo per pochi istanti, maestro delle cerimonie e mi diede un regalo per la festa del Ringraziamento che mi lasciò completamente sbalordito. In effetti si trattava di 'regali' ... una cravatta musicale natalizia ed una bella e calda sciarpa invernale.

Dopo che l'archivista capo ebbe terminato la sua opera diventò, in un istante, una guida turistica e, come promesso, scendemmo prima nella cucina e poi nel sancta sanctorum: il magazzino calabrese. Qui c'erano scaffali in cui era conservata tutta la frutta e la verdura che ci si sarebbe aspettati di trovare in qualsiasi magazzino che si rispetti di Roccabernarda, Strongoli o Santa Severina – passata, zucchine, peperoni dolci (la varietà corno di toro), fichi, pesche, olive e ovviamente uva. E quale modo migliore c'è per conservare l'uva se non sotto forma di vino rosso? Damigiane su damigiane di corposo vino rosso. Non tutti in Calabria possiedono delle viti, men che meno in America, ma i Piro potevano ancora fare la loro personale vendemmia, comprando i grappoli d'uva per poi fare il vino a casa, come se li avessero fatti crescere nel loro giardino. È quello che la maggior parte delle famiglie calabresi faceva (e fa ancora) in America; è quello che molte famiglie senza un proprio pezzetto di terra devono fare in Calabria.

Qui, negli *States*, famiglie come quella dei Piro avevano elaborato la loro variante americana dell'antipasto giardiniera, in genere in Calabria composta da sedano, zucchine, carote e cavolfiore. Quella del nord America ha due versioni, una piccante con peperoni ed una senza, più dolce e spesso conservata in olio anziché aceto.

Fissavo a bocca aperta questa vera e propria grotta del tesoro, la varietà dei cibi conservati ed il modo in cui tutto era simile a ciò a cui ero abituato in Calabria. Attraverso un'altra porta sbucammo all'esterno ed effettuammo una rapida perlustrazione della casa e del suo piccolo e generoso giardino. Ci fermammo vicino alla palizzata sul davanti per porgere i nostri omaggi ad una pianta di pomodoro in particolare, una pianta che non avrebbe dovuto trovarsi lì: si era auto seminata ed era cresciuta vigorosa quella stagione,

Ippolito Piro e Domenica Rosa con una foto davvero speciale della loro infanzia.

Ippolito e Domenica alla tavola dei Piro con Ralph (a sinistra), presentatore in una locale stazione televisiva ed Angelo, che lavora nel settore medico.

tanto da essersi fatta strada attraverso una fessura nel cemento. Quell'estate questa pianta aveva superato se stessa, producendo molti più pomodori di qualsiasi altra. Inoltre, Angelo mi assicurò, pomodori più saporiti di qualsiasi altro.

La sua lotta per sopravvivere e dare frutti in un ambiente ostile mi fece pensare alla famiglia Piro e alla storia che avevo ascoltato quel giorno.

Ippolito e Domenica non avevano avuto vita facile, ma erano rimasti concentrati sulla meta e avevano mostrato dell'autentico coraggio per resistere alla tentazione di arrendersi e tornare in Calabria, come avevano fatto così tanto tempo prima, Maria, la sorella di Ippolito ed il cognato Tommaso.

È stato per me un onore aver incontrato Ippolito Piro e Domenica Rosa e aver pranzato alla loro generosa tavola.

La mia amica americana Vicki Kelly, che vive a Roccabernarda, è stata la prima persona ad avermi fatto il nome di Tommaso Fonte. Tommaso, originario di Roccabernarda, vive a Kenosha nel Wisconsin ed aveva contattato Vicki, una volta, quando aveva fatto visita alla sua famiglia in Calabria.

Vicki aveva poi chiamato Tommaso, per conto mio e gli aveva parlato del viaggio che avevo programmato negli Stati Uniti e poi mi aveva passato il suo numero di telefono. Mi disse che lui aspettava una mia chiamata.

Così chiamai Tommaso a tarda sera, qui in Calabria, sette ore in avanti nel fuso orario a Kenosha, e ci mettemmo a chiacchierare a lungo, con il risultato che Tommaso non solo mi aveva invitato a fare un salto da lui, ma a passare un paio di notti a casa sua e a trascorrere il giorno del Ringraziamento con la sua famiglia.

Era un invito che non potevo rifiutare.

L'UOMO CHE EMIGRÒ TRE VOLTE

Tom ed io eravamo tornati a casa sua. A stento eravamo riusciti ad andare via, beneficiari della inflessibile ospitalità calabrese e della straordinaria abilità culinaria di Angelo Piro. Nel mio caso, assaggiare e riassaggiare il vino non aveva aiutato.

Era pomeriggio tardi e Tom voleva approfittare del suo computer e condividere con me alcuni dei risultati della sua indagine online sugli eventi riguardanti la sua nativa Roccabernarda. Era stato in questa sub-cultura di *Roccabernarda-su-YouTube* che per la prima volta si era imbattuto in Vicki Kelly, nativa del Minnesota, in un'intervista rilasciata su un progetto che l'aveva coinvolta con la sua scuola di inglese in paese.

Naturalmente fui costretto a guardare il Vicki-video prima di passare ad altri e fu allora che mi resi conto che a Roccabernarda conoscevo molta più gente di quanto pensassi. Vidi il mio medico, Rocco De Rito (quello che io chiamo il Buon Dottore), suo fratello e altri che riconobbi, prima di arrivare al video del Fungo Gigante. Roccabernarda non è lontana dalle colline che precedono la Sila, rinomata per i suoi meravigliosi funghi porcini. Qui, qualche tempo fa nel 2012, un gruppo di cercatori di funghi provenienti da Roccabernarda aveva trovato un fungo enorme del peso di circa 15 chili. Non è strano che, in quest'epoca multimediale, invece di essere mangiato, il fungo venisse fatto sfilare per la piazza della città e venisse filmato per essere mostrato al mondo di Internet.

Durante il video il fungo rimaneva fermo, ma la gente che gli andava a dare un'occhiata, cambiava in continuazione. Vidi un uomo che gironzolava sullo sfondo, aspettando l'occasione per guadagnarsi il suo posto in prima fila ed esaminare questo mirabile fungo. Era una faccia che conoscevo, era Salvatore Piro, il suocero di Vicki. Qualche ora prima, quello stesso giorno, avevamo parlato proprio di Salvatore a casa Piro, cercando di stabilire come si inserisse nell'albero genealogico della famiglia Piro. Tommaso, sempre avido di attaccare un nome su un'altra faccia di Roccabernarda, mi chiese se ero sicuro che fosse Salvatore. Lo ero ... tra me e lui era nata un'intima amicizia fin dal momento del nostro primo incontro, un'amicizia che nessuno dei due potrebbe spiegare e sarà per sempre frustrata dall'ignoranza della lingua dell'altro. Era strano starmene seduto nel Wisconsin a guardare il caro Salvatore mentre esaminava un fungo.

Dopo aver esaurito i video di Roccabernarda, Tom chiamò su Skype il fratello Marcello e sua moglie Maria. Sebbene fino a quel momento i loro nomi non mi avessero suggerito niente, li riconobbi entrambi ... eravamo spesso stati seduti nella stessa sala d'attesa, mentre aspettavamo il nostro turno per vedere il Buon Dottore.

Il mondo era veramente piccolo. L'aver fatto il nome del Buon Dottore, Rocco De Rito (che ha il suo studio medico a Roccabernarda), portò la conversazione sul rapporto tra Rocco e Tom. Poco prima di lasciare la Calabria, mi ero imbattuto in Rocco a Santa Severina; gli avevo parlato del mio imminente viaggio e gli avevo detto che avrei incontrato Tom Fonte a Kenosha ... fino a quel momento non mi ero reso conto ci fosse un collegamento tra i due. Inoltre, a Santa Severina ero diventato un po' scettico sulle cosiddette 'parentele calabresi': spesso non sono niente più di rapporti vaghi ed indistinti piuttosto che degli incontestabili legami di sangue diretti. Tom completò la storiainiziata da Rocco a Santa Severina ... la nonna di Rocco De Rito era una Fonte e cugina di primo grado del nonno di Tom, Leonardo; Rocco e Tom erano cugini di terzo grado.

Da quando stavamo elaborando questi collegamenti, ricordai a Tommaso di Elvira Arabia e gli chiesi se avesse avuto l'occasione di parlarle. Mi disse che l'aveva fatto, ma, siccome era il giorno del Ringraziamento, non era sicura di avere il tempo di incontrarci. Irriducibile, le telefonò immediatamente.

La prima e l'ultima volta in cui avevo parlato con Elvira era stato l'anno prima a Santa Severina ed adesso le stavo parlando dalla sua città e dopo aver incontrato suo cognato Ralph Sculco la settimana prima, giù nel New Jersey.

Ovviamente sapevo che questo weekend di vacanza non era il momento migliore perché un perfetto estraneo piombasse in casa, così mi fece piacere avere l'opportunità di una breve chiacchierata. Fu proprio nel corso di questa conversazione che realizzai: Elvira non aveva affatto programmato di emigrare. Sua sorella Franca aveva sposato Ralph Sculco ed Elvira stava visitando l'America da brava turista, quando aveva incontrato il futuro marito Eugene. Elvira era emigrata non in seguito ad un piano ben preciso, ma per caso. Era una storia interessante e mi sarebbe piaciuto aver avuto più tempo a disposizione per conoscerla. Chiacchierai anche con suo marito Eugene ed in qualche modo, anche se per telefono, mi ritrovai in una perfetta sintonia con lui e sapevo che ci sarebbe piaciuto ritrovarci insieme.

Ma la cosa non era destinata ad accadere. Quella sera sarebbero cominciati ad arrivare a casa di Elvira gli ospiti del Ringraziamento, c'erano un mucchio di cose da preparare per i festeggiamenti del giorno successivo e la mattina dopo sarei dovuto ripartire presto per prendere il mio volo da Chicago Midway.

Mi stavo accorgendo di quanto Tom avesse una vera e propria predisposizione per l'uso del telefono e per coinvolgere tutti nella conversazione con il tasto del vivavoce. Così, non fui sorpreso quando mi ritrovai a parlare con un altro membro della famiglia di Kenosha, Betty (Fonte) Johnson.

Come Tom, anche lei era nipote di Leonardo Fonte e Vittoria Bonofiglio; il figlio di questi, Antonio, era il padre di Tommaso e l'altro figlio, Francesco, era il padre di Betty e così Tom e Betty erano cugini.

Non sapevo nulla di tutto questo mentre parlavo con lei ed anche in seguito, cercai di venire a capo dei vari rami della famiglia che erano diventati membri dei Fonte che vivevano a Kenosha e nelle sue vicinanze.

Nonostante si stesse avvicinando il momento di cenare, Tom, Lucy ed io decidemmo al contrario di parlare di come Tom fosse finito qui a Kenosha; dopo le nostre debolezze a casa Piro, il cibo era l'ultimo dei nostri pensieri. Prima, mentre guidava verso la casa dei Piro, avevo capito che Tom era venuto in America negli anni Cinquanta, quasi dieci anni prima di Ippolito Piro. Ritenevo, inoltre, che con Tom avrei potuto imbattermi nella prima famiglia senza una storia di emigrazione alle spalle. Invece non era così e le cose erano molto più complicate poiché il padre di Tom, Antonio Fonte, era emigrato tre volte: nel 1920 all'età di diciannove anni, nel 1929 quando aveva ventotto anni e nel 1956 quando aveva più di cinquant'anni. In questa terza ed ultima occasione fu accompagnato da due dei suoi figli, Tom (Tommaso all'epoca) e Francesco.

Quando era emigrato per la prima volta nel 1920, Antonio era andato a vivere a Kenosha, dove già viveva e lavorava il fratello Francesco (il padre di Betty Johnson). Francesco era emigrato nel 1913 ed era stato aiutato dal

cugino Antonio che aveva già vissuto a Kenosha per due anni. All'inizio
tutto mi sembrò molto confuso, perché c'erano due famiglie Fonte che
vivevano a Kenosha all'epoca ed entrambe avevano un Antonio e un
Francesco (c'era un 'vecchio' Francesco, padre del cugino Antonio e
c'erano i fratelli Francesco e Antonio Fonte, quest'ultimo al centro della mia
ricerca ed il padre del mio ospite Tom).

Questa è la loro storia di emigrazione, una matassa ormai dipanata: il
'vecchio' Francesco era emigrato nel 1902 all'età di quarant'anni con tre
compaesani, ma in seguito era ritornato in Italia; suo figlio Antonio era
emigrato successivamente nel 1911. Il 'vecchio' Francesco era fratello di
Leonardo Fonte e furono i due figli di Leonardo, Francesco e Antonio, che
emigrarono rispettivamente nel 1913 e nel 1920.

Tutti e tre erano ritornati a Roccabernarda almeno una volta e tutti e tre
erano rientrati negli Stati Uniti in grande stile rispetto al loro primo viaggio
in terza classe.

Il cugino Antonio era stato il primo a ritornare e lo aveva fatto per breve

Il padre di Tom, Antonio Fonte (a sinistra) ed il fratello Francesco (zio di Tom e padre di
Betty Fonte Johnson)

tempo, dopo la Prima Guerra Mondiale. Come era avvenuto per il cugino Francesco, all'epoca il suo contributo alla causa degli Alleati lo aveva messo su una corsia preferenziale per l'acquisizione della cittadinanza.

Antonio rientrò negli Stati Uniti alla fine del 1919, poco meno di un anno prima che suo cugino Antonio (il fratello minore di Francesco) emigrasse per la prima volta. È verosimile quindi che i racconti dell'Antonio più vecchio, circa le condizioni di vita sull'altra sponda dell'Atlantico, avessero influenzato il cugino più giovane a seguirlo l'anno successivo.

Curiosamente, quando il cugino Antonio era ritornato in America, era salpato diretto a Boston (da Napoli) sulla *Canopic* della *White Star Line* e poi aveva proseguito per Chicago e Kenosha. Era un cittadino americano e viaggiava nello stile a cui si era abituato. Anche se la *Canopic* aveva prestato servizio come nave per immigrati dall'Italia ad Ellis Island poco prima in quello stesso anno, all'epoca era più un transatlantico di linea che una nave per immigrati.

C'era competizione nel trasporto trans-atlantico degli immigrati e nel Mediterraneo coinvolgeva principalmente la *Cunard* e la *White Star*. La *Cunard* aveva navi più veloci e così la *White Star* aveva cominciato ad includere nel prezzo dei modesti incentivi per i passeggeri di terza classe che erano i più numerosi. Invece dei dormitori a cuccette aperte per tutti i passeggeri della *Cunard*, la *White Star* aveva introdotto una terza classe divisa in due settori – una per uomini soli in una sezione dell'imbarcazione e donne sole, coppie sposate e famiglie in un'altra zona, in cabine più riservate a due, quattro e sei cuccette. Come già detto, c'erano state delle testimonianze secondo cui le donne che viaggiavano, da sole in particolare, qualche volta erano più esposte ai pericoli, rappresentati sia dagli altri passeggeri maschi sia dall'equipaggio.

Siccome la maggior parte delle persone all'epoca andava in America via New York ed il Centro per l'Immigrazione di Ellis Island, spesso ci si dimentica che alcuni utilizzavano altre rotte. Probabilmente la più nota era quella diretta a Boston, una città che, fin dalla fine del diciannovesimo secolo, aveva ospitato un gruppo sempre crescente di italiani, la maggior parte dei quali gravitava intorno a quello che era chiamato il *North End* di Boston.

Nessuno sa perché il cugino Antonio avesse scelto questa particolare rotta per il suo secondo viaggio negli Stati Uniti, vista l'assenza di vantaggi in termini di tempo, una volta in America. Il manifesto di imbarco mostra che aveva prenotato la sua traversata da Napoli direttamente a Chicago e presumibilmente aveva completato il percorso Boston-Chicago in treno.

Per ricapitolare, l'altro Antonio, il padre di Tom, era arrivato per la prima volta nel 1920 ed era stato aiutato dal fratello maggiore Francesco. Dopo aver visto il fratello più giovane stabilirsi a Kenosha, Francesco era rientrato in Calabria nei primi anni Venti per un breve periodo ed in seguito era ritornato negli Stati Uniti nell'aprile del 1924. Dal 1926 anche il fratello Antonio era diventato un cittadino americano e, come aveva fatto Francesco, lavorava per la *Vincent McCall Company*, dove si producevano materassi, reti a molle, sedie in alluminio ed arredi da giardino. Francesco aveva dovuto voltare pagina e per un certo periodo, alla fine degli anni Venti, gestì un piccolo negozio di frutta e verdura ed una macelleria dove sembra che abbia lavorato anche il cugino Antonio come macellaio. Il negozio alla fine cambiò nome in *Fonte Foods*. Nel 1927 venne per Antonio il momento di ripercorrere i passi di suo fratello e suo cugino ed anche lui ritornò a Roccabernarda per un paio d'anni, ma nella primavera del 1929 si riunì al fratello e al cugino a Kenosha.

In tutto questo via vai, a partire dal cugino Antonio nel 1911 ad Antonio, il padre di Tom nel 1929, c'erano stati, in genere, altri che da Roccabernarda avevano seguito la stessa strada e, senza alcuna eccezione, si erano diretti a

In coda per un pasto durante la Grande Depressione alla fine degli anni Venti.

Kenosha nel Wisconsin. Riconobbi alcuni dei cognomi dalla mia visita alla famiglia Piro: Rosa e Pulerà, in particolare. Erano tutti amici e, in un modo o nell'altro, parenti. Sembrava sempre di più che le famiglie Piro e Fonte fossero in qualche modo collegate, ma la loro comune origine in qualche modo si era perduta tra le nebbie del tempo.

Tom non sapeva per quale motivo i tre giovani Fonte erano, ciascuno in tempi diversi, ritornati nella nativa Calabria e poi ancora negli Stati Uniti. Erano tutti cittadini americani quindi si può presumere che avessero sempre avuto l'intenzione di tornare a Kenosha. Tutti e tre ritornarono da soli, per cui, diversamente da altri, il matrimonio senza dubbio non ne era stata la causa … o forse, se lo era stata, le loro speranze e le loro aspettative erano state disattese.

———

Antonio non sarebbe potuto tornare negli Stati Uniti in un momento peggiore, neppure se ci avesse provato. Era rientrato a Kenosha nell'Aprile del 1929, quattro mesi prima dei segnali che annunciavano la recessione e sei mesi prima del crollo di Wall Street e l'inizio della Grande Depressione. Viveva con il fratello Francesco che ancora lavorava nel commercio di frutta, verdura e carne. Si era cimentato nel settore della produzione dolciaria prima di tornare in nave in Italia e, a Roccabernarda, aveva incontrato e corteggiato l'amore della sua vita, Silvia Bonofiglio, nipote di sua madre.

Antonio e Silvia si abituarono alla vita a Roccabernarda e crebbero qui la loro famiglia di cinque figli, Leonardo, Vittoria, Francesco, Tommaso e Marcello. Tanto Antonio quanto Silvia avevano ereditato della terra nelle vicinanze del paese, in una zona chiamata Cacabarba, e come se il destino lo avesse fatto apposta, si ritrovarono ad avere terreni confinanti e a dare vita ad un frutteto perfetto. Con i soldi guadagnati negli Stati Uniti, Antonio comprò dell'altra terra vicino al Convento di San Francesco dove c'erano viti e ulivi. Così, a dispetto dei rigori dell'austerità in tempo di guerra, la famiglia Fonte divenne un'unità davvero auto-sufficiente; era una vita comunque misera, ma di gran lunga migliore di quella di tanta altra gente in paese.

Come Ippolito Piro, Tommaso (come si chiamava all'epoca) era cresciuto in una famiglia in cui il pensiero di emigrare e stabilirsi in America non era qualcosa di straordinario; era parte della normalità della famiglia Fonte. Suo padre raccontava del freddo, delle dimensioni di città come Chicago e New

York e dei loro edifici incredibilmente alti. Tom ricordava che il padre parlava della sua vita negli Stati Uniti con così tanto entusiasmo … un entusiasmo velato da un tocco di malinconia, dal momento in cui aveva realizzato che sarebbe stato meglio tornare in America quando lui e Silvia si erano sposati e che là avrebbero dovuto crescere la loro famiglia.

Così, come Francesco Piro, Antonio Fonte aveva provato il desiderio impellente di ritornare e non appena i suoi figli erano diventati grandi (il più piccolo, Marcello, era nato nel 1949) lui e Silvia concepirono un piano grandioso, secondo il quale Antonio ed i suoi figli Tommaso e Francesco avrebbero preso un aereo per gli Stati Uniti e, una volta stabilitisi là, il resto della famiglia Fonte, la moglie Silvia, la figlia Vittoria ed i figli Leonardo e Marcello, li avrebbe seguiti.

L'anno era il 1956 e Antonio Fonte, all'epoca poco più che cinquantenne, stava emigrando in America per la terza volta (settembre del 1920, aprile del 1929 e marzo del 1956). Ed ancora una volta venne supportato dal fratello Francesco.

—————

Tom aveva diciassette anni quando per la prima volta mise piede in America. Prima di prendere il volo *TWA* da Roma per New York, il posto più lontano

La madre ed il padre di Tommaso, Silvia Bonofiglio e Antonio Fonte.

in cui si era mai trovato era stato Santa Severina, a meno di dieci chilometri da Roccabernarda.

Ancora ricorda l'incontro con lo zio Francesco, la zia Bettina e la loro famiglia a Kenosha e l'eccitazione di quei primi giorni e settimane. Era sbalordito dal numero e dalle dimensioni delle auto e, ovviamente, aveva visto delle macchine in Calabria, ma non era mai salito a bordo di una vettura. E poi c'era la televisione … a Roccabernarda era praticamente inesistente, in America, al contrario, era ormai parte della vita delle persone.

Ma c'era un lato amaro in tutte queste nuove esperienze, perché sentiva la mancanza di sua madre e dei suoi fratelli e sperava di riuscire a riunirsi presto a loro. A Roccabernarda, il resto della famiglia sperimentava intanto lo stesso senso di perdita e separazione, ed erano ansiosi di riunirsi più presto che mai a Kenosha.

Ma le cose non andarono come previsto e, a causa della sua età, per Antonio fu difficile trovare un lavoro stabile. Invece Tommaso e Francesco si impiegarono nella stessa fabbrica di materassi, la *Vincent McCall*, in cui anni prima aveva lavorato il padre. Per ironia della sorte, avevano ottenuto il lavoro perché il capo fabbrica conosceva lo zio Francesco e ancora si ricordava di Antonio, quando aveva lavorato là negli anni Venti.

Così, senza un impiego fisso, Antonio non poteva fare altro che rimandare in continuazione la data definitiva perché Silvia ed il resto della famiglia potessero riunirsi a loro; mai era sembrato che il tempo potesse avere così ragione. Alla fine il trasferimento non ci fu e la terza emigrazione di Antonio si concluse dopo soli due anni, quando l'uomo comprese che in Calabria sarebbe stato molto più utile alla sua famiglia.

Nel 1958 Antonio Fonte rientrò a Roccabernarda e non tornò mai più in America.

A Kenosha, Francesco (ora Frank) e Tom erano rimasti in buone mani e, per qualche tempo, divennero parte della famiglia allargata dello zio Frank e della zia Betty. Mentre mi raccontava di questo periodo, Tom divenne malinconico. Sapeva che lui e suo fratello Francesco avevano preso la decisione giusta, restando in America; ma c'era stato del dolore in quella decisione. Sentivano la mancanza dei loro genitori ed in particolare della madre, dolce e amorevole, e Tom soprattutto, più giovane del fratello di quattro anni, all'inizio soffrì molto la lontananza da casa. Ammise di aver avuto la tentazione di ritornare con il padre nel 1958, ma aveva deciso di rimanere e presto si riconciliò con la sua nuova vita a Kenosha. Il fratello Frank si sposò, ma più tardi divorziò e lasciò Kenosha per stabilirsi nel

Bronx, a New York. Si risposò prima di trasferirsi in Florida. Lui e la sua seconda moglie, Filomena, sentivano che la Florida sarebbe stato un posto migliore dove far crescere i loro figli, Franco ed Orlando.

Alla fine, la madre di Tom non era più andata più negli Stati Uniti, neppure in visita; e così neppure la sorella di Tom. Il fratello Leonardo c'era andato nel 1977, Marcello nel 2000 e ancora nel 2011. Tom è ritornato a Roccabernarda quattro volte, nel 1978, 1994, 2002 e 2007 ed è convinto che gli rimanga ancora un'altra visita da fare.

Senza alcuna apparente ragione, deviammo dal nostro racconto e, lasciando Tom che ancora stava patteggiando con la sua nuova vita in America, cominciammo invece a confrontare i nostri ricordi sui programmi televisivi e sui film degli anni Cinquanta e Sessanta. Presto ci accorgemmo che avevamo visto e ci erano piaciuti gli stessi show e film, più o meno nello stesso periodo … Tom, per di più, stava imparando una nuova lingua e mentre guardava la televisione americana, ne rimaneva conquistato. Scoprimmo anche che ricordavamo i titoli ed i nomi degli attori come fosse stato ieri … *I Married Joan*, *The Cisco Kid*, *Corky il ragazzo del circo*, *The*

Tom e Lucy Fonte nel giorno del loro matrimonio nell'ottobre del 1965.

Bowery Boys, *Lucy ed io*, *The Phil Silvers Show*, *Hopalong Cassidy*, *Il Prigioniero di Zenda* e molti altri. Avevamo anche lo stesso interesse per quelle che ora sarebbero definite delle insignificanti curiosità televisive, ma che per noi non erano proprio tali, anzi era il modo in cui catalogavamo e ricordavamo un tempo delle nostre vite in cui eravamo davvero suggestionabili. Oggi siamo bombardati da immagini e probabilmente ne dimentichiamo la maggior parte; indietro nel tempo si trattava invece di una nuova esperienza, un'esperienza amata dalla gente della nostra generazione.

Fu nel 1960 che, mentre la fama di Fred e Wilma Flintstone imperversava per la prima volta sugli schermi americani, Tom lasciò la *Vincent-McCall* e andò a lavorare per la *Leblanc*.

La *Leblanc* è un'azienda produttrice di strumenti musicali ed era di proprietà di un italo-americano e di un francese, Vito Pascucci e Leon Leblanc. Verso la fine della seconda guerra mondiale, i due si erano incontrati ed erano diventati amici in Francia, dove l'azienda *Leblanc* già esisteva; Vito e Léon avevano stretto un accordo per aprire una filiale americana a Kenosha. Inizialmente Vito aveva lavorato nel seminterrato di una casa, ma l'azienda era cresciuta rapidamente ed aveva finito per impiegare contemporaneamente più di trecento persone. Per un paio di anni, tra queste, c'era stato anche Tom Fonte che assemblava chiavi e corpi per sassofoni e clarinetti.

Si trasferì poi dalla *Leblanc* alla *Fonte Foods*, un negozio fondato da suo zio Frank (Francesco) Fonte, padre di Betty Johnson; lavorava là quando Kennedy fu assassinato. Come altre persone che avevo incontrato, Tom ricordava Kennedy con affetto; Kennedy era, a quanto pare, molto amato dalla stragrande maggioranza della comunità italo-americana e, in quel periodo, molte case avevano una sua foto sul muro. Forse perché, per i molti che emigrarono a quel tempo, Kennedy era stato il loro primo presidente ed inoltre il primo che non aveva avuto nulla a che fare con la seconda guerra mondiale, diversamente dal suo predecessore Eisenhower. Inoltre avevo dovuto prendere atto che, e la cosa fu confermata ancora una volta da Tom, l'amore per Kennedy sembrava essere tanto forte quanto l'antipatia per Nixon.

In questo periodo, con Frank a New York e suo padre tornato in Calabria, Tom era da solo, o meglio, non proprio da solo, perché condivideva una casa con tre amici calabresi, uno dei quali ne era il proprietario. A quel tempo, Tom calcola che la popolazione di Kenosha fosse composta tra l'otto ed il nove per cento da italiani e fra questi, l'ottanta per cento era rappresentato da calabresi, soprattutto provenienti dalla zona di Cosenza. Dei suoi tre coinquilini, uno rientrò in Italia e gli altri due si sposarono e si trasferirono da un'altra parte.

Dopo aver lavorato per *Fonte Foods*, Tom aveva trovato impiego per breve periodo, con un turno di notte dalla undici alle sette, per un'azienda, la *J.I. Case*, che costruiva trattori ed altre macchine agricole, fino a quando non approdò alla sua ultima destinazione, l'*American Brass*. Cominciò a lavorare lì il 9 settembre del 1965 e sposò Lucy sei settimane più tardi; non ebbero il tempo per una luna di miele.

Tom continuò a lavorare per l'*American Brass* fino a che non andò in pensione nel 1999, lo stesso anno in cui lui e Lucy si trasferirono dalla loro prima casa in quella in cui vivono adesso.

Smettemmo per un po' di chiacchierare della storia di Tom abbreviata, per mettere insieme alcune cose da sgranocchiare, cose che in Calabria chiamerebbero stuzzichini. E, ovviamente, mandammo giù del buon vino

La porta della casa di Roccabernarda che Tom ha lasciato nel 1956
Lucy e Tom in piedi sul portico della loro casa a Kenosha nel Wisconsin.

rosso. Mentre sfogliavamo l'album di famiglia, Tom si era fatto, ad un tratto, più pensieroso. Guardavamo le foto della sua giovinezza nella lontana Roccabernarda e, poche pagine dopo, ecco altre immagini della sua famiglia e della sua operosa vita a Kenosha, dove, tra qualche ora, lui e la sua famiglia avrebbero celebrato un altro Ringraziamento americano, da cittadini americani.

Mi disse di non essersi mai sentito davvero americano se non dopo il matrimonio; tutto era cambiato quando era nata Sylvia nel 1966. Sylvia e le sue due sorelle, MaryAnn e Vittoria (Vicki) erano state bambine americane per nascita ed educazione. Avrebbero potuto tornare in Calabria, avrebbero potuto avvertire uno speciale legame con la Calabria, ma sarebbero sempre rimaste americane. Proprio come i loro figli, Jimmy, Tommy, Patrick, americani anche loro.

Quando la sua famiglia era cresciuta, Tom aveva smesso di pensare troppo alla sua vita a Roccabernarda e quando andò in pensione, lui e la sua famiglia erano ormai una tipica piccola cellula americana: parlavano e pensavano americano, vivevano americano, erano americani. Inoltre, per come sono andate le cose in seguito, nessuna delle sue figlie ha sposato degli italo-americani e così per la successiva generazione, quella dei nipoti Tommy, Jimmy e Patrick, l'origine calabrese si è ormai quasi perduta. Quell'origine prende il suo posto accanto ad un altro patrimonio culturale, quello dei loro padri e questi ragazzi cresceranno con dei racconti familiari che hanno come sfondo l'Irlanda, la Grecia e la Germania.

Ma la pensione di Tom ha coinciso con l'era del computer e, grazie a questo, con la possibilità di creare contatti con persone e luoghi a migliaia di chilometri di distanza, luoghi come Roccabernarda. Come già ho sperimentato anche per me stesso, oggi Tom Fonte è legato da un cordone ombelicale alla sua casa a Kenosha e alla sua famiglia ed i suoi amici a Roccabernarda. Si tratta di internet e, attraverso internet, Tom Fonte è diventato ambasciatore ufficiale di Roccabernarda a Kenosha.

In quel momento Tom suggerì che avremmo potuto chiamare Vicki a Roccabernarda e farle una sorpresa, augurandole un buon Ringraziamento da Kenosha … per parte mia suggerii di aspettare almeno dopo la mezzanotte, quando a Roccabernarda sarebbero state le sette del mattino e Vicki sarebbe stata già in piedi e sul punto di preparare i figli per la scuola.

Ammazzammo il tempo dando un'occhiata sul computer ad altri racconti da Roccabernarda e riproponendo ancora una volta la storia del Fungo Gigante. Quando si stava ormai avvicinando la mezzanotte, Tom ebbe un'idea migliore … perché non chiamare anche Kay? Il Ringraziamento non avrebbe significato un gran che per lei, ma sarebbe stato un piano ingegnoso, o no? Beh, insomma. Kay si trovava nella Gran Bretagna, dove le lancette dell'orologio erano a sole sei ore avanti ed era mia stimata opinione che Kay non avrebbe davvero gradito una chiamata all'alba, anche se a chiamarla fossi stato io. Tom ammise che avrei potuto avere ragione.

Così ci sarebbe stata una sola sorpresa per il Ringraziamento, quella per un'ignara Vicki, lontana dal Wisconsin e lontana solo poche migliaia di chilometri da casa sua, Minneapolis. Con una nervosa risata di sorpresa o con l'incredula isteria dello shock, chiamatela come volete, Vicki fece fronte egregiamente alla telefonata di mattina presto da Kenosha, da parte di due stanchi pensionati. Probabilmente la attribuì al fatto che avevamo bevuto troppo. Cosa che ovviamente non avevamo fatto.

Il mio primo Ringraziamento in America era appena iniziato ed era già tempo di andarsene a dormire.

Il giorno del Ringraziamento

Quella del Ringraziamento era, come preannunciato dal meteo, una giornata splendida, quasi primaverile: calda e assolata, con un bel cielo azzurro e terso. Certamente fuori dalla norma. Tom e Lucy ricordavano che c'erano state molte più feste del Ringraziamento con all'ordine del giorno una bella spalata di neve dal vialetto di casa, per poter uscire a far visita alla loro famiglia.

Avendo dissuaso Tom dal telefonare a Kay la notte prima, sapevo che non avrei potuto differire la cosa più a lungo e ci mettemmo in contatto con lei quella mattina, quando a Londra era pieno pomeriggio. Diversamente da Vicki, il fatto che potesse essere un giorno speciale non significò davvero molto, ma fu comunque bello parlare con lei e per lei sentire che mi trovavo in mani sicure.

La cena del Ringraziamento della famiglia Fonte si sarebbe svolta a casa della figlia di Tom e Lucy, MaryAnn, e del marito Jim con i figli Jimmy e Tommy. Una volta là, saremmo stati raggiunti dalla figlia più grande Sylvia, con il marito Dennis ed il figlio Patrick e dalla figlia più giovane Vicki, con il marito Brian. Una riunione di famiglia che quest'anno avrebbe incluso un perfetto estraneo ... anche se veniva dalla Calabria e aveva vagamente a che fare con Roccabernarda.

Volevo presentarmi con un regalo per i nostri ospiti MaryAnn e Jim, ma Tom cercò di farmi cambiare idea. Alla fine la spuntai e, mentre Lucy continuava a cucinare, ci mettemmo in macchina in cerca di negozi aperti ... che finirono per essere, per la maggiore, di quelli che vendono quel genere di cose assolutamente adatte come regalo dell'ultimo minuto, incluso un ipermercato del posto. Qui comprai un gran cesto di frutta ed una bottiglia di vino siciliano, la cosa più vicina alla Calabria che mi riuscì di trovare.

Dopo essere rientrati a casa, fecero un salto da noi Sylvia, Dennis e Patrick, dal momento che ci trovavamo sulla strada verso casa di MaryAnn dall'aeroporto da cui erano appena atterrati dal Maryland, dove avevano trascorso la prima parte delle vacanze del Ringraziamento con la famiglia di Dennis. Un'ora più tardi, Dennis e Patrick si avviarono verso casa di MaryAnn e non molto tempo dopo, Sylvia ed io li seguimmo con la macchina carica di prelibatezze, la maggior parte delle quali cucinate da Lucy ed il mio cesto. Non so come, ma avevo dimenticato il vino. Tom e Lucy ci avrebbero seguito un po' più tardi.

Davvero non avevo idea di cosa aspettarmi. Tutti i miei pregiudizi sul Ringraziamento erano stati ripresi dai film americani che invariabilmente si concentravano su tutto quello che può andare storto con questo annuale ritrovo familiare: il tempo imprevedibile, viaggi da incubo, disastri culinari e rivalità tra parenti. Oppure, secondo l'altra faccia della medaglia, dipingevano una realtà edulcorata dove, in virtù del Ringraziamento, tutti sarebbero stati amici di nuovo e tutte le persone cattive sarebbero state sconfitte.

Non accadde nulla di tutto questo.

Arrivati a casa di MaryAnn e Jim, Sylvia ed io cominciammo a scaricare la macchina; tranne Tom e Lucy, tutti gli altri erano lì, le loro tre figlie con i mariti ed i tre nipoti, tutti maschi.

Era in atto una specie di divisione dei compiti, perché i ragazzi e alcuni degli uomini stavano guardando la prima delle tre partite di football che ogni anno si tengono nel giorno del Ringraziamento (anche chiamato il giorno del Tacchino, dal momento che il tacchino è la portata principale) tra gli *Houston Texans* e i *Detroit Lions*, mentre le donne stavano organizzando la cucina. Io gironzolavo qua e là, dal momento che il mio principale interesse era quanto stesse avvenendo in cucina, ma Jim e MaryAnn si assicurarono che gironzolassi con un bicchiere di vino rosso sempre pieno in mano.

In una camera attigua, una lunga tavola veniva apparecchiata per la cena.

Dato che, ancora una volta, avevo trovato la mia strada per Kenosha lasciando tutta la fatica alla 'voce', alla fine non avevo una reale consapevolezza di dove mi trovassi, certamente da qualche parte tra Chicago e Milwaukee, ma più vicino a quest'ultima e al Lago Michigan. La mia impressione, quando mi ero avvicinato alla città era che fosse incredibilmente piatta e, fatta eccezione per l'area commerciale dove ero stato prima quello stesso giorno, non avevo nessuna percezione di centro, di una città più vecchia da qualche parte vicino al lago.

Cercai di rimediare alla mia ignoranza e chiesi a Mary Ann in cosa, per esempio, Kenosha differisse da Milwaukee che, sul momento, pensavo fosse la capitale dello Stato. La sua risposta mi colse di sorpresa e mi fece quasi rovesciare il vino.

"Milwaukee è proprio come Kenosha, solo più alta" mi disse con una faccia seria.

Più tardi Tom raddrizzò il tiro su Milwaukee. Può essere la città più grande dello Stato, ma Madison è la capitale e Kenosha è la quarta più grande città dello stato.

Erano passate più di due settimane da quando ero arrivato negli Stati Uniti, ma questa era soltanto la seconda volta in cui avvertivo chiaramente che non stavo lavorando e mi stavo immensamente godendo il mio tempo con questa famiglia, calda e accogliente. In un certo senso sentivo di essere un intruso perché fino a quel momento era stata esclusivamente una riunione di famiglia, ma sentivo di essere sinceramente il benvenuto e non semplicemente ben tollerato.

Dato che si avvicinava il momento di cenare, gli uomini sembravano meno interessati al football (la loro squadra probabilmente stava perdendo) e cominciavano ad esserlo di più per quello che stava succedendo in cucina – uno spiluccare qui, un assaggiare là. Sembrava che Dennis fosse la persona addetta al taglio dei tacchini. Ce n'erano due, cotti in modo diverso, uno al forno, l'altro alla griglia.

La cena era una sorta di buffet, dove tutto era pronto intorno alla cucina e la gente poteva selezionare quello che voleva e tornare per prenderne ancora … e ancora. Da quanto potevo vedere, non c'era nessuna traccia di pasta o pizza: questa era veramente una ricorrenza americana. Sylvia mi disse poche parole di ringraziamento mentre tutti gli adulti erano in piedi intorno alla tavola ed allora tutti si diressero in cucina per riempire i propri piatti.

Fu una cena incredibilmente rilassata. L'aver organizzato un buffet aveva avuto come effetto un po' più di spazio sul tavolo, la gente non si passava piatti o si distribuiva il cibo, ma ognuno sceglieva cosa volesse mangiare, senza la pressione di dover assaggiare questo o quello. Si poteva mangiare molto o molto poco, secondo l'appetito. Era un vero pasto in famiglia, senza formalità, senza nessuna tensione o pretesa. Ovviamente, dato che si trattava essenzialmente di una famiglia italo-americana, i tacchini e tutti i relativi contorni (il ripieno, la copertura, le patate, la salsa ai mirtilli, i fagiolini, zucca e salsiccia che avevo visto preparare quella mattina da Lucy), erano tutti irresistibili. E dopo c'erano la torta di zucca e la torta 'mostro' di MaryAnn, così chiamata perché aveva diverse parti alla frutta cotte in un'unica torta che ricordava Frankenstein.

Jim, dopo aver astutamente studiato la mia predilezione per il vino rosso, lasciò il tavolo per pochi istanti e rientrò con qualcosa di speciale, una bottiglia del locale *Cranbernet*. Dal momento che si trova così a nord, non mi era mai venuto in mente che il Wisconsin potesse essere una zona adatta alla produzione di vino. Ma la Contea di Door (vicino la penisola a nord est dello Stato) ha un micro-clima ideale per la crescita tanto delle viti quanto dei mirtilli rossi ed è dalla loro unione che si produce quello che, in modo appropriato, viene chiamato *Cranbernet*. Squisito.

E fu così che niente di quello che mi ero aspettato si era verificato. Il mio primo Ringraziamento era solo il festeggiare e il ritrovarsi insieme di una famiglia americana. L'anno prossimo l'avrebbero fatto ancora, senza una bocca extra da sfamare, e più avanti ci sarebbero state altre giovani bocche ed una nuova generazione ancora.

Le famiglie Fonte, McGreal, Roiniotis, e Sharkey. Da sinistra a destra in basso: Tommy, Sylvia, Vicki, Jimmy, Jim; in alto: Brian, Tom, MaryAnn, Dennis e Lucy.

Non ho modo di sapere se questo sia stato un tipico giorno del Ringraziamento o se abbia avuto delle indistinguibili sfumature calabro-americane. La mia risposta è che ogni cultura dona un proprio tocco all'evento e queste improvvisazioni sono diventate la normalità di ogni famiglia.

Da tutte le famiglie che avevo incontrato, mi era ormai chiaro quanto questa festività esclusivamente americana fosse immensamente importante per loro; un modo per partecipare sinceramente a qualcosa che gli americani avevano fatto per generazioni; un modo per riconoscere e rivendicare il loro diritto ad essere parte della tribù americana.

Ogni famiglia di immigrati sicuramente ricorderà sempre il suo primo Ringraziamento, il giorno speciale in cui si sono seduti intorno ad una tavola e si sono rimpinzati di tacchino piuttosto che del solito pasto di ogni giorno della loro madrepatria. Più tacchino mangiavano, più si sentivano americani … più tacchino mangiavano …

Tornati a casa di Tom e Lucy, non ci furono telefonate notturne a Londra, Roccabernarda o qualsiasi altro posto. Il letto chiamava, anche perché dovevo alzarmi presto la mattina successiva per prendere il mio volo da Chicago Midway e tornare a Newark. Avrei lasciato la Mazda a Midway per prendere un'altra macchina a Newark. Mi chiedevo se Charlie sarebbe stato là questa volta, con un'altra delle sue offerte davvero speciali.

Un po' di Relax

'La voce' mi riportò verso l'aeroporto senza incidenti, ma non senza forti emozioni. Mentre giravo intorno al centro di Chicago, con i suoi caratteristici grattacieli che incombevano maestosi, fantasticavo sul tempo trascorso qui, in particolare nella saletta della Hancock Tower, e non riuscivo a credere di essere stato in questo luogo e di non essermi concesso il tempo di dare un'occhiata più da vicino.

Ma avevo altro per la testa. Stavo pensando al giorno del Ringraziamento con la famiglia Fonte e all'idea di questa inconfondibile festa americana (anche i canadesi celebrano il Ringraziamento, anche se in un periodo diverso e con diversa partecipazione). Qualche giorno prima qualcuno mi aveva detto che, per la sua secolare tradizione, il Ringraziamento era la sua festa preferita ed era questo concetto che non legava con la mia comprensione, in quel momento, delle origini della celebrazione.

Sul volo di ritorno per Newark, riuscii a fare una piccola ricerca su internet a conferma di ciò che sapevo. Il Ringraziamento aveva avuto origine nel 1621, in occasione della festa del raccolto a cui avevano partecipato i coloni di Plymouth, provenienti dall'Inghilterra e i nativi americani, gli indiani Wampanoag ed ancora nel 1863, quando, nel corso della Guerra Civile, il presidente Abramo Lincoln aveva proclamato la festa nazionale del Ringraziamento, da tenersi ogni novembre.

Ma avevo anche trovato una considerevole parte dell'opinione pubblica che, mentre riconosceva a Lincoln di aver usato un linguaggio timorato di Dio ("Nessun consiglio umano, né alcuna mano mortale ha elaborato queste grandi cose. Essi sono i doni della grazia di Dio Altissimo, il quale, pur trattandoci con rabbia a causa dei nostri peccati, ricorda tuttavia di essere misericordioso"), considerava queste parole poco più che il comune modo di esprimersi dell'epoca. C'era sicuramente un'altra scuola di pensiero, che considerava il Ringraziamento una festa singolare perché quel suo principio fondamentale, l'essere grati, era qualcosa che Cristiani e non Cristiani, credenti e non credenti potevano abbracciare e di fatto abbracciavano.

Da parte mia, non potevo fare a meno di chiedermi come i miei amici al *Saigon Café* avessero trascorso la giornata.

Tornato a Newark, presi la navetta per l'autonoleggio, lo stesso posto in cui avevo lasciato la piccola-casa-mobile qualche giorno prima. Non si vedeva da nessuna parte il mio amico calabrese Charlie e non ero sicuro se ne fossi deluso o sollevato, così sapevo che non ci sarebbe stata nessuna novità, se non quella che già avevo previsto, cioè che ancora una volta, non avevano macchine di classe *economy*. La mia nuova macchina era bianca, una Ford. Prima di partire, controllai se c'era una tariffa aggiuntiva per lasciare la macchina all'aeroporto *JFK* invece che a Newark. Non ci sarebbe stata.

E la prima cosa che feci quando mi sedetti sul sedile del conducente fu quella di controllare che nessuno avesse impostato il GPS per evitare tutte le strade a pagamento.

Ancora una volta 'la voce' fece il suo dovere e nel giro di mezz'ora, avevo scaricato il mio bagaglio alla base, a *Wayne Street*, prima di portare la mia anonima Ford al posto in cui avrebbe riposato tutta la notte, il mio solito parcheggio. Mitch non era lì.

Inutile dire quale sarebbe stata la mia prossima tappa, il *Saigon Café*, dove sapevo avrei cenato per le successive tre serate. Era bello essere tornato e, dopo aver mangiato un altro pasto eccellente, presi posto ancora una volta al bar per chiacchierare con Steve.

Ovviamente, avevo una missione da compiere e così gli chiesi del suo Ringraziamento, perché ero curioso di sapere come questi immigrati vietnamiti avessero trascorso la giornata. Non posso dire che fossi sorpreso di scoprire che la sua famiglia ed i suoi amici avevano consumato, nella privacy del loro ristorante chiuso al pubblico, esattamente lo stesso pasto che io avevo consumato nel Wisconsin. Normalmente mangiavano vietnamita, ma in quel giorno in particolare, tacchino e contorni come chiunque altro; niente di più del solito Ringraziamento americano.

Il giorno dopo, sabato, doveva essere il giorno in cui avrei dovuto guidare verso Reading, in Pennsylvania, per far visita a Maria Cavaliere e così avevo dovuto inventarmi un'alternativa per far passare il tempo, prima della festa di compleanno di domenica e l'inizio del lungo viaggio di ritorno in Calabria il giorno successivo. Mi ero tenuto in serbo un pellegrinaggio per una tale evenienza anche se, a dire la verità, avevo programmato questo particolare itinerario nel mio ultimo giorno libero, la domenica. Volevo visitare Ellis Island e la Statua della Libertà.

Ma non mi fu concesso a causa delle devastazioni dell'uragano *Sandy*.

L'uragano non aveva propriamente danneggiato la struttura né dell'una né dell'altra, ma ne aveva seriamente danneggiato le infrastrutture. Per ironia della sorte, *Sandy* aveva colpito i locali interni della Statua della Libertà il giorno dopo essere stati riaperti al pubblico dopo una ristrutturazione durata un anno. Ricordai che avevo cercato di prenotare una visita per salire fino in cima, circa un mese prima, ma mi era stato detto di provare di nuovo dopo il primo di novembre. Adesso, a causa del grave allagamento dei seminterrati di entrambe le strutture ed i danni al dispositivo per i controlli di sicurezza lungo il terminal dei traghetti a *Battery Park*, sulla punta più a sud di Manhattan, Ellis Island e la Statua della Libertà erano chiuse al pubblico a tempo indeterminato.

In effetti ero già stato ad Ellis Island alla fine degli anni Novanta, quando le macchine fotografiche non erano ancora digitali e le fotografie che avevo scattato erano apparentemente andate perdute quando ci eravamo trasferiti in Calabria. La ragione del mio ritorno non era solo quella di rimpiazzare quelle foto, ma alla luce di quello che ora sapevo, dopo aver parlato con le famiglie calabresi e dopo essere diventato un visitatore assiduo dell'archivio on line di Ellis Island, volevo fare esperienza di questo posto da una prospettiva differente. Volevo anche visitare di nuovo il Muro d'onore dell'Immigrato Americano, una struttura di acciaio inossidabile, sulla quale sono incisi i nomi di 650.000 immigrati in America ... speravo di trovare e fotografare alcuni dei nomi di questo libro.

Non mi arresi e concepii un piano alternativo. Il caratteristico traghetto di Staten Island collega la parte bassa di Manhattan con il distretto di New York di Staten Island e passa vicino alla Statua della Libertà. Immaginavo che se avessi preso il traghetto per Staten Island avrei potuto, con ogni probabilità, dare un'occhiata di sfuggita anche ad Ellis Island.

Così, in un pungente sabato mattina, mi imbacuccai per bene (rimpiangendo il fatto di non aver portato un cappotto più lungo, anche se avevo ancora la sciarpa di Angelo) e mi incamminai per prima cosa verso il *Brownstone Diner and Pancake Factory* per un altro sandwich per colazione. Pensavo che in una giornata così fredda avrei avuto bisogno di calorie extra.

Completamente sazio poi, mi diressi verso il parcheggio per pagare Mitch e spiegargli che ero io il proprietario della misteriosa Ford bianca parcheggiata là tutta la notte. Gli dissi che probabilmente gliel'avrei lasciata tutto il giorno e l'avrei ripresa domenica mattina.

Poi presi la *PATH* (che continuava a funzionare a servizio ridotto solo con alcune stazioni, inclusa quella del World Trade Center, ancora chiuso) da *Grove Street* sotto l'Hudson, verso *Christopher Street*. Qui cambiai metropolitana per dirigermi a sud, verso *Battery Park*, solo per scoprire che la stazione di *Battery Park* era chiusa e che tutti i treni adesso arrivavano fino a *Rector Street*, a circa dieci minuti a piedi dal terminal dei traghetti di Staten Island.

Tutti quelli che scendevano a *Rector* sembravano avere in mente la mia stessa destinazione, così semplicemente mi misi a seguire la folla e presto mi ritrovai nella familiare zona di *Battery Park*.

La linea di traghetti di Staten Island è un'istituzione, la cui storia risale al

La Statua della Libertà, il simbolico accesso a New York e all'America.
Il Centro per l'Immigrazione di Ellis Island, per molti il solo punto di accesso in America.

diciottesimo secolo. Originariamente in mano ad un privato, fu rilevata dalla *Città di New York* in seguito ad un incidente nel 1901. Oggi i caratteristici traghetti arancione ancora solcano le stesse acque e tutto quello che è cambiato sono i traghetti stessi ed il costo del biglietto.

Nel 1897 costava solo 5 centesimi; nel 1972 il biglietto raddoppiò a dieci centesimi; nel 1975 salì a venticinque centesimi e nel 1990 raddoppiò a cinquanta centesimi. Poi, nel 1997, il biglietto per i passeggeri a piedi venne eliminato del tutto … ecco perché avevo aspettato tutto questo tempo per fare il viaggio.

Devo ricordare un altro episodio della sua complessa storia: il ruolo svolto dai traghetti di Staten Island in occasione degli attacchi dell'11 settembre al vicino World Trade Center. Quello stesso giorno, i traghetti portarono via decine di migliaia di persone dalla *Lower Manhattan* verso la più sicura Staten Island. Non fu un lavoro semplice perché i traghetti dovevano essere ormeggiati in condizioni di scarsissima visibilità, a causa delle nuvole di fumo e detriti che venivano dalle Torri Gemelle. Nei giorni successivi, i traghetti furono utilizzati per trasportare le attrezzature di pronto intervento ed il personale da quell'area. Il personale militare ed il pronto intervento, inclusi carri armati, furono inoltre traghettati tra la *Lower Manhattan* e *Governor's Island* … quei carri armati sono stati gli ultimi veicoli trasportati sui traghetti di Staten Island, che in seguito non hanno più accettato neppure le autovetture.

Raggiunsi la gente in coda, aspettando il traghetto delle undici e trenta e cercando di portarmi in pole position, perché immaginavo che non sarei stato il solo a voler stare sul lato dell'imbarcazione dalla parte della Statua della Libertà. Tuttavia diversamente da me, la maggior parte dei miei compagni di viaggio aveva delle ragioni per andare a Staten Island. Io ci stavo semplicemente andando per poi tornare di nuovo indietro. Non c'era da preoccuparsi. Il vento dal lato della Statua della Libertà era freddo, violento e tagliente e la maggior parte dei passeggeri preferiva ammirare le attrazioni dal relativo tepore dei locali interni. Io, al contrario, decisi di affrontare tutto questo in cerca di una buona foto e dovetti perfino stringere la cinghia da polso della mia macchina fotografica perché non mi sfuggisse di mano.

Stavo in piedi lungo la ringhiera, vicino ad un pilone, con l'intenzione di usarlo come appoggio per il braccio ed in questo modo avrei potuto scattare foto un po' meno mosse; dall'altro lato del pilone c'era una giovane donna, con una lunga sciarpa che, per il forte vento, mi sventolava addosso. Diverse volte cambiai posizione, dopo essere stato momentaneamente distratto da questo irrispettoso pezzo di stoffa. Per l'ennesima volta me lo tolsi dalla testa e dalla faccia e mi guardai intorno, per vedere se c'era un altro posto vicino alla ringhiera dove trasferirmi. In quel momento, questo capriccioso accessorio, ancora una volta, sventolò intorno al pilone e mi venne a sbattere negli occhi. Solo che questa volta mi tolse anche gli occhiali, che cominciarono la loro fatale caduta verso le profondità della Baia di New York.

Senza pensare, lasciai andare la macchina fotografica, velocemente tirai fuori la mia mano destra e li afferrai proprio sotto la ringhiera, con la macchina fotografica che ancora penzolava dal polso della stessa mano, grazie alla cinghia da polso che avevo stretto bene. Non riesco a pensare cosa avrebbe potuto essere peggio, perdere la macchina fotografica o gli occhiali.

Fu in quel preciso momento che la donna con la sciarpa decise di andare ad infastidire qualcun altro più in là.

Diversamente dalle imbarcazioni che erano arrivate qui con gli immigrati da est, la traversata dei traghetti di Staten Island era più o meno in direzione nord-sud. Guardavo la Statua della Libertà ed Ellis Island come chi è semplicemente di passaggio; per un immigrato doveva essere molto più emozionante quando entrambe piano piano diventavano più grandi, la nave si avvicinava alla destinazione finale e veniva ancorata tra Ellis Island e Manhattan.

La scena, poi, doveva essere molto più affollata, con una dozzina o più di imbarcazioni ancorate qui, mentre aspettavano il loro turno per scaricare i passeggeri verso la flotta di traghetti che li portava dalla nave sull'isola. E

Mentre mi avvicino alla Lower Manhattan su un traghetto per Staten Island.
Il Barge Office si trovava sulla costa, più o meno di fronte all'edificio più alto sulla destra.
A sinistra è ancora in costruzione la sostituzione delle torri gemelle del World Trade Center

tutt'intorno c'era la consueta frenetica attività dei porti affollati su entrambe le sponde della baia, nella *Lower Manhattan* e nel New Jersey. E ovviamente c'erano tutti i traghetti di linea, come quelli da e per Staten Island, Brooklyn e Jersey City, che navigavano avanti e indietro in un mare di navi e barche.

Fu per me sufficiente, in quella mattina di novembre, aver trascorso quei pochi veloci momenti per salutare questo posto e il ruolo che aveva svolto, nelle storie che quelle famiglie avevano condiviso con me. Avevo reso a questi luoghi i miei omaggi ed in questo viaggio speciale non potevo fare di più; mi resi conto che sarei dovuto ritornare e trascorrere più tempo qui, al più presto.

———

A Staten Island tutti dovettero scendere dal traghetto: quelli che, come me, volevano tornare direttamente a Manhattan, si affrettarono verso la zona degli arrivi e fin dentro l'aria gelida, prima di dirigersi nell'edificio del terminal ed unirsi alla folla per il prossimo traghetto, lo stesso dal quale eravamo tutti appena sbarcati. Ero sorpreso di come così tante persone avessero fatto la stessa cosa … fare il viaggio solo per ritornare a Manhattan e dire di essere stati sul traghetto di Staten Island.

Ma, per me, c'era qualcosa in più: il terminal di Staten Island verso il quale stavo tornando si trova più o meno nel sito del vecchio *Barge Office* che svolse le funzioni di Centro per l'Immigrazione di New york per due brevi periodi: dal 1890 al 1891, quando l'originale centro di accoglienza nelle vicinanze di Castle Clinton era stato chiuso prima che Ellis Island aprisse, e ancora dal 1897 al 1900, quando un incendio aveva distrutto il centro di Ellis Island (sfortunatamente gli edifici di Ellis Island erano stati costruiti con pino georgiano… altamente infiammabile!).

Per milioni di immigrati, era stata questa zona della *Lower Manhattan* la prima cosa che avevano visto degli Stati Uniti: una trafficata, frenetica *Lower Manhattan* con la sua periferia di alte antenne e con il suo sfondo di grattacieli e, un incentivo per gli immigrati italiani, il santuario di quella che era conosciuta come Little Italy a solo pochi isolati a nord.

Ritornato a Manhattan, me ne andai a spasso per la zona di *Battery Park*. Non c'era nessuna evidente traccia dei danni che l'uragano *Sandy* aveva provocato … si trattava più che altro della sensazione che qualcosa di grave fosse avvenuto, era come se questa parte di Manhattan avesse ricevuto un colpo terribile e fosse ancora in uno stato di incredulo shock. Gli ambulanti erano ancora lì a vendere di tutto, dai capellini da baseball ai viaggi in elicottero, ma c'era tanto altro che non si poteva fare: non si poteva visitare Ellis Island e la Statua della Libertà, il *South Street Seaport Museum*, *Castle*

Clinton o arrivare e partire dalla stazione metropolitana di *South Ferry*.

Ovviamente, il forte di arenaria di forma circolare, conosciuto come *Castle Clinton*, era uno dei luoghi che mi interessavano di più, perché dal 1855 al 1890 era stato il primo centro per l'immigrazione di New York ... il posto dove erano sbarcate ed erano state esaminate numerose ondate di immigrati irlandesi. Potevo camminarci intorno, dall'esterno, scattare qualche foto ed immaginare come poteva essere stato questo posto centocinquanta anni prima, quando brulicava di un'umanità smunta, quasi scheletrica, un misto di paura e speranza nelle profondità degli sguardi.

Pensavo ad un possibile racconto sulle esistenze di molti di questi immigrati, per le strade misere e i vicoli dell'area conosciuta come The *Five Points* (convergenza di cinque strade), vicino all'odierna Chinatown. Questo era stato il set di *Gangs of New York* di Martin Scorsese e nonostante l'essenza della storia fosse lavoro di immaginazione, questo era stato veramente un posto di squallore e violenza, dove erano andate a finire molte di quelle persone che in Irlanda avevano lasciato carestia, privazioni e degrado. Per la maggior parte di loro, *Castle Clinton* era stata la porta che li aveva condotti da una versione dell'inferno ad un'altra.

Mentre ancora cercavo di capire perché mai Scorsese avesse assegnato a

Il B*arge Office*, Centro per l'Immigrazione di New York per due periodi nel decennio del 1890.

Cameron Diaz il ruolo di Jennie nel suo film, tornai indietro verso la metropolitana a *Rector Street*, cambiai ancora una volta a *Christopher Street* e ritornai nel New Jersey sulla *PATH*. Ero stanco ed escogitai un piano subdolo.

Presi la macchina dal parcheggio e guidai verso il centro commerciale di Newport; questa volta feci in modo di arrivarci senza spaventare altri poliziotti di Jersey City.

La mia prima tappa era il tabellone della programmazione al cinema multi-sala. Pensare a *Gangs di New York* mi aveva dato l'idea di guardare un film, più o meno un anno dopo aver visto quello di Scorsese in Calabria. Controllai quello che stavano proiettando e restrinsi le scelte a due soli film, *Lincoln* e *Flight*. La mia decisione finale si basò su quello che pensavo Kay avrebbe preferito di meno e quindi optai per *Flight*.

Avevo quasi un'ora e mezza da ammazzare, così mi diressi verso la zona ristorante e passai in rassegna le delizie che venivano offerte. Decisi di provare un piatto indiano davvero buono, che riempì il mio stomaco. Poi cominciai a cercare un regalo di compleanno per una ragazzina di cinque anni che non avevo mai incontrato. Un po' come cercare un ago in un pagliaio. Quando chiesi consiglio ad una commessa, lei mi guardò come se fossi appena atterrato da Marte.

Alla fine, dopo aver passato dieci minuti a camminare intorno a *Macy*, studiando i numeri delle scarpe per bambini, comprai un paio di pantofole di *Hello Kitty* che immaginavo potessero andar bene ad una bambina di cinque anni. Esausto, cercai il sollievo di un posto confortevole in cui sedermi al buio.

Nonostante l'aria fresca e la pressione provata durante la ricerca del regalo, non mi addormentai durante il film (fatto che sicuramente dice qualcosa a riguardo). Tuttavia ricordo di essermi domandato se, tenendo presente che ero sul punto di imbarcarmi su tre voli, avessi fatto la scelta giusta.

Fu quando tornai a *Wayne Street* che per la prima volta mi accorsi di non avere con me la simpatica sciarpa di Angelo. Credevo di averla lasciata in macchina e decisi di controllare prima di andare al *Saigon Café*. Ma prima che tornassi indietro, chiesi a Sherry se le andava di unirsi a me per cenare insieme un'ultima volta la sera del giorno successivo, dopo tutto era stata lei ad avermi suggerito il posto per la prima volta. Era una sorta di appuntamento. Durante il tragitto controllai in macchina, ma non c'era nessuna sciarpa. Dovevo averla lasciata cadere al cinema, o peggio ancora nel centro commerciale o nel parcheggio.

La mattina dopofeci colazione con i miei nuovi migliori amici da *Brownstone Diner and Pancake Factory*, prima di passare a prendere la macchina. Programmai 'la voce' e le dissi di portarmi ad *Harrington Park*, nella parte a nord del New Jersey. Ancora una volta calcolai male il tempo che avrei impiegato e così sarei arrivato quasi un'ora prima dell'inizio dei festeggiamenti. Ricordavo di aver visto quello che sembrava essere un grande negozio di liquori sei, sette chilometri prima e, per ammazzare il tempo, me ne andai lì per vedere se avessero del vino calabrese. Alla fine ne trovai un po' e così anche altri dolciumi, che pensavo potessero piacere ad una ragazzina di cinque anni. Per la seconda volta in meno di un'ora, e precisamente all'una, arrivai alla mia destinazione, per essere ricevuto nel vialetto di casa da un Gino Sculco, in forma smagliante.

Finalmente incontrai Anna, l'altra figlia di Gino e Sina, Anna, quella che tutti a Santa Severina sembravano riconoscere perché assomigliava al padre. Incontrai anche suo marito David, i loro due figli Joseph e Jonathan e, quando riuscì ad essere strappata ai suoi amici, la festeggiata Sara Rose. Sara Rose impiegò qualche secondo per ricevere i miei auguri, prima di ritornare a quel caos che solo delle bambine di cinque anni con i loro amichetti possono creare.

Gino Sculco e Sina Audia con la figlia Anna e la sua famiglia.

Sina guardava lo spazio riservato ad una tale confusione, scuoteva la testa e alzava le spalle. - Non è stato così per i miei figli - mi disse. Sua figlia Anna l'aveva sentita di nascosto e aveva replicato -Si, mamma, ma i tempi sono cambiati.

Questa breve discussione mi fece pensare alla giovane coppia di Santa Severina, Gino Sculco e Sina Audia che, venuti qui nel 1967, avevano cresciuto la loro famiglia nel New Jersey. I loro ragazzi erano venuti su in stile calabrese e per questo erano stati più forti, ma da adulti, avevano loro stessi assorbito altre influenze, altri modi di fare le cose, altre frontiere per i loro figli che crescevano in un ambiente diverso. Queste differenti frontiere mi sembrava non fossero state sostituite a quello che loro stessi avevano sperimentato bene da bambini.

Mi ricordai della prima festa di compleanno a cui eravamo stati invitati in Calabria. Era per Alessia, all'epoca un paio di anni più grande di Sara Rose e, come capitò per caso, anche una sua lontana parente. Ed erano state occasioni molto diverse a causa delle differenze culturali, ma questo è quello che accade, è quello che significa vivere in una diversa cultura, si conserva il meglio del vecchio e si assorbe quello che piace del nuovo. Come straniero che vive in Calabria, so che questa parte d'Italia è un posto per il quale sento un legame speciale ma, come ho già chiarito, sento anche un'affinità con molti aspetti della cultura americana. Ed inoltre, sottolineo sempre, sono irlandese.

Arrivava ancora altra gente, ancora altri bambini, ancora altri amici e membri della famiglia, inclusi i nonni di Sara Rose per parte del padre. Nell'ampia cucina-sala da pranzo era stato preparato un tavolo, mentre sia nella stanza vicina che nella veranda, dove c'era un biliardino, i bambini continuavano a fare i bambini. Gli adulti gironzolavano intorno al tavolo, come in attesa. Mangiammo in puro e semplice stile italiano. Né tacchino avanzato, né ripieno freddo, solo cibo italiano, che era chiaramente la specialità di questa casa.

Sfortunatamente non potei prendere parte al torneo di biliardino cominciato dopo pranzo. Erano tre generazioni di Sculco e le loro famiglie, polsi, mani e voci che si davano da fare, che si entusiasmavano per la vittoria e volevano disperatamente evitare una sconfitta.

Prima che Sara Rose ricevesse i suoi regali e che la torta venisse tagliata, fui costretto ad andarmene per due ragioni: cominciare a fare i bagagli ed organizzare una cena nella prima serata con Sherrie al *Saigon Café*. Ma prima di mettermi in viaggio, mi fu concesso di interrompere per un momento il gioco al biliardino, per scattare una foto di questo gruppo della famiglia Sculco.

Il torneo rientrò nel pieno del suo svolgimento, Gino e Sina mi accompagnarono alla macchina e ci abbracciammo ancora un'ultima volta. Ero certo che ci saremmo incontrati presto nella piazza di Santa Severina.

Avevo preso d'impulso la decisione di stabilire la mia base a Jersey City, una decisione non legata ad una convenienza economica e, mentre vi rientravo per l'ultima volta, sapevo di aver fatto una buona scelta. La mia *Wayne Street* aveva funzionato alla grande e la vicinanza di una gemma rara come il *Saigon Café* e la famiglia che lo gestiva, era stata la ciliegina sulla torta.

Quella sera ci furono due emozionanti arrivederci … prima Steve, Karen, Kim e Danny e poi, tornato a *Wayne Street*, Sherrie che sapevo si sarebbe alzata e sarebbe andata al college prima che io mi fossi svegliato.

Steve mi diede qualche consiglio per arrivare all'aeroporto *JFK* il giorno dopo, mi suggerì di considerare almeno due ore di viaggio, anche se per meno di quaranta chilometri.

POSCRITTO

È l'agosto del 2013. Fa caldo e Santa Severina è piena zeppa di 'ritornati', quelli che fanno ritorno nel loro paese d'origine per qualche giorno, poche settimane o pochi mesi. La maggior parte viene dal nord Italia, alcuni da un po' più lontano.

A qualche porta di distanza dal mio appartamento, a *Wayne Street* a Jersey City si trova elegantemente restaurata la *Barrow Mansion* che negli ultimi anni del 1800 venne utilizzata come alloggi per immigrati che lavoravano nelle ferrovie, tra i quali anche italiani del Sud; c'era anche una sala da bowling al suo interno.

Entro nel bar di Pino e là, mentre ordino un drink, riconosco un paio di facce che avevo visto una sola volta prima di allora, il figlio di Gino Sculco, Gino e la sua fidanzata Jennifer. Stanno comprando qualcosa da bere per i bambini di Anna e Rose, seduti dietro l'angolo, più dentro al bar che fuori.

I cinque bambini, con la più piccola, Sara Rose chiaramente al comando, vogliono comprare alcune cannucce, ma non ne conoscono la parola italiana; li aiuto, mentre cercano di pronunciare 'le cannucce'.

Gino, Jennifer ed io usciamo per unirci al resto della famiglia Sculco che è seduta insieme in piazza – mancano solo il marito di Rose, José ed il marito di Anna, David. Per la prima volta Gino Sculco e Sina Audia sono insieme alla loro famiglia allargata, nel paese dove tutto era cominciato.

DRITTI A CASA

Dal momento che il mio volo da Roma per Crotone era previsto per le nove di martedì sera, avevo scelto di volare dall'aeroporto internazionale *John F. Kennedy* con scalo a Venezia e da Venezia a Roma. Questo voleva dire che avevo cinque o sei ore da trascorrere a Venezia anziché all'aeroporto di Roma, abbastanza tempo per prendere un autobus e fare un giro della città.

Il mio volo sarebbe partito dallo *JFK* alle sette e cinquanta di sera, così tenendo presente il consiglio di Steve, avevo deciso di lasciare il New Jersey solo dopo pranzo.

Mi svegliai prima del solito e, dato che mi sentivo agitato, decisi di alzarmi e camminare dove-voi-sapete per un'ultima colazione a base di sandwich, per poi proseguire verso il centro commerciale di Newport e comprare quel berretto che avevo provato ad acquistare almeno una dozzina di volte nelle prime due settimane. Tutto quel rimandare era stato utile … c'era un'offerta speciale quel giorno e ne comprai due.

Andai al cinema per chiedere della mia sciarpa e, per mia fortuna, trovai lì il 'Signor Inutile' che in modo meccanico fece finta di dare un'occhiata, ma non potevo dire se fosse davvero infastidito dalla mia richiesta. Non potei fare a meno di pensare che se avesse guardato un po' più a fondo, l'avrebbe trovata.

Ritornai a *Wayne Street* per finire di fare i bagagli.

Avendo fatto colazione tardi, decisi di pranzare altrettanto tardi in aeroporto, così, a mezzogiorno circa, feci un'ultima passeggiata verso il parcheggio per prendere la mia auto e salutare Mitch. Gli scattai pure una foto, solo per scoprire più tardi che aveva gli occhi chiusi.

Tornato a *Wayne Street* parcheggiai fuori posto, giusto il tempo che mi ci sarebbe voluto per salire a piedi quattro piani di scale per due volte e portare prima una valigia, poi anche l'altra giù in macchina.

Posizionai il GPS sul cruscotto e lo collegai alla spina. Controllai le preselezioni inserite in 'preferiti' e che mi avrebbero portato dritto a 'casa', 'home', all'autonoleggio all'aeroporto; infatti, dalla mia esperienza con i precedenti noleggi di auto, avevo scoperto che le compagnie inserivano nella memoria dei loro GPS la propria sede, 'home' appunto, in tutti i maggiori aeroporti. Ad ogni modo, nel caso di questo GPS in particolare scoprii presto che, a quanto pare, indicava la sede della compagnia di autonoleggio in tutti gli aeroporti dell'universo conosciuto, eccetto che in quello del più grande, il *JFK* di New York.

Pensando di aver commesso un errore, provai di nuovo. Effettivamente indicava tutti i più grandi aeroporti di New York e delle sue vicinanze, eccetto il *JFK* … la compagnia di noleggio, o aveva dimenticato di programmare questo GPS in particolare con la propria sede allo *JFK*, oppure, peggio ancora, non avevano una sede allo *JFK*, anche se mi avevano detto che avrei potuto lasciare la macchina lì.

Cercai nei documenti di noleggio e trovai il numero della loro sede all'aeroporto di Newark dove avevo preso la macchina. Li chiamai. La ragione della loro omissione era ragionevolmente chiara – avevano aperto solo recentemente una sede all'aeroporto *JFK*, così recentemente che non avevano avuto il tempo di programmare tutti i loro GPS con il suo indirizzo. Non era un problema, pensai, potevano darmi l'indirizzo ed avrei potuto programmarlo io stesso.

Silenzio … poi, - Solo un attimo …

Silenzio più lungo … e - Stiamo cercando di localizzarlo - ancora silenzio … poi - l'abbiamo trovato!

Digitai l'indirizzo nella memoria del GPS e selezionai 'guidami'.

Steve aveva ragione, impiegai quasi due ore per raggiungere la mia destinazione e metà di questo tempo fu quello che impiegai solo per attraversare Manhattan dall'uscita dell'*Holland Tunnel*, per oltrepassare la fine di *Clinton Street* e attraversare *Williamsburg Bridge* sul lato opposto.

———

Sullo *SkyTrain*, dall'autonoleggio, vidi che i voli Alitalia partivano dal terminal 1 e che l'uscita era là. Andai al check-in Alitalia e mostrai loro i miei biglietti. Mi dissero che, anche se il biglietto chiaramente riportava Alitalia ed io lo avevo acquistato sul sito dell'Alitalia, effettivamente stavo per volare su un volo Alitalia operato da Delta e che il mio era il Terminal 3.

Ritornai allo *Skytrain*.

Mi chiedevo quanto potesse essere difficile aggiungere alla lista delle compagnie aeree e ai terminal delle partenze 'Alitalia/Delta'.

Imbarcai la mia valigia più grande, pranzai tardi e feci un po' di shopping dell'ultimo minuto ... in un terminal che appariva in rovina; mi ricordava il Terminal 2 di Londra *Heathrow* prima che cominciassero a farlo a pezzi.

Era tempo di andarmene al *Gate B22*. Ero un po' in anticipo, ma avevo delle difficoltà a trovarlo. Stavo seguendo tutti i segnali correttamente, ma sembrava non esserci un *Gate B22*. Vidi un gruppo di persone che vagavano come in attesa, vicino ad una porta secondaria e tra loro riconobbi l'uomo che era davanti a me nel check-in per i bagagli. C'era una donna in uniforme davanti a noi, apparentemente una responsabile e che chiamava ad intermittenza tutti i passeggeri per il *Gate B22*. Chiesi a qualcuno cosa stesse succedendo e mi fu detto che stavamo aspettando l'autobus per il Terminal 4. Sembrava che il *Gate B22* fosse in effetti al Terminal 4 e la strada per il Terminal 4 passasse attraverso la porta secondaria del Terminal 3 e prevedesse una corsa in autobus.

Non so perché mi ero aspettato qualcosa di più dall'aeroporto di New York *JFK*.

Nel viaggio di dieci minuti al buio verso il Terminal 4, mi chiesi quante persone stessero verosimilmente perdendo il loro volo per non aver tenuto conto del tempo necessario per questa piccola complicazione extra.

Ero fortunato per il fatto che mi ero dato molto tempo, ma mi ero imbattuto nelle persone del *Gate 22* solo per caso. Non stavo cercando la porta secondaria, stavo cercando il gate con una coppia dello staff della compagnia e una finestra con un aeroplano che aspettava dall'altra parte.

Atterrammo all'aeroporto Marco Polo di Venezia in orario e, dopo aver controllato che la mia valigia andasse dritta a Crotone, presi l'autobus per la città.

Qualche anno fa, Neff, mio nipote ed il mio fido compagno di viaggio, si è sposato su un bellissimo ponte veneziano su un canale nell'affollata Piazza San Marco. Dopo la cerimonia lui e sua moglie sono saliti su una gondola per un breve, romantico viaggio tra le acque immobili sotto un cielo azzurro e un insolito sbuffo di nuvole vaporose.

Il cielo era finto, le nuvole scorrevano a ripetizione, la gondola era elettrica e Piazza San Marco era nel centro commerciale nell'Hotel Venezia a Las Vegas. La sola cosa autentica era l'acqua, anche se un po' più pulita di quella che ci si potrebbe aspettare da Venezia. Fino a che non scesi dall'autobus in Piazzale Roma, quel matrimonio a Las Vegas era stata la cosa più vicina a Venezia in cui mi fossi mai trovato.

Venezia sembra essere uno di quei posti che divide la gente: i più la amano, molti la odiano. Per quanto mi riguarda, dopo aver vagabondato un paio d'ore per le strade di Rialto, la cosa non mi era ancora chiara.

So di avere un innato disincanto per i posti turistici che potrebbero rivelarsi non essere quello che la gente si aspetta; comincio con scetticismo e aspetto di venirne convinto. Ecco perché ho provato sensazioni contrastanti riguardo al Gran Canyon, ma ho amato la Death Valley; non vedevo l'ora di andarmene da Alberobello in Puglia e mi sarebbe piaciuto rimanere molto più a lungo nelle vicinanze di Ostuni.

A parte dover ammazzare del tempo, la ragione della mia visita a Venezia quella mattina era duplice: prima di tutto volevo solo avere un'impressione del posto, casomai Kay ed io avessimo voluto visitarlo insieme in futuro; ma ora dovevo anche controllare perché il mio iPhone non voleva funzionare, nonostante avessi già inserito una SIM italiana. Quindi avevo bisogno di trovare un centro del mio operatore italiano, la Wind. In genere, anche nelle città più piccole, si tratta di una faccenda relativamente semplice, i negozi di cellulari sono ovunque.

In alcune città italiane ci sono anche due o tre negozi per lo stesso operatore, cosa che spiega perché l'Italia ha una delle più alte concentrazioni pro capite di cellulari al mondo. Prevedevo un autentico surplus di centri Wind a Venezia.

Non ci misi molto a trovare Canal Grande, che correva parallelo a Piazzale Roma. Attraversai il canale ed esplorai le stradine nella remota possibilità di imbattermi in un centro Wind. L'assenza di qualsiasi tipo di negozio mi disse che mi trovavo nella parte sbagliata della città. Tornai indietro, verso il luogo in cui avevo visto un taxi acqueo e chiesi ad un vicino chiosco dove fosse la zona commerciale di Venezia. Mi indicarono Rialto. Vidi che uno dei taxi andava proprio là e così comprai un biglietto giornaliero, nel caso avessi voluto scendere da qualche altra parte.

Rialto era un labirinto di strade che si aggrovigliavano, svoltavano, attraversavano e riattraversavano i canali più piccoli e che avrebbero del tutto potuto confondermi se non fosse stato per il gran numero di segnali che indicavano la strada verso le attrazioni turistiche. Di quando in quando, mi sono imbattuto in un'abitudine italiana di cui ho già scritto da qualche altra parte: il flagello del segnale perduto, l'incrocio dove c'è chiaramente la scelta della strada in cui girare e dove il segnale che stavi seguendo non esiste.

Presto compresi che il 'Wind Store' non sarebbe comparso in nessuno di quei cartelli, così cominciai a chiedere indicazioni. In totale devo aver chiesto a sette, otto persone, negozianti per la maggiore, ma anche ad alcuni abitanti del posto, fuori per una passeggiata nella pioggia. Si, adesso stava piovendo.

Ogni volta, seguii le loro indicazioni alla lettera, fino a che la mia testa non cominciò a sentirsi frastornata per quell'andare su e giù per le stesse strade, passare davanti agli stessi negozi ed attraversare gli stessi ponti in direzioni opposte. Confuso, infreddolito, bagnato, stanco e affamato, lasciai perdere la mia Wind-ricerca e seguii i segnali per tornare dove avevo preso il taxi. Avevo già deciso che mangiare vicino Piazzale Roma sarebbe stato infinitamente meno costoso che in qualsiasi altro posto a Rialto o nelle sue vicinanze.

Mi godetti uno straordinario piatto di minestrone caldo e del pane fresco e croccante, prima di prendere il mio autobus per tornare in aeroporto.

Mentre guardavo fuori dal finestrino Venezia scomparire, riflettevo su quanto era stato ironico che il mio viaggio in America fosse cominciato e finito, cercando di far funzionare il mio maledetto telefono. Non riuscivo a credere di essere appena stato a Venezia per la prima volta e di non aver scattato nemmeno una foto.

———

Tre ore più tardi ero all'aeroporto di Roma ad aspettare la mia bretella della sera tardi per Crotone dove sapevo che il mio amico Giuliano mi stava aspettando.

A bordo, diversamente dal solito, dormii per tutto il viaggio verso Crotone e tornai in me e capii dove mi trovavo solo quando l'aereo stava parcheggiando fuori dal piccolo terminal.

In quel momento, l'America, il New Jersey, Jersey City e *Wayne Street* sembravano tutti anni luce lontani, ma c'erano persone e posti che non avrei mai dimenticato e che speravo di poter rivedere ancora.

Mentre scendevo le scalette dell'aereo e ancora una volta mettevo piede in Calabria, asciugai una lacrima. Ero molto più che contento di essere tornato in questo posto.

POSCRITTO

È la fine di Maggio. Kay ed io siamo di ritorno in Calabria dalla Croazia e stiamo trascorrendo una giornata a Venezia, prima di prendere il nostro volo del mattino presto per Lamezia Terme.

Decidiamo di non prendere il taxi e di andare a Rialto a piedi. Siamo quasi arrivati, svoltiamo ad un incrocio che ci porta in una piccola piazza e ad un angolo c'è un grande Wind Store, oggetto della mia infruttuosa ricerca di quasi sei mesi prima. Mi chiedo se questo centro Wind sarebbe stato meglio di quelli che alla fine avevo trovato in Calabria e che non erano stati di nessun aiuto al mio problema. Era stata una risoluzione della Apple che aveva finalmente fatto funzionare la mia SIM Wind.

Mentre usciamo dalla piazza, riconosco un paio di negozi. Qui è stato dove ne avevo avuto abbastanza del mio labirintico vagabondare nella persistente pioggerellina e avevo rinunciato alla mia ricerca. Mi ero trovato a non più di venticinque metri dal negozio che cercavo.

Uno sguardo indietro

Quando ho lasciato la Calabria, all'inizio di novembre, per visitare alcune famiglie calabresi negli Stati Uniti, non avevo nessuna idea di che cosa sarebbe accaduto, che cosa avrei imparato (se qualcosa da imparare c'era) e se sarebbe valsa davvero la pena di parlare con intere famiglie e singoli individui del proprio passato, nel tentativo di riportarlo al presente.

Le storie che le persone hanno condiviso con me, ne sono certo, sono soltanto un'istantanea delle milioni di storie là fuori che non ho ascoltato.

Ho incontrato, in ogni caso, molta gente fuori dal comune e ho ascoltato racconti sulle molte altre straordinarie persone venute prima di loro, le quali hanno reso possibili i traguardi delle successive generazioni. Anche coloro che sono emigrati negli anni Cinquanta e Sessanta, avevano nella loro famiglia altri parenti, più anziani, che già avevano fatto esperienza dell'Oceano (spesso, più di una volta).

Davvero, ogni famiglia o persona incontrata aveva avuto almeno un avo emigrato e, tra questi, tutti eccetto uno erano entrati negli Stati Uniti attraverso il *Centro di Immigrazione* di Ellis Island, anche se i discendenti non erano emigrati se non molto più tardi.

Ho inoltre appreso alcune storie che ho deciso di non attribuire a nessuna famiglia in particolare, sia perché a volte mi è stato appositamente chiesto di non fare nomi, sia perché io stesso ho ritenuto opportuno non farlo. Detto questo, non ho rivelato le identità dei protagonisti delle pagine di questo capitolo, utilizzando le loro storie per riflessioni più ampie e generali.

———

Ogni singolo individuo ed ogni famiglia italiana emigrata lo ha fatto per una complessa mescolanza di ragioni (ragioni che, con il passare del tempo, risultano difficili da valutare in termini precisi, anche se in generale, i più erano stati costretti a partire per le privazioni sofferte nella propria terra d'origine).

Quelli che avevano lasciato la Calabria erano poveri, al di là di ogni nostra immaginazione; in genere, vivevano in piccoli paesi di campagna con, come sembrava loro a quel tempo, pochissime speranze che le cose potessero andare meglio. Intorno a loro, nei paesi più grandi e nelle città, potevano vedere che, per alcuni almeno, le cose miglioravano, anche se lentamente. Per alcuni c'erano delle prospettive.

I contadini avevano vissuto con difficoltà la stessa esistenza per generazioni, vivendo della terra e della sua generosità e lavorando, quasi per un niente, la terra di altri. Giorno dopo giorno, anno dopo anno, la vita si era svolta e si sarebbe svolta sempre nello stesso modo: si sarebbero sposati, avrebbero avuto dei figli, che a loro volta si sarebbero sposati ed avrebbero avuto dei figli.

In seguito, alla fine del diciannovesimo secolo, si era loro presentata un'altra scelta, l'opportunità di rompere il cerchio infinito di un'esistenza servile in Calabria. Ma tanto per i singoli, quanto per le famiglie, rompere con il passato significava affrontare enormi sacrifici. Lasciare la Calabria per l'America (o qualsiasi altro posto) significava lasciarsi dietro famiglia, amici ed uno stile di vita a misura d'uomo.

La continua instabilità economica e politica del tempo, in particolare negli anni a ridosso della Prima Guerra Mondiale, era servita soltanto a far sentire gli italiani del Sud molto più sfruttati di quanto normalmente non lo fossero. Anche per questo, affrontare un sacrificio come quello della partenza non era sembrato loro poi così improbabile.

Frammista a quanto descritto sopra, un'altra calamità toccava in sorte a molti calabresi, in particolare quelli che dovevano vivere in zone depresse tra la montagna e il mare: il flagello della malaria.

Nei suoi viaggi nella *Old Calabria*, lo scrittore inglese Norman Douglas ha descritto le condizioni di vita dei calabresi, secondo quanto aveva lui stesso osservato nel primo decennio del ventesimo secolo. Non si trattava certamente di un quadro edificante ed anche i paesini posizionati più in alto, in cima alle colline, non erano stati risparmiati dal contagio. Douglas racconta come, nel 1908, quaranta uomini provenienti da un paesino a sud di Catanzaro, non avendo avuto altra scelta che cercare lavoro a Crotone, erano tutti tornati a casa infetti, salvo i due che "avevano fatto un abbondante uso di chinino come profilassi".

Le sue conclusioni vanno dritte al punto, sebbene forse un po' estreme e di parte:

"La malaria è la chiave per comprendere in modo corretto il paesaggio calabrese, essa fornisce spiegazioni sulle persone che vi abitano, sul loro stile di vita, le loro abitudini, la loro storia".

Sotteso a tutte queste ragioni legate fra loro, c'era un diffuso condizionamento che incombeva su tutti i calabresi (ed in genere su tutti quelli nati a sud di Napoli): essere abitanti del Sud.

Lo erano diventati in seguito alla riunificazione dell'Italia nel 1861. Prima di allora, erano stati cittadini del Regno delle Due Sicilie, un Regno rimasto a lungo stabile, con Napoli come capitale, la più ricca e la più autonoma area della penisola italiana e delle isole, prima che fosse costretta a diventare parte del sogno di 'unificazione'.

Ricordo di aver studiato 'L'unificazione d'Italia' quando andavo a scuola e all'epoca mi chiedevo perché accadesse che alcuni 'italiani' sembrassero essere contrari ad un esito così ovvio ed inevitabile come quello di unificare la penisola a forma di stivale sotto un solo governo, come unica nazione. È stato solo dopo aver vissuto in Calabria, al Sud, che ho cominciato a capire. Ho compreso come il mio ragionamento di ragazzo fosse stato influenzato dall'apparente logica della geografia, piuttosto che dalla più solida e avvincente logica della realtà culturale ed economica.

La scrittrice svedesa Fredrika Bremer (1801–1865) è stata una delle poche ad aver scritto delle tre più importanti città europee dell'epoca a lei contemporanea (Londra, Parigi e Napoli) ed una delle poche ad aver visitato anche New York. Si era aspettata il peggio quando aveva visitato Napoli, ma aveva notato che " ... nel complesso non ho visto più miseria a Napoli che a Londra, Parigi o New York". (*Two Years in Switzerland and Italy, Volume 2* di Fredrika Bremer).

Da un certo punto di vista, queste tre città europee erano le stesse, vantavano da un lato un'opulenta eleganza, per pochi, e dall'altro condizioni di vita e di lavoro squallide, per molti. Tutte e tre godevano di un ruolo di primaria importanza, potenti politicamente e culturalmente.

Le privazioni e le ingiustizie sociali ed economiche che avevano generato le numerose rivoluzioni europee della metà del diciannovesimo secolo, erano altrettanto presenti nel regno delle Due Sicilie. La monarchia borbonica ed i suoi sostenitori non erano migliori, se si ascolta la voce della gente, dei loro cugini di altre città europee. Ciò nonostante, in termini italiani, la fama di Napoli era quella di capitale di un regime economicamente potente, anche se in rapporto a quell'epoca, e tutto questo improvvisamente era collassato quando era stato realizzato il 'sogno' dell'unificazione.

In termini di unificazione, la concretizzazione del modo di dire "ai vincitori spetta il bottino" fu che la ricchezza del Regno delle Due Sicilie venne smantellata e trasferita al nord. Quelli che si rifiutavano di dare il loro assenso o protestavano erano brutalmente sottomessi ed etichettati come briganti ed ancora oggi sta venendo alla luce la testimonianza dei violenti ed indiscriminati massacri verificatisi in alcune aree, di quello che era stato il precedente Regno.

Così, abitare al Sud, nell'Italia della post-unificazione, non era per niente uno spasso. Per chi era già povero, le cose andarono semplicemente peggio; per quelli che avevano vissuto un'esistenza serena, in una società dai costi esigui, povertà, disoccupazione, privazione e la vergogna di essere un cittadino di seconda classe divennero una realtà. E le cose non migliorarono. La vita offriva agli abitanti del sud poche speranze di ritornare a quelli che alcuni percepivano come i 'bei vecchi tempi' e così non ci si deve stupire se così tanta gente puntò lo sguardo verso ovest e sognò di fuggire via.

Per molto tempo ho provato a comprendere come sia accaduto che i membri di una famiglia fossero emigrati ed i loro amici avessero scelto di rimanere;

Immigrati italiani mentre sbarcano dalla *Prinzess Irene* nel 1911.

che cosa aveva portato due famiglie, due fratelli, due cugini o due amici con lo stesso sfondo di disordine sociale, povertà endemica, le stesse prospettive e che pur avevano sentito gli stessi racconti sulla vita in America, a scegliere un differente percorso di vita. La sola ipotesi che mi viene in mente è che ogni individuo possiede, o meno, una certa capacità di evadere da quel particolare 'modello di vita familiare', di immaginare cosa potrebbe esserci altrove e quindi di fare un salto nel buio. Forse quando non si ha niente da perdere, un salto è l'unica alternativa.

Mi riferisco qui a quanti emigrarono nei primi anni del Novecento e non a chi lasciò la Calabria negli anni Cinquanta e Sessanta. Per questi ultimi, le immagini in movimento dell'America e del suo stile di vita, insieme ai racconti e alle esperienze di famiglia, erano ormai poco più che luoghi comuni. Il loro non fu proprio un salto verso l'ignoto, come ho sperimentato da me stesso molte volte, anche se questo non deve sminuire la risoluzione ed il coraggio di queste persone nel decidere di lasciare la propria casa.

Inoltre, nel secondo dopo-guerra, molti calabresi si erano sempre più abituati a cercare impiego altrove, moltissimi in particolare in Germania, dove avevano trovato lavoro nell'industria automobilistica in crescita. Infatti, ho un certo numero di amici calabresi ottantenni, che ancora ricevono una regolare pensione, fra gli altri, dalla Volkswagen.

Quale sia stata la loro identità, quale circostanza, quale luogo abbiano lasciato, ovunque siano andati, la gravità della scelta di questa gente non può in alcun modo essere sottovalutata.

Ovviamente c'erano stati alcuni, come Raffaele, padre di Peter Chiarella di *Calabrian Tales*, che avevano considerato l'emigrazione come unica soluzione ad un problema ben preciso. Nel caso di Raffaele, l'unica soluzione alla costante vergogna che assillava la sua famiglia; con ogni probabilità, Raffaele Chiarella e sua madre erano fuggiti, non emigrati.

Allo stesso modo nel 1906, il giovane Bruno Cortese, di soli diciotto anni, era stato costretto al suo primo viaggio in America dalle indesiderate attenzioni di una donna, la cui famiglia puntava al matrimonio; Bruno era scappato via, non emigrato.

Anche negli anni Sessanta per la famiglia Cubello principale motivo del trasferimento in America non erano state le loro condizioni economiche in Calabria, quanto piuttosto la speranza che, una volta emigrati in America, le condizioni di salute di Giuseppe Cubello sarebbero migliorate; la famiglia Cubello era emigrata per preservare l'unità familiare.

E ovviamente, Elvira Arabia era andata negli Stati Uniti da turista. Emigrare era l'ultima cosa che le sarebbe passata per la mente, fino a quando però non aveva incontrato Eugene DeBartolo; Elvira era emigrata non per un progetto ben preciso, ma per puro caso.

Ed infine, anche se non dispongo di un opportuno esempio con cui dimostrarlo, ci devono certamente essere stati quelli che lasciarono la Calabria in fretta e furia per ragioni diverse dalle inopportune attenzioni di una donna o di un uomo. Data l'intermittente storia calabrese di brigantaggio e banditismo, soprattutto negli ultimi decenni del diciannovesimo secolo, sicuramente ci sono stati alcuni per i quali tre scomode settimane in squallide condizioni su una nave sarebbero state un'opzione preferibile al rischio di essere catturati e messi in carcere. Per alcuni, cominciare una nuova vita in America sarebbe stato sinonimo di 'voltare pagina'; e per altri, forse non più che un andare avanti con le vecchie abitudini, nel nuovo ambiente.

Certamente ogni storia è una storia a sé, possono esserci schemi simili e generalizzazioni che trovano un fondamento effettivo, ma ci sono sempre storie di persone che rompono gli schemi e sfuggono ad una generalizzazione.

Le ragioni per cui Gaetano Gaudio e Angelina Bruno decisero di emigrare costituiscono certamente un racconto unico nel suo genere.

Il padre e la madre di Gaetano, Marcello e Antonella, erano una tipica coppia calabrese. I due avevano contratto matrimonio poco più che ragazzi, come avevano stabilito le loro famiglie. Zappavano la terra, andavano a messa ogni domenica, salutavano con rispetto il proprietario terriero chiamandolo Don Francesco, lo maledicevano non appena voltava le spalle … ed in genere conducevano le loro esistenze come facevano tutti gli altri. In veloce successione avevano avuto tre figli, Antonio, Francesco e Gaetano. Nel 1910, con la benedizione dei genitori, i due ragazzi più grandi decisero di emigrare in America, dove avevano un lontano zio per parte materna, che aveva promesso di aiutarli a trovare un lavoro. Il figlio più piccolo, Gaetano, era rimasto in Calabria per aiutare i suoi genitori, anche perché la madre Antonella non godeva di buona salute. Quasi due anni più tardi, quando Gaetano stava per compiere vent'anni, sua madre morì.

All'inizio Marcello aveva seriamente pensato di lasciare la Calabria e di portare con sé Gaetano per riunirsi ai suoi due figli a Brooklyn, ma al contrario, si era risposato, dopo un opportuno periodo di lutto.

La seconda moglie di Marcello, Angelina Bruno, era di quasi vent'anni più giovane di lui, ma la coppia sembrava abbastanza felice ed entrambe le famiglie avevano chiaramente accettato un'unione così particolare e un'unione falsata dal bisogno, come molte altre a quel tempo. Gaetano adesso aveva una matrigna, anche se di pochi anni più grande di lui.

Un anno più tardi Angelina ebbe un figlio, Vincenzo, ma qualche mese dopo la sua nascita, una tragedia colpì ancora questa famiglia ed il marito Marcello morì. Nell'arco di quattro anni, Gaetano aveva perso entrambe i genitori, la matrigna era rimasta vedova ed il fratellastro appena nato non aveva più un padre.

Gaetano fece la sola cosa che conveniva fare e sposò la matrigna Angelina ed insieme al 'figlio' Vincenzo lasciarono la Calabria per raggiungere i fratelli di Gaetano in America.

Qui, Angelina e Gaetano ebbero sette figli; è stata la moglie di uno di questi figli a raccontarmi la loro storia.

Nel 1912, anche la diciottenne Marialuigia D'Amato aveva una ragione personale per lasciare Scandale, il suo paese d'origine: era incinta ed il padre del bambino, Domenico Franco, se l'era svignata attraversando l'oceano verso la Pennsylvania. Determinata e coraggiosa fino all'eccesso, Marialuigia lo aveva seguito in America per leggergli i suoi diritti, portando con sé il fratello di quattordici anni, Angelo.

Ma è la storia di Angelo che ha finito per diventare la più intrigante, perché fu lui a decidere di rimanere in America, dopo che Marialuigia, trovato il suo uomo, lo aveva sposato e lo aveva riportato a Scandale con 'una palla da deportato al piede'.

All'età di diciotto anni, Angelo viveva e lavorava nella comunità calabrese di Brooklyn, vicino *Park Avenue*, quando una fatidica sera lui ed i suoi amici erano finiti in una rissa con alcuni siciliani. La discussione era diventata via via più accesa, fino a che non si era arrivati ad una raccapricciante conclusione: Angelo aveva staccato via con un morso il lobo dell'orecchio di un suo avversario.

I nemici si erano ritirati nelle loro rispettive zone, ma nel quartiere calabrese era arrivata presto la notizia che i siciliani erano fuori per vendicarsi. Stavano cercando Angelo.

Fortuna volle che Angelo avesse dei buoni amici, leali ed ingegnosi, i quali non si misero esattamente dalla sua parte, ma fecero la cosa migliore: lo imbarcarono per il Canada. Qualcuno aveva sentito dire ci fossero lavoro e prospettive nella città del boom delle miniere d'oro, Kirkland Lake, conosciuta anche come il *Miglio d'Oro*, in Ontario. Così Angelo era stato debitamente stipato in un barile di whiskey vuoto e il barile ed il suo contenuto umano erano stati trasportati su una nave diretta a nord, verso Kirkland Lake.

Angelo, c'è da dire, visse per tutto il resto della sua lunga vita in questa piccola e remota cittadina. Aveva rinunciato a mordere orecchie ed era diventato invece un membro rispettabile della comunità locale, dove aveva sposato una donna canadese e aperto un hotel.

Nessuno sa che cosa ne sia stato del barile.

Quali siano state le ragioni per emigrare, in genere, ci si è spostati con i membri della propria famiglia o con un gruppo di amici della stessa città o dello stesso paese; oltre ad essere in buona salute, gli emigrati dovevano avere un aggancio dall'altra parte dell'oceano, un indirizzo e dollari a sufficienza (nel corso degli anni il loro ammontare era spesso variato).

I manifesti di imbarco superstiti (fino al 1924) che restituiscono alle generazioni contemporanee gli aspetti essenziali dell'esistenza di ogni singolo individuo al momento del suo imbarco (in genere da Napoli per i calabresi), non raccontano tutta la storia. Ogni persona che emigrava, si lasciava alle spalle, nel proprio paese di origine, una scia di dolore, di pena e apprensione. Anche se, per alcuni, c'erano amici e parenti, che potevano accompagnarli a Napoli per gridare un ultimo arrivederci, per i più, l'emozione di questa occasione era confinata tra le mura domestiche.

Nel corso della loro intera esistenza, la maggior parte dei calabresi non si era avventurata più lontano di una quindicina di chilometri dal proprio

Emigranti che si dirigono al *Centro per l'Emigrazione* a Napoli.

paese. Erano poi diventate persone coraggiose e disperate, che si preparavano a lasciare tutti quelli che conoscevano, non semplicemente per un posto lontano come Napoli, ma per una distanza al di là di ogni immaginazione, ancora oltre Napoli, verso una nuova esistenza, in una nuova terra.

Quando cominciava ad albeggiare, piegavano, arrotolavano e ammucchiavano vestiti; riempivano scatole, sacche e borse; abbracciavano, tenevano stretti e rassicuravano i loro cari; dicevano arrivederci, promettevano di scrivere e piangevano; si sentivano perplessi, sopraffatti, ma risoluti; si salutavano, erano agitati e conoscevano la paura; sentivano il lamento del carro sul selciato, vedevano volti incollati alle finestre e gettavano un ultimo sguardo alla strada familiare.

Quel giorno, ciascun emigrante e la famiglia, che lui o lei si lasciavano alle spalle, condividevano il medesimo sfogo di sincera emozione, chiedendosi se si sarebbero mai rivisti.

—◆—

Dai manifesti di imbarco che riportavano un elenco di tutti coloro i quali erano entrati negli Stati Uniti da Ellis Island, emerge come la maggior parte di coloro che emigrarono dal Sud Italia non aveva altra referenza se non quella di essere dei buoni lavoratori; nessuno sapeva leggere o scrivere.

Detto questo, alcuni avevano delle particolari competenze (dalle famiglie con cui ho parlato venivano sarti, calzolai ed alcuni di loro sapevano anche leggere e scrivere), ma se facciamo riferimento al modo in cui ciascuna di queste storie si era poi andata a costruire, non sembra che le competenze o le mancate competenze con cui erano emigrati, abbiano fatto qualche differenza; Pat Scida era il figlio di un contadino analfabeta e si è ritirato in pensione come vice-presidente della *Morgan Stanley Bank*.

Alfabetizzati o semplicemente capaci di svolgere alcuni lavori, molti di quelli che erano arrivati negli Stati Uniti tra il 1900 ed il 1924, erano dovuti passare da Ellis Island, 'l'Isola delle Lacrime', come molti immigrati italiani l'avevano chiamata. Eppure, per quanto invadente e straziante fosse la politica di Ellis Island, oltretutto dopo una traversata lunga e debilitante, era infinitamente meglio di ciò che l'aveva preceduta. Sia il *Barge Office* che *Castle Clinton* venivano notoriamente mal gestiti, erano ricettacolo di corruzione e, oltre a tutti i consueti controlli della documentazione e del loro stato di salute, gli immigrati spesso dovevano passare sotto le forche caudine di ogni sorta di meschinità, inclusi truffatori, ladri e borseggiatori. Come se le strade di New York non fossero già state abbastanza pericolose.

Per ovvie ragioni, si tendeva a gravitare nelle aree in cui vivevano i propri compaesani. Ci si poteva trovare diversi isolati lontani o ad una mezza dozzina di strade di distanza, come a Brooklyn, oppure ci si poteva ritrovare in una comunità piuttosto ampia, come quella di Kenosha. C'era sicurezza, amicizia e grande cooperazione.

C'erano (e per alcuni versi ci sono ancora) gruppi di calabresi riuniti in determinate aree, cosa per cui mi sono chiesto se gli immigrati calabresi siano stati più calabresi e meno italiani di molti altri e se questa sorta di segregazione fosse stata auto-inflitta o semplicemente un riflesso di come gli altri italiani percepivano i calabresi. Rimane oggi la questione aperta circa il fatto che molti italiani vedano la Calabria come una regione del paese di serie B, abitata da individui pigri, abituati a non pagare le tasse. Forse tutti i calabresi lavoratori sono emigrati?

In genere a Boston, gli italiani vivevano in quello che era chiamato *North End,* ma, secondo Stephen Puleo (nel suo libro, *The Boston Italians*), i calabresi tendevano a mescolarsi con gli altri immigrati non italiani e con la gente del *South End* di Boston.

Mulberry Street, il cuore di Little Italy intorno al 1905. Mi piacerebbe sapere se c'era qualcuno che veniva dalla Calabria.

Allo stesso modo, devono esserci certamente stati alcuni calabresi che gravitavano nell'area di New York, intorno a *Mulberry Street* e *Mott Street*, conosciuta poi come Little Italy, ma non ne ho mai incontrato nessuno.

E poi, ancora, forse non ci deve sorprendere come, all'epoca, *Mott Street* fosse una zona soprattutto di famiglie siciliane, molte delle quali, a torto o a ragione, avevano la reputazione di essere legate alla criminalità organizzata, di essere 'affiliate'. Era stato qui che uno dei più noti gangster di New York, Ignazio Lupo, aveva aperto il più grande dei numerosi alimentari all'ingrosso con cui vessava altri italiani

Erano le connotazioni della parola inglese *connected*, legato alla malavita, che alla fine mi aveva persuaso di poter cercare un'alternativa al titolo originale di questo libro, *Calabrian Connections*.

Il libro di Nicholas Ciotola, *Italians in Albuquerque*, illustra la stessa storia, ma in senso inverso, raccontando le vicende degli immigrati italiani della città che, per la maggiore, venivano da Lucca, in Toscana. Il libro punta l'attenzione su poche importanti famiglie le quali, ovviamente, rappresentavano la comunità italiana in città. Detto questo, c'era però anche un calzolaio calabrese che viveva là, chiamato Bruno Cortese. Ma all'epoca, Bruno si era stabilito in quella città perché la moglie aveva la tubercolosi (inizialmente aveva vissuto a Cicero, vicino Chicago e ad Elkhart nell'Indiana, entrambe città che ospitavano una nutrita comunità calabrese).

Se quanto dimostrato per Boston è cosa ormai archiviata, i primi immigrati calabresi si tenevano a distanza dagli altri italiani (si tenevano a distanza o non erano i benvenuti, entrambe le cose sono plausibili), così non ci si deve stupire se, almeno all'inizio, la maggior parte delle famiglie era molto tradizionalista in fatto di matrimonio fuori dal clan dei calabresi. Il crimine peggiore pare fosse aver a che fare con gli irlandesi.

Dopo quella irlandese, la successiva emigrazione italiana era stata la più significativa mobilitazione di individui verso gli Stati Uniti. Molti, all'interno della comunità irlandese, avevano dimenticato di essere stati a loro volta degli immigrati e non si erano immediatamente abituati a questa nuova ondata di stranieri di bassa statura, dalla carnagione scura e che non parlava inglese. Il fatto che, almeno in apparenza, fossero della stessa religione, sembrava non avere nessuna importanza.

I rapporti tra le due comunità potevano essere tesi, con gli irlandesi che spesso prendevano il sopravvento, in particolar modo perché molti di loro, nelle più grandi città del nord, erano diventati degli agenti di polizia; quasi

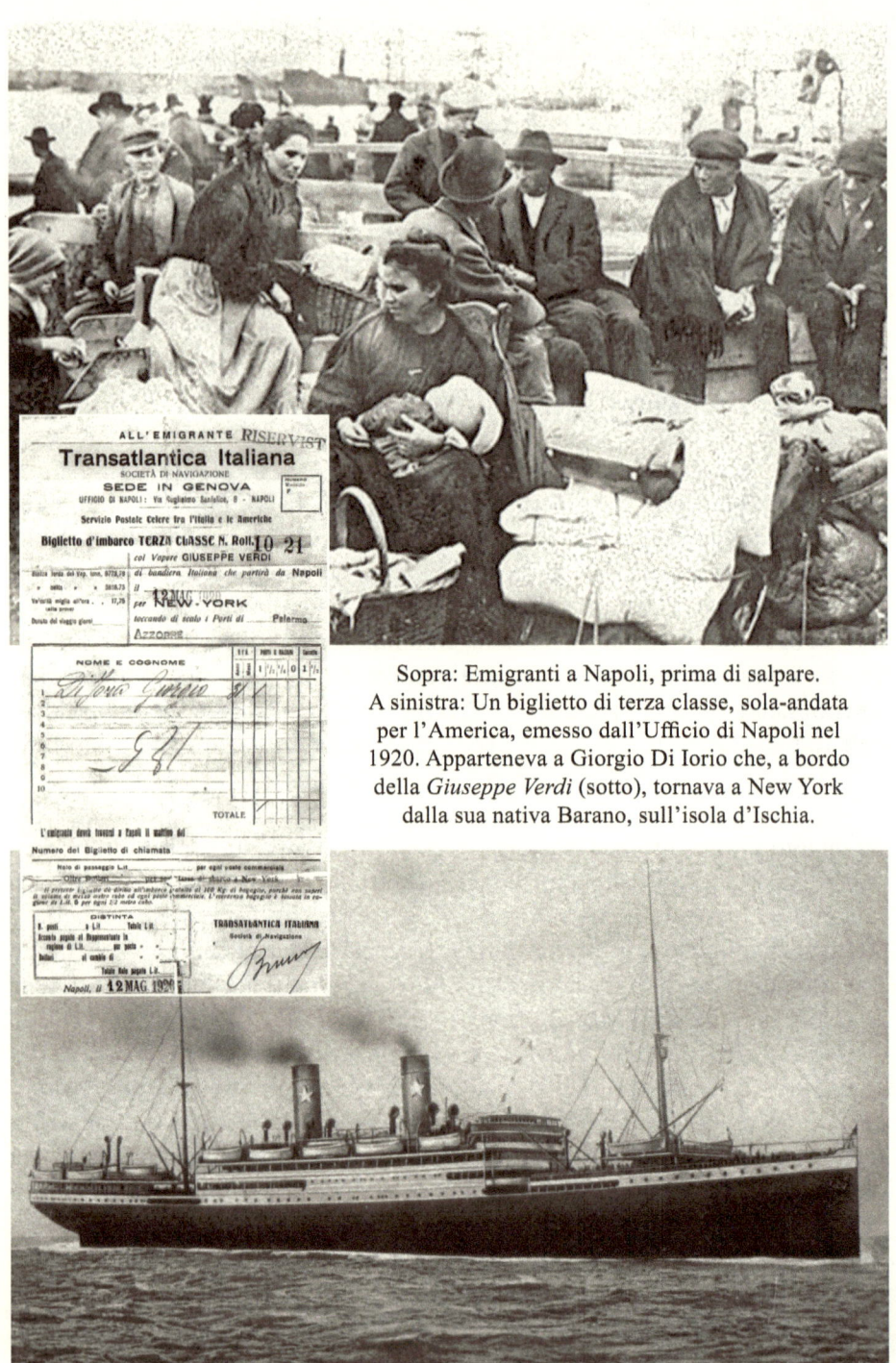

Sopra: Emigranti a Napoli, prima di salpare.
A sinistra: Un biglietto di terza classe, sola-andata
per l'America, emesso dall'Ufficio di Napoli nel
1920. Apparteneva a Giorgio Di Iorio che, a bordo
della *Giuseppe Verdi* (sotto), tornava a New York
dalla sua nativa Barano, sull'isola d'Ischia.

la metà delle forze di polizia di New York, nel 1860, era costituita da irlandesi o da discendenti di irlandesi e all'inizio del secolo successivo, erano quasi l'ottanta per cento. Detto questo, rapporti italo-irlandesi così negativi riguardarono in genere quegli immigrati che erano venuti in America nei primi anni del ventesimo secolo. Negli anni Cinquanta e Sessanta, molti italiani e irlandesi di terza generazione si sposavano e per la nuova ondata di immigrati, c'erano molti meno conflitti e spesso, in realtà, frequentavano le stesse scuole.

Pasquale Vincenzo Fortino era andato a cacciarsi nei guai proprio con gli irlandesi, dopo aver deciso di lasciare la Calabria, poco prima di essere chiamato nell'esercito nel 1914. Era andato prima a Brooklyn, ma si era poi stabilito nel Queens e, per ironia della sorte, era finito per un certo periodo nell'esercito americano.

Nel 1920 Pasquale era ormai un cittadino americano e tutto sembrava procedere bene, fino a quando non aveva avuto dei problemi con la famiglia di una rossa che stava corteggiando, una famiglia a cui non piacevano i 'wops', i guappi italiani.

I genitori di Teresa erano di origine irlandese ed, ancora peggio, suo padre Pat era un fanatico poliziotto newyorkese. Tutti ingredienti che presto erano diventati guai per Pasquale.

Pasquale sosteneva di essere stato incastrato, di non aver mai alzato nemmeno un dito sul padre di Teresa, ma che quello l'aveva chiaramente presa per il verso sbagliato e così Pasquale aveva deciso che era arrivato il momento di darci un taglio e fuggire, ritornare in Calabria e trovarsi una sposa dai capelli rossi, ma calabrese.

Più tardi Pasquale, vedovo e con figli ormai grandi, aveva deciso di dare all'America una seconda opportunità, ma sapeva di essersene dovuto andare per aver avuto dei problemi, che la sua documentazione non era pulita come avrebbe dovuto essere. Anche se era un cittadino americano, temeva che rivelare i dettagli della sua cittadinanza lo avrebbe portato direttamente a non essere ammesso. Del resto erano gli anni Sessanta e l'amministrazione americana era suscettibile riguardo a questo genere di cose. Pasquale decise che sarebbe diventato qualcun altro.

Come fortuna volle, il cugino di Pasquale, Marco, lavorava al comune del paese e nello specifico all'anagrafe, che si occupava di questioni di questo tipo. Non ci volle molto perché Pasquale avesse tutta la documentazione necessaria per procurarsi un nuovo passaporto. E quando venne al mondo per la seconda volta come Vincenzo Fortino, nato in realtà l'anno prima del suo alter-ego, Pasquale Fortino non ebbe nessuna difficoltà ad emigrare una seconda volta negli Stati Uniti. Ovviamente, si tenne ben alla larga dal Queens.

———

In un piccolo centro con una considerevole comunità italiana, c'era un certo poliziotto, votato al rispetto della legge, ma non proprio ben disposto verso gli italiani; quando le leggi del posto venivano infrante, a torto o a ragione, Kelly il poliziotto (non è difficile indovinare il suo paese di origine) poteva velocemente inventarsi un colpevole italiano. E, colpevole o no, gli piaceva prendere a manganellate le teste dei '*wop*', dei guappi italiani. Era soprattutto insultarli a procurargli uno straordinario piacere e conosceva tutti gli insulti in grado di colpire nel segno.

Ma una persona, o delle persone sconosciute, decisero di dare a Kelly il poliziotto un assaggio della sua stessa medicina e una notte fu trovato riverso a terra, in un vicolo, un eloquente pezzo di tubo giaceva al suo fianco. Nessuno seppe mai o scoprì chi fosse stato il responsabile, ma a distanza di settant'anni, il mio informatore mi ha detto che all'interno della comunità italiana della città avevano tenuto la bocca chiusa.

———

Marion Vaccaro, cugina di secondo grado di Lou Piezzo, mi ha raccontato

L'alimentari della famiglia Tallarico a *Classon Avenue*, a Brooklyn alla fine degli anni

un'altra storia italo-irlandese sul nonno, Alessandro Tallarico, la cui sorella, Marianna, era la moglie del nonno di Lou, Giuseppe. Certamente ricorderete che, perfino nella generazione successiva, all'interno della famiglia Piezzo allargata, c'era stato chi aveva rivolto più di un'occhiataccia alla lontana cugina che aveva sposato un irlandese. La storia di Marion a proposito di Alessandro Tallarico cominciava come molte altre, ma aveva una conclusione del tutto inaspettata

Alessandro aveva quasi vent'anni quando lui e la quindicenne Francesca Sirianni si erano sposati; come quella di Alessandro, la famiglia di Francesca veniva da Casabona, in Calabria.

In veloce successione avevano avuto quattro bocche in più da sfamare ed era diventato difficile far quadrare i conti, soprattutto quando Alessandro si era ritrovato momentaneamente senza lavoro. Così erano stati costretti a lasciare una regione dell'Italia stremata dalla povertà, ma si erano ritrovati praticamente in miseria a Brooklyn.

Qualcuno aveva parlato loro dell'assistenza del governo, l'equivalente dell'odierno sussidio pubblico, disponibile all'ufficio governativo nella periferia di Brooklyn (nonostante a quei tempi gli immigrati dovessero avere un appoggio ed un posto in cui vivere per poter entrare negli Stati Uniti, se, una volta diventati residenti, se la passavano male, allora potevano fare domanda di sussidio).

La prima persona che avevano incontrato negli uffici governativi era stato un irlandese-americano, davvero poco collaborativo ed offensivo; aveva messo da parte la loro richiesta di sussidio e li aveva spietatamente umiliati. Mentre piangevano e si consolavano a vicenda, si erano messi in corridoio per aspettare l'ascensore.

Un altro funzionario passava proprio da quelle parti e vedendoli chiaramente sconvolti, li aveva presi da parte e aveva ascoltato la loro storia. Li aveva portati nel suo ufficio, dove li aveva aiutati a completare la documentazione ed aveva detto loro che avrebbero ricevuto soldi ogni mese, per ricominciare una nuova vita. Prima di congedarli, si assicurò che avessero abbastanza denaro per nutrire i loro figli, fino a che non fosse arrivato il primo pagamento e, dopo che gli avevano detto di non avere soldi, diede loro qualcosa di tasca sua per aiutarli.

Anche questo secondo funzionario governativo era irlandese-americano.

Ma la storia non era finita lì, perché, due anni più tardi, quando Alessandro lavorava di nuovo e Francesca integrava le entrate familiari, facendo la sarta in casa, Alessandro era tornato negli uffici governativi e si era messo alla ricerca dell'irlandese che lo aveva aiutato.

L'uomo ricordava Alessandro e rimase sorpreso quando quello cercò di restituirgli parte del denaro che il governo gli aveva dato. Alessandro si scusò di non avere ancora tutta la somma, ma promise di restituirla mediante dei pagamenti regolari, fino a che non fosse stato pagato fino all'ultimo penny. Aveva anche portato a quel signore un gallone del suo vino fatto in casa, per mostrargli la sua buona fede.

L'uomo ne era stato colpito, ma aveva spiegato ad Alessandro che non aveva niente da restituire, perché non si era trattato di un prestito, ma di denaro per aiutarli a rimettersi in piedi, a cominciare … gli suggerì di destinare quel denaro alla sua famiglia. Alessandro gli disse che lo avrebbe fatto, ma prima doveva permettergli di restituirgli il debito personale, con gli interessi, di quello che aveva dato loro per quei primi pochi giorni.

Alessandro prese sul serio quel consiglio e con il denaro risparmiato avviò la *Tallarico Italian America Groceries* sulla *Classon Avenue* a Brooklyn. Un supermercato italiano in un quartiere italiano avrebbe dovuto avere un successo sbalorditivo. Ed invece gli affari non decollarono. Era sempre in competizione con gli uomini che si presentavano alle porte della gente ogni giorno, con le loro carrette di prodotti freschi. Semplicemente Alessandro Tallarico era troppo avanti per i suoi tempi.

Di fatto, la sua occasione si presentò e andò avanti mettendo in piedi l'affare delle pellicce *NuWest* che, come abbiamo visto, divenne un'azienda di grande successo, con un capo onesto e sempre in prima linea. Cosa dire di più, lui e Francesca non dimenticarono mai questo episodio: un uomo irlandese li aveva rimandati indietro, mentre un altro aveva scavato nelle sue stesse tasche per aiutarli a rimettersi in piedi e, negli anni successivi, quando la loro avventura era proseguita per il meglio, la coppia aiutò altre persone in situazioni ugualmente difficili.

———

Anche se dalle testimonianze documentate quanto da quelle fornite dai racconti, appare chiaro come gli italo-americani venissero spesso presi di mira e discriminati, soltanto alcune delle famiglie che ho incontrato, ricordavano la cosa come fatto significativo, nelle loro esistenze ed in quelle dei loro antenati. Ho il sospetto che, allora come oggi, le persone abbiano puntato l'attenzione su poche storie negative ben pubblicizzate, anziché sulle ordinarie non-storie della maggior parte degli immigrati.

A livello nazionale, c'erano state questioni sociali e politiche, con italiani coinvolti, ad aver rubato più di un titolo in prima pagina … all'epoca avevano avuto grande rilievo lo Sciopero del Pane e delle Rose del 1912, a Lawrence nel Massachusetts e la prolungata inchiesta Sacco e Vanzetti degli anni Venti, anche questa con radici nel Massachusetts. Per un certo tempo, entrambe le questioni avevano diviso l'opinione pubblica e, almeno inizialmente, avevano avuto la capacità di fomentare sentimenti anti-italiani.

Lo sciopero aveva colpito le locali aziende del tessile, che impiegavano fino a cinquantamila immigrati, uomini, donne e bambini di diverse nazionalità. Fino al suo arresto per infondate accuse di omicidio, Arturo Giovannitti, della Federazione Socialista Italiana del Partito Socialista d'America, era stato uno dei leader della contestazione.

Le simpatie dell'opinione pubblica, inizialmente schierate contro le richieste dei lavoratori e che appoggiavano l'impiego della Guardia Nazionale per sorvegliare lo sciopero, pian piano avevano cominciato ad oscillare dalla parte opposta ed alla fine era stato raggiunto un accordo per lo più favorevole agli scioperanti.

Ma ciò che in seguito aveva colpito l'immaginazione della gente era stata la terribile testimonianza, davanti alla Commissione Congressuale, di un'operaia italiana di quattordici anni, Carmela Teoli, la quale descriveva le rischiose condizioni di lavoro all'interno delle fabbriche: il risultato era stato che una delle macchine le aveva fatto letteralmente "volare via" il cuoio capelluto.

Da ragazzo avevo letto il commovente libro di Howard Fast *La tragedia di Sacco e Vanzetti*, la storia di due anarchici italiani, Nicola Sacco e Bartolomeo Vanzetti, accusati dell'omicidio di due uomini nel corso di una rapina a mano armata nel 1920. Ero stato completamente convinto dalle argomentazioni che Fast, in modo così eloquente, aveva razionalmente addotto per esporre gli eventi e le inesattezze dell'accusa in particolare, che avevano portato questi uomini ad essere processati, condannati e alla fine giustiziati perché si erano professati anarchici e, ancora peggio, anarchici italiani. La loro colpevolezza o innocenza, per come mi era sembrato all'epoca, era stata quasi una questione marginale.

Il caso era diventato una sorta di *cause célèbre*, soprattutto perché i due non furono giustiziati fino al 1927, lasso di tempo durante il quale la prassi dei ricorsi in appello aveva fatto il suo corso. Nella psicologia americana dell'epoca, un anarchico era poco più del peggior genere di malvivente con cui avere a che fare, così inevitabilmente, per alcune persone, 'anarchico' ed 'italiano' divennero la stessa cosa.

Entrambi gli uomini avevano protestato la loro innocenza nel corso delle intricate questioni legali che avevano visto due processi e diversi appelli, fino a quando non furono giustiziati, come previsto dalla legislazione del tempo.

Successivamente, nel 1977, cinquant'anni dopo, il Governatore del Massachusetts Michael Dukakis (il candidato democratico alla presidenza oppostosi senza successo a George Bush Senior nel 1988) aveva emanato un proclama pubblico in inglese e in italiano, dal quale risultava come Sacco e Vanzetti fossero stati ingiustamente processati ed arrestati e pertanto "ogni onta doveva per sempre essere cancellata dai loro nomi".

Il proclama di Dukakis era stato attento a non menzionare colpevolezza o innocenza, ma soltanto quanto il sistema fosse stato ingiusto con loro, cosa che appariva senza dubbio come tale. Come è poi avvenuto, successive investigazioni del caso ed un esame balistico più recente dell'arma utilizzata, avrebbero suggerito che, con ogni probabilità, Sacco fosse effettivamente colpevole.

La maggior parte dei membri delle famiglie che ho incontrato, aveva vissuto uno, se non entrambi questi eventi, ma pochi li hanno ricordati come oggetto di interesse o catalizzatori di sentimenti anti-italiani. Pochi, ma non tutti.

Mary De Luca mi ha raccontato come la generazione di sua madre (Elizabeth Cortese) fosse cresciuta in un ambiente politicizzato, dove si era discusso di entrambi questi eventi (e di altri) in riferimento al ruolo che gli

Ammanettati insieme, Bartolomeo Vanzetti e Nicola Sacco.

immigrati italiani avevano avuto in seno al movimento operaio americano. Nei primi tempi, il coinvolgimento di immigrati in vertenze come quella dello sciopero del Pane e delle Rose aveva generato una significativa discriminazione. Ma i suoi genitori erano stati anche consapevoli di quanto avessero ottenuto gli italiani grazie al movimento operaio ed il ruolo che questi ed altri immigrati avevano giocato nella rivendicazione dei propri diritti e della dignità sul posto di lavoro. Elizabeth Cortese aveva lavorato in una fabbrica di abbigliamento e più tardi, mentre lavorava come impiegata alla caffetteria di una scuola, aveva prestato servizio come funzionario nel suo sindacato locale.

Mary mi ha ricordato che era stato il nonno democratico, Bruno Cortese, a coniare la frase: "Tutti i politici sono dei ladri, ma i repubblicani sono ladri a favore dei ricchi, i democratici sono ladri a favore dei poveri".

Il discorso su Sacco e Vanzetti e le loro idee politiche mi ha ricordato due delle domande su alcuni dei manifesti di imbarco, per quelli che stavano per diventare immigrati, le quali chiedevano semplicemente: "Sei poligamo?" e "Sei un anarchico?". È improbabile che qualcuno, anarchico o meno, abbia potuto rispondere "sì" alla seconda domanda e abbia preso la porta per andare via. Quindi non ci si deve sorprendere del fatto che sia Sacco che Vanzetti abbiano mentito, quando erano entrati nel Paese, rispettivamente nel 1913 e nel 1908. L'ho verificato.

La cosa mi ha poi ricordato una domanda simile, sulla richiesta Visa per l'ingresso negli Stati Uniti dei primi anni Sessanta, che chiedeva se era intenzione del richiedente rovesciare il governo degli Stati Uniti. Secondo quanto afferma un amico comune, sembra che lo scrittore e drammaturgo irlandese, Brendan Behan (*Ragazzo del Borstal*, *L'impiccato di domani*, *L'ostaggio*), abbia risposto con tipica irriverenza Guinness-prodotta, scrivendo "A solo scopo di visita". La sua richiesta Visa fu ammessa.

La mia curiosità si è anche soffermata sul genere di attività criminale che, in innumerevoli film, è spesso diventato sinonimo di italiani.

Un poliziotto calabrese di mia conoscenza era abbastanza sicuro che la maggior parte dei suoi compaesani calabresi fosse emigrata per sfuggire al lungo braccio della legge. Forse la cosa era più probabile per tempi recenti, ma non ero sicuro la si potesse applicare anche ai calabresi di un secolo fa o a quelli che erano emigrati negli anni Cinquanta e Sessanta. L' 'attività' a cui aveva fatto allusione era l'equivalente calabrese della mafia siciliana, la *'ndrangheta*, nonostante in America, un secolo fa, pare non esistesse tale distinzione e tutte le attività di questo genere andassero sotto il termine generico di 'mafia' o, come spesso è stata conosciuta, Cosa Nostra o Mano nera. L'uso della parola *ndrangheta*, con specifico riferimento alla mafia calabrese, sembra risalire alla metà degli anni Cinquanta.

Una delle famiglie che ho visitato in America, è conosciuta tanto in Calabria quanto ancor più lontano, per la sua lotta contro la *ndrangheta*. In anni recenti, Renato Cortese, un santaseverinese e fratello del mio amico Bruno Cortese, è stato uno dei poliziotti di alto profilo, responsabile, e con successo, dell'aver assicurato molti dei criminali della *ndrangheta* alla giustizia. Per ironia della sorte, una delle persone che ha fatto esperienza di 'connessioni' di questo genere, anche se di seconda mano, è stata un membro della stessa famiglia Cortese, Mary De Luca, ad Albuquerque. Sua madre, Elizabeth Cortese, si era legata in matrimonio ad una famiglia in cui scorreva sangue siciliano e suo marito, Sylvester De Luca, le raccontava storie sulla mafia. Le aveva spiegato come, inizialmente, i mafiosi erano stati considerati da molti come un'organizzazione alla 'Robin Hood', ma quando l'entità della loro criminalità era diventata fin troppo chiara, l'ammirazione si era presto tramutata in paura ... ed era diventata gente da evitare a tutti i costi.

La madre di Sylvester aveva, a quanto pare, tirato fuori il fratello maggiore da un lavoro a Denver, quando avevano realizzato che coinvolgeva gente collegata alla mafia ... e c'era uscita, appellandosi a sua volta a dei legami con la mafia e usando il nome di un boss mafioso rivale che, a quanto sembra, aveva conosciuto quando la famiglia aveva vissuto nel Wisconsin.

Qualcun altro ricordava che il fratello aveva dovuto ripagare i debiti di un altro fratello più giovane con alcuni strozzini di Brooklyn provenienti dal sud Italia e, quindi, considerati 'mafia'.

Anche Marion Vaccaro aveva una storia sul nonno, Alessandro Tallarico, se ricordate, era conosciuto per essere stato il leale e rispettato boss delle pellicce della *NuWest*. Così, non ci si deve sorprendere se, quando un commerciante del posto gli era andato a raccontare di una richiesta di 'pagare la protezione' ad un piccolo gangster da quattro soldi con dei 'legami', la sua reazione era stata chiedere: "Protezione da chi? Protezione da cosa?". Ovviamente la tacita risposta era protezione dall'uomo che offriva protezione.

Alessandro era andato ad incontrare quell'uomo e gli aveva rigirato la questione, dicendogli, in termini chiari, che se non l'avesse smessa di infastidire i suoi amici e parenti, allora ne avrebbe parlato a qualcuno dei suoi amici della polizia, che lo avrebbe cacciato dalla città. Alessandro, bisogna dire, non era soltanto un rispettabile membro della comunità locale, ma era anche un uomo alto sei piedi, molto forte a dispetto della sua corporatura esile ed aveva occhi azzurri come il ghiaccio che, si è detto, potevano fermare le lancette di un orologio. Non ci si deve sorprendere se la minaccia della Mano Nera si era dissolta e la vita di tutti, eccetto quella dell'usuraio da quattro soldi, era tornata alla normalità.

Così, quando avevo chiesto se, ed in che misura, attività criminali di questo tipo fossero emigrate in America all'interno della comunità calabrese, in genere la gente mi rispondeva di aver sentito storie come queste, ma che non erano direttamente a conoscenza di coinvolgimenti nelle loro famiglie. La cosa avrebbe potuto essere interpretata come la classica frottola, ma non l'ho considerata tale.

Quando faceva parte dell'esperienza di una famiglia, le persone erano state in genere abbastanza dirette circa il cimentarsi di un nonno nella vinificazione durante il Proibizionismo e circa l'aver perso qualche barile con gli agenti del Proibizionismo. La famiglia, all'epoca, l'aveva trovato imbarazzante, ne poteva essere stata disorientata, ma niente di più. Produrre del vino, quando non avresti dovuto, sarebbe stato considerato quasi un marchio d'onore per la maggior parte dei Calabresi.

Comunque, ho trascorso del tempo con una famiglia calabrese in cui c'era stato quasi sicuramente qualche imbarazzante litigio, nato dalla predilezione di due fratelli nel produrre il nettare rosso. I due fratelli in questione erano Antonio (Tony) e Francesco (Frank) Tigano e la storia era venuta alla luce quando un membro della famiglia aveva trovato un ritaglio di giornale nascosto in mezzo ad altre carte.

L'anno era il 1931, ne erano trascorsi quasi dieci in quella insensatezza chiamata Proibizionismo. Entrambi i fratelli avevano vissuto nell'America precedente a quel periodo, quando per loro era ancora normale prodursi del vino, così come era normale seccare pomodori al sole o conservare melanzane sott'olio. Non consideravano la produzione di vino un'attività commerciale, era qualcosa che avevano fatto per tutta la vita, sia in Calabria che in America; il piacere stava nel produrlo quanto nel consumarlo, qualcosa da godersi in famiglia, nella loro famiglia allargata e da passare agli amici. In America era solo un modo di conservare alcune delle tradizioni della madrepatria.

Le leggi del Proibizionismo, infatti, ammettevano che si volesse e potesse produrre del vino per il consumo privato in casa, ma, e questo era il problema, la formulazione della legge era aperta all'interpretazione. Per legge, potevano essere prodotti in casa ogni anno duecento galloni, qualcosa come settecentocinquanta litri o quattro barili standard di sidro analcolico e succo di frutta. Era l'interpretazione della parola 'alcolico' a rappresentare la scappatoia che permetteva di comprarsi dell'uva, per produrre in casa il proprio 'succo di frutta'.

Questo, a sua volta, aveva tenuto in vita alcuni vigneti americani e aveva portato ad un enorme incremento nella vendita di vino per i rituali religiosi (presumibilmente per la chiesa) che, stando a quel che si dice, e ovviamente per puro caso, era raddoppiata durante l'era del Proibizionismo. Nonostante questi due sbocchi commerciali, oltre l'ottanta per cento dei vigneti americani durante il Proibizionismo era stato costretto a chiudere.

Un'altra anomalia all'interno della legge era il fatto che non era tecnicamente illegale consumare alcool. Era il comprare ed il venderlo ad essere fuori legge. Questa era la scappatoia in cui incapparono persone come Al Capone ed altri nella produzione di liquore illegale, in particolar modo superalcolici, disponibile per la vendita sotto banco. È sullo sfondo di questo scenario che i presunti crimini di Tony e Frank devono essere giudicati.

All'inizio i fratelli vivevano in città diverse, Frank un po' più vicino al confine con il Canada, dove contrabbandare birra era diventato quasi uno stile di vita, fino a quando, ovviamente, non venivi scoperto. Frank in effetti,

Agenti del Proibizionismo che distruggono casse di birra. Che spreco.

era stato preso ed aveva scontato in prigione una pena di durata indeterminata al Penitenziario *Leavenworth* del Missouri.

Un ritaglio di giornale raccontava la storia di quanto era accaduto qualche tempo dopo che Frank aveva riguadagnato la sua libertà:

UDIENZA DI FRANK TIGANO FISSATA PER VENERDÌ MATTINA
Lui ed il genero accusati di aver dato del liquore alla figlia del fratello; Tony affronta la sentenza.

L'udienza preliminare per Frank Tigano ed il genero, Ralph Curtis, accusati di aver dato alcool ad un minore, la quattordicenne figlia di Tony Tigano, fratello dell'imputato, è stata fissata per venerdì mattina, davanti al Giudice di Pace, PC Wilson, come annunciato martedì sera dall'ufficio del procuratore distrettuale.

Gli uomini sono in libertà su cauzione in attesa dell'udienza preliminare. La denuncia contro di loro fa seguito ad una irruzione nella casa di Tony Tigano, che ha avuto come risultato la confisca nel suo seminterrato di otto barili di vecchio vino ed una certa quantità di whisky e birra, tutto distrutto dagli agenti del Proibizionismo.

Il vice amministratore proibizionista, Samuel B. Richards ha rivelato martedì che una sentenza di sei mesi per aver violato la legge del Proibizionismo già incombe su Tony Tigano, che è stato trattenuto nel vicino gran giurì federale dopo l'udienza preliminare lunedì.

La sospensione della sentenza era stata data dal giudice distrettuale degli Stati Uniti Charles Nesbit, l'autunno scorso, in accordo con Richards. Ha annunciato che è in corso un'indagine che potrebbe culminare nella richiesta che la corte attui la sentenza sospesa

Si dice che la questione tra i fratelli sia cominciata quando Franco Tigano aveva fatto recentemente ritorno da Leavenworth, dove era stato rilasciato per buona condotta, dopo aver scontato parte della sentenza per violazione della legge sull'alcool. Gli ufficiali dicono che Franco Tigano sostiene che suo fratello abbia un debito con lui di cinquecento dollari, cosa che il fratello nega.

Il blitz degli agenti si è detto essere stato il risultato della lite dei fratelli. L'ultimo capitolo in questa controversia è la denuncia contro Frank Tigano e Curtis.

Chiaramente Tony aveva fatto in modo di accumulare una gran quantità di vino nel suo seminterrato e, in ragione della misura dei barili, quasi certamente molto più dei duecento galloni consentiti. Era in casi come questo che gli agenti del Proibizionismo avevano discrezionalità di giudizio e dovevano decidere se il vino fosse o meno per uso personale, dovevano decidere se distruggerlo o non distruggerlo; se procedere o non procedere.

Quando la famiglia ha trovato questo stralcio di giornale non è riuscita a legare la questione ai loro più recenti ricordi dei due fratelli e del loro rapporto. Di qualsiasi genere fosse stata la lite, più tardi nella loro vita, la cosa era stata risolta ed i due si erano avvicinati ancora di più, così come hanno fatto ed ancora fanno le loro famiglie. Né c'era qualcuno a conoscenza di qualche macchia legata alla famiglia come risultato di questi avvenimenti. Era come se la colpa si trovasse da qualche altra parte, con la legge stessa del Proibizionismo.

Come, in effetti, era.

Un altro aspetto emerso dalle storie di alcune delle famiglie che ho visitato, è stato quello relativo al problema del dialetto calabrese, o piuttosto dei dialetti calabresi, che sono, ancora adesso, ben circoscritti per aree geografiche. A dispetto del fatto che i mass media oggi utilizzino l'italiano, sul territorio ancora si mantiene il dialetto locale. Del resto, abito in un paese, in cui si passa agevolmente da una lingua ad un'altra, una lingua che, ad un orecchio non allenato, non suona affatto come italiano.

Un centinaio di anni fa, tutti i calabresi analfabeti parlavano solo la loro locale versione del calabrese, l'italiano significava poco più che niente. E fino a quando gli immigrati calabresi non imparavano l'inglese, non erano in grado di comunicare con i loro connazionali, fuorché con i siciliani. Forse

Una lezione di inglese per immigrati intorno al 1925.

questo spiega perché le famiglie che ho visitato sembravano tutte ricordare come genitori e nonni avessero imparato l'inglese in modo incredibilmente veloce ... forse ne avevano più motivo di altri italiani.

Un giovane uomo, nato negli Stati Uniti da genitori calabresi, mi ha raccontato di aver imparato il dialetto calabrese del loro paese di origine, sotto l'erronea convinzione di imparare l'italiano. Quando, circa trent'anni dopo, ha fatto visita per la prima volta alla casa dei suoi avi, ha ricordato di non essere stato in grado di comunicare quasi con nessuno; quelli non parlavano inglese, lui non parlava italiano ed il dialetto del posto, che aveva imparato da bambino, si era modificato in quarant'anni, da quando i genitori erano cresciuti in quel luogo, e soltanto i più anziani ne riconoscevano i suoni.

Imperterrito, ha ora programmato di tornare in Calabria, e così ha deciso di imparare l'italiano, un italiano da manuale.

———

Tutti gli immigrati che ho incontrato, ed intendo quanti alla fine effettivamente emigrarono, per la maggior parte, negli anni Cinquanta e Sessanta, diversamente dai loro figli e nipoti, parlavano inglese con tracce di accento; alcuni più marcato, altri meno. Alcuni di quelli che mi hanno scritto hanno preferito farlo attraverso un membro più giovane della famiglia. Sapevo che si sarebbero sentiti meno sicuri nella lingua scritta.

L'unico a mettere una penna su un foglio, non mi ha scritto in un inglese perfetto, ma il senso era sempre chiaro anche se con qualche errore di ortografia.

Così mi sono chiesto come doveva essere stato per gli emigrati dei primi anni del ventesimo secolo, quelli inizialmente gravitanti nelle enclavi calabresi di Brooklyn, North Adams o Kenosha, come doveva essere stato avere figli che parlavano inglese meglio di quanto non facessero loro. So per personale esperienza che non è semplice vivere in un paese straniero, ma ovviamente, diversamente da quanto mi è accaduto, la maggior parte degli immigrati a quel tempo aveva dalla propria parte la gioventù.

Mi sono chiesto anche se il fatto che così pochi avessero raccontato l'esperienza del viaggio in America (il tragitto a Napoli, le due settimane di traversata verso New York, l'esperienza ad Ellis Island, trovare la strada verso la loro prima casa americana) fosse una conseguenza dell'averne fatto esperienza nella loro lingua o nel loro dialetto.

Tutta la trepidazione, la paura, l'umiliazione, il dolore ... tutte queste emozioni erano state affrontate e superate in un'altra lingua, una lingua che presto sarebbe stata parte del loro passato, una lingua che i loro figli probabilmente non avrebbero mai parlato.

Una delle esperienze più vicina a questa, da me vissuta in prima persona, è stata l'essere stato ammalato in un' altra lingua. Provavo dolore in inglese e potevo spiegarlo in inglese, ma trovavo molto difficile descrivere le sfumature ed i gradi di malessere e dolore in italiano. Mi sono chiesto se sia stato lo stesso per quei primi immigrati, con il loro disagio e la loro sofferenza, e cosa peggiore, per sempre intrappolati in una lingua che stavano cercando di dimenticare, dal momento in cui si sforzavano di essere cittadini americani.

***

Lingue, dialetti e cultura sono sempre in uno stato di transizione, cambiamenti a malapena percettibili sul momento, ma che si verificano nel corso di generazioni, poiché le nuove influenze hanno un loro impatto e diventano la norma. Così è avvenuto per le famiglie da me incontrate, tanto per quelle emigrate in America agli inizi del ventesimo secolo, quanto per quelle che si erano trasferite più tardi, negli anni Cinquanta. La transizione dalla cultura calabrese a quella americana era cominciata nel momento stesso in cui avevano messo piede in America.

Tutti, di prima e seconda generazione, sono cresciuti in questa transizione, anche se non l'hanno mai riconosciuta come tale. Come un serpente, si sono liberati della loro pelle calabrese (ed insieme a questa, della cultura dei loro avi) e l'hanno rimpiazzata con una nuova pelle americana. Lentamente, impercettibilmente, hanno assimilato con il tempo gli usi e costumi del loro nuovo paese e filtrato il passato per modificare il presente e, inevitabilmente, rimanere sempre meno legati a quel passato.

Famiglie diverse hanno sperimentato questa transizione in modi diversi – alcuni hanno vissuto a lungo fianco a fianco con altri calabresi, altre famiglie hanno presto vissuto in modo più indipendente entro comunità di immigrati, in cui erano presenti un numero maggiore di Calabresi, mentre altri si sono allontanati dal loro ambiente sicuro nell'arco di una generazione.

Alcune famiglie hanno abbracciato velocemente la diversità della cultura americana e hanno contratto matrimonio con gente di altre culture; altri si sono presi il loro tempo ed unioni di questo tipo, inizialmente, non sono state incoraggiate.

Persone differenti, circostanze differenti, tempi differenti, differenti modi di affrontare la transizione; ma mi pare che siano tutti finiti allo stesso punto: prima di tutto sono diventati americani. Poi, orgogliosi di esserlo.

***

Mentre scrivo, l'estate calabrese volge ormai al termine. Presto i cieli di un azzurro intenso e i venti caldi saranno un'eccezione e non la regola. L'annuale afflusso di visitatori estivi che ritornano alle loro origini si è disperso. Tra loro, quest'anno, ci sono state persone da Albuquerque, dal New Jersey e Long Island, calabro-americani in visita alle loro famiglie, ad amici, a vecchi fantasmi e che si sono goduti un aperitivo in Piazza Campo, a Santa Severina.

L'anno prossimo, e quello dopo, e quello dopo ancora, si ripeterà la stessa scena, in ogni paese e città della Calabria (Strongoli, Fossato Serralta, Marano Marchesato, Mesoraca, Casabona, Crotone e Roccabernarda) perché i discendenti di quanti hanno lasciato questa terra cinquanta, ottanta, un centinaio di anni fa, ritorneranno per condividere, su entrambe le sponde dell'Atlantico, con le più giovani e curiose generazioni esperte di internet, le storie di persone che non ci sono più, di tempi ormai passati. Per ridere, abbracciarsi, sedersi in una piazza assolata, bere un po' di vino ... ed allenare il loro italiano.

Aspetto con impazienza di condividere ancora un po' del loro tempo ed ascoltare le loro storie, per riportare alle luce, forse, qualche altro scheletro nell'armadio.

POSCRITTO

È un giorno di settembre quando la professoressa Silvana Gerardi mi consegna le sue correzioni per le ultime cento pagine del libro.

Ci conosciamo da otto anni, ma sceglie proprio questo momento per raccontarmi che anche suo nonno, Giovanni Gerardi, emigrò in America ed in seguito fece rientro nella sua nativa Calabria. In termini di date, la storia si presenta vaga, ma ci sono alcuni intriganti elementi, che meritano una ricerca più approfondita. Mettendo insieme il racconto di Silvana, quello che mi dice in seguito sua cugina e vicina di casa Gina, e quello che scopro io sul sito web di Ellis Island, questa è la storia della breve avventura americana di suo nonno.

Il padre di Silvana, Mario Gerardi è nato nel 1924, il più piccolo ed al momento in cui scrivo il solo sopravvissuto dei sei figli di Giovanni Gerardi. Nell'aprile del 1913, a 34 anni, Giovanni aveva lasciato Santa Severina e la moglie incinta di tre mesi, Luigina Iaquinta, per cercare fortuna in America; non aveva visto la figlia Annina (madre della cugina Gina) fino a quando non aveva avuto sei anni.

Giovanni aveva viaggiato con due amici, i fratelli Michele e Raffaele Procopio, a bordo della *Madonna*; erano tre dei 2540 passeggeri della traversata di due settimane verso Ellis Island. Questo era il secondo viaggio in America per Raffaele e Giovanni fu fortunato ad avere accanto un esperto. I fratelli Procopio erano diretti a Sharpsburg in Pennsylvania (probabilmente per lavorare nelle ferriere del posto), invece la prima destinazione di Giovanni era stata l'enclave calabrese di *Skillman Street* a Brooklyn, dove si trovava il cognato Salvatore.

In seguito, Giovanni sembra non aver lasciato più tracce; secondo il censimento di New York del 1915, da tempo non viveva più lì e all'epoca del censimento nazionale del 1920 se n'era tornato in Calabria. La storia della famiglia ci dice che aveva lavorato nell'industria del pentolame in alluminio (probabilmente a Pittsburg) e che aveva addirittura avuto un'altra 'moglie' in America; non era così insolito che non ci fossero registrazioni per verificare quest'ultimo elemento.

Molto probabilmente Giovanni aveva avuto successo ed era ritornato a Santa Severina con risparmi sufficienti per comprare tutta la terra sul limitare più ad est di Santa Severina, dove il figlio Mario ancora vive insieme al resto dell'allargata famiglia Gerardi.

Per me è importante questa breve storia perché, se Giovanni non avesse preso questa decisione così coraggiosa nel 1913, è improbabile che vivremmo in questo angolo di Santa Severina. Una delle case che Mario ha costruito era per sua figlia Silvana; ora viviamo in quell'appartamento. Silvana Gerardi è la nostra padrona di casa.

Postfazione

Lo capisco, non è detto che ogni singolo calabrese emigrato in America possa essere passato da Ellis Island, ma, dal momento in cui la maggior parte degli emigranti italiani compì la traversata tra il 1900 ed il 1925, allora, per la maggior parte di loro l'esperienza di Ellis Island è stata l'ultimo atto di un lungo viaggio. Il solo archivio online che sopravvive è la più grande fonte di informazioni su queste persone; anche quelli che emigrarono più tardi negli anni Cinquanta e Sessanta erano spesso discendenti di famiglie con una storia di emigrazione risalente a mezzo secolo prima.

Ellis Island successivamente aveva incarnato un ruolo così rilevante da far credere, addirittura, ad alcuni dei figli degli emigrati degli anni Sessanta che i loro genitori siano entrati negli Stati Uniti attraverso il Centro per l'Immigrazione di Ellis Island, a dispetto del fatto che probabilmente avessero preso un volo *TWA*.

Se si conduce una ricerca su Internet riguardo a 'le 29 domande', più o meno, all'interno della prima mezza dozzina di link che vengono presentati, ce ne sarà almeno uno che si esprime in questi termini: 'Quali erano le 29 domande ad Ellis Island?'.

Questo titolo, da solo, contiene due errori ed è fuorviante. È anche qualcosa che ci ricorda, se mai ne avessimo avuto bisogno, che nessuno dovrebbe credere a tutto quello che si legge su Internet. Le informazioni fornite da coloro i quali stavano per emigrare, diventavano due pagine di un manifesto, una sorta di libro mastro compilato al porto di imbarco e non ad Ellis Island. Questi manifesti arrivavano in America a bordo delle navi che trasportavano gli emigranti elencati.

Il numero '29' che vi è così spesso legato fa riferimento al numero delle colonne della maggior parte dei manifesti, nonostante anche questo sia un elemento fuorviante, dal momento che il numero delle colonne variava a seconda del quando le persone effettivamente emigravano. Alcuni manifesti di imbarco avevano poco meno di 29 colonne, altri ne avevano di più.

Nell'*Appendice 1* ho elencato i titoli ed i sottotitoli di un tipico manifesto di imbarco di 29 colonne, due pagine, del 1912. È anche presente il facsimile di una parte di un vero manifesto di imbarco. Come si può vedere, le sue ventinove colonne ne includono due (le colonne 1 e 13) che sono semplicemente il numero (in genere da uno a trenta) della registrazione di ogni passeggero che occupa le due pagine. Per di più, all'interno delle altre colonne, ci sono due o più domande aggiuntive.

Le istruzioni per i funzionari ispettivi e per il personale addetto alla registrazione, riguardo a come i manifesti dovevano essere compilati, erano abbastanza dettagliate e precise – si veda l'*Appendice 2* – e offrono un esempio di come fosse organizzato l'intero procedimento, fino alla distinzione tra le diverse etnie e nazionalità, inclusi gli italiani del Nord e del Sud Italia.

Per la gran parte degli italiani del Sud, il porto di partenza era quello di Napoli ed era qui che aveva luogo la prima ispezione medica e non ad Ellis Island. Era un esame meno rigoroso, anche se poteva includere la disinfezione tanto dei passeggeri, quanto dei loro averi, ed era condotta sotto la supervisione del medico della nave, che forniva le risposte per le colonne 23 e 28 del manifesto. Ovviamente, all'arrivo ad Ellis Island, si era sottoposti ad una visita medica più accurata.

Il medico della nave non aveva solo il compito di prendersi cura dei passeggeri, ma doveva anche portare a termine quanto richiesto dalla compagnia di navigazione: arrivare a New York con un carico di futuri americani verosimilmente in salute.

Quelli che venivano scartati ad Ellis Island potevano essere rimandati indietro, in madrepatria, a spese della compagnia di navigazione, che poteva addirittura essere multata. I capitani ed i medici di ogni imbarcazione dovevano sottoscrivere delle dichiarazioni per confermare di aver espletato ogni loro dovere nel rispetto di quanto appena descritto (si veda l'*Appendice 3* e *Appendice 4*). Sono le informazioni contenute in questi manifesti o liste di passeggeri che compongono l'ossatura della documentazione disponibile sul sito di Ellis Island.

Quale sia stato il numero di domande a cui ogni individuo abbia dovuto rispondere, rimane il fatto che la maggior parte degli italiani del Sud rispondeva alle due domande nella colonna 7 con 'No' e ancora: 'No', non sapevano né leggere né scrivere.

Potevano essere stati analfabeti, ma in qualche modo erano riusciti a mettere insieme le informazioni necessarie per lasciare l'Italia ed entrare negli Stati Uniti, compreso, dopo il 1900, un passaporto, che avrebbe accluso alcune delle informazioni richieste dal manifesto di imbarco.

Per rendere tutto questo più semplice, le compagnie di navigazione impiegavano agenti che non solo viaggiavano per la Calabria a vendere biglietti per gli Stati Uniti, ma che davano un aiuto con la logistica, sia quando gli emigranti in procinto di partire, dovevano recarsi a Napoli, sia quando potevano aspettarsi di salpare. Parte della loro campagna acquisti, a parte l'aspetto pubblicitario della 'terra del latte e del miele', includeva anche assistenza nel procacciare passaporti ed altre informazioni, tanto localmente quanto a Napoli, informazioni che le compagnie di navigazione erano obbligate a dettagliare nei loro manifesti.

L'arrivo di un agente in una città poteva spesso portare ad un esodo di massa dei suoi uomini. L'1 maggio del 1910, per esempio, la *Batavia* attraccò a New York. A bordo c'erano quarantasei persone di Petilia Policastro, un piccolo paese della Calabria, alle pendici delle montagne della Sila; tutti, eccetto tre di loro, erano uomini. Due giorni più tardi ne erano arrivati altri otto su un'altra imbarcazione e la settimana dopo ancora tredici.

Ciascuno di loro aveva pagato per la traversata tra i 12 ed i 20 dollari e si può credere che ciascuno avesse avuto in tasca tra i 18 ed i 25 dollari. Nonostante la colonna 16 del manifesto di imbarco recitasse che le autorità americane preferivano che gli immigrati avessero almeno 50 dollari, si sapeva chiaramente che la cosa non sarebbe avvenuta.

Uno dei più importanti stralci di informazione richiesti per il manifesto era la risposta alla domanda alla colonna 18, il nome e l'indirizzo della persona che avrebbe incontrato gli emigranti dall'altra parte.

La capacità di organizzazione e coordinazione richiesta per entrambe le tappe (partenza e arrivo) era sbalorditiva. Comunicazioni tra i paesini di campagna della Calabria e, per esempio, New York, confidavano nel telegrafo (se esisteva in Calabria), nel servizio postale e/o nei messaggi portati da e per l'America da paesani e altri membri della famiglia. Mentre quelli che emigravano avevano bisogno di avere un nome ed un indirizzo negli Stati Uniti, anche l'altro aveva bisogno di sapere chi aspettava, quando aspettare lui, lei o più persone e su quale imbarcazione … e tutto con i più semplici mezzi di comunicazione.

A mio parere, i manifesti di imbarco disponibili sul sito di Ellis Island hanno dimostrato di essere una fonte particolarmente generosa di informazioni aggiuntive, ma il come quelle informazioni fossero state originariamente trascritte poteva rendere le cose molto semplici o incredibilmente difficili ... in genere lo si faceva a mano ed il gradodi leggibilità poteva andare dalla

Salpata da Amburgo nel 1903, la *Batavia* trasportava 5788 passeggeri, la maggior parte emigranti, verso New York. Si crede che questo sia stato il più consistente arrivo a New York in un solo sbarco. Non è chiaro se le molte facce sullo sfondo sorridano perché l'imbarcazione è vicina a New York, il sole splende, o se il fotografo, Samuel Grass, ha detto a tutti di dire 'cheese'.

scrittura classica e comprensibile allo scarabocchio; per fortuna, alcuni dei più tardi manifesti erano stati dattiloscritti.

Le compagnie di navigazione operanti tra l'Italia e gli Stati Uniti erano responsabili della compilazione di questi manifesti(le compagnie potevano essere multate se la cosa non veniva fatta secondo le regole) e ovviamente venivano compilati al porto di imbarco. Tutte le anomalie, gli errori di ortografia, gli sbagli e la confusione quindi, si originavano nel porto 'di casa' e non, come spesso è stato insinuato, all'arrivo negli Stati Uniti.

Quando, per esempio, il paese di Roccabernarda compariva come R.Bernardi, Roccekemanto, Roceadevandro, Roccaberuarda, Roccabuniere, perfino Bocca Cernardo, o il più apparentemente semplice cognome Fonte compariva come Fonti o Fante, questo era l'inevitabile risultato dell'interazione tra l'emigrante e lo scrivente, tra il dialetto del primo e l'ascolto, la scrittura a mano e la disposizione d'animo del secondo. E qualche volta tutto questo veniva ancor più complicato dal successivo intervento di coloro cui spettava l'inevitabile lavoro di decifrare l'originale scritto a mano, per l'inclusione nell'archivio di Ellis Island.

———

I ricordi di famiglia possono essere capricciosi, qualche volta fatti concreti, altre volte voli della fantasia. Ma grazie agli archivi online come, tra gli altri, quello della *Ellis Island Foundation* e le informazioni del censo, disponibili grazie a siti come *Ancestry.com*, è ora possibile mettere ad incastro i ricordi di famiglia con il reale dettaglio di ciò che è avvenuto e quando, o addirittura se, è avvenuto. Per quanto più mi è stato possibile, ho controllato ogni stralcio di informazione e spesso sono riuscito ad aggiungere qualcosa alla storia, alcune volte l'ho corretta, altre volte confutata.

Talvolta inoltre, l'informazione in siti di questo genere è aperta all'interpretazione, per far quadrare la storia. Così, nascoste in queste pagine, ci sono un paio di date che credo essere inesatte, ma che ho deciso di lasciare dal momento che la famiglia lo ha preferito solo perché la cosa non abbia conseguenze sul resto della storia.

La prima pagina del manifesto della SS Hamburg, 1912

APPENDICI

APPENDICE 1: IL MANIFESTO DI IMBARCO DELLA NAVE

MANIFESTO di CARICO del *SS HAMBURG*
Genova–Napoli–Palermo–New York
Partito da Genova il 2 febbraio, 1912
Arrivato a New York il 17 febbraio, 1912
Trasporta 2877 passeggeri

PRIMA PAGINA

1   Number on List | *Numero sulla lista*

2   Name in Full: Family Name / Given Name | *Cognome e Nome*

3   Age | *Età*

4   Sex | *Sesso*

5   Married or Single | *Sposato/a o nubile / celibe*

6   Calling or Occupation | *Professione o occupazione*

7   Able to: Read / Write | *Capace di: Leggere / Scrivere*

8   Nationality (Country of which citizen or subject) | *Nazionalità (Paese di cui è cittadino o suddito)*

9   Race or People | *Razza o gruppo etnico*

10   Last Permanent Address: Country / City or Town | *Ultimo indirizzo di residenza: Nazione / Città o Paese*

11   The name and complete address of nearest relative or friend in country whence alien came | *Nome ed indirizzo completo del parente o del conoscente più prossimo nel Paese di provenienza dello straniero*

12   Final Destination | *Destinazione finale*

La seconda pagina del manifesto della SS Hamburg, 1912

13 Number on List | *Numero sulla Lista*

14 Whether having a ticket to such a final destination | *Se possiede un biglietto per la suddetta destinazione finale*

15 By whom was passage paid? (Whether alien paid his own passage, whether paid by other person, or by any corporation, society, municipality, or government) | *Da chi è stata pagata la traversata? (Se lo straniero ha pagato la traversata per sè, se è stata pagata da un'altra persona, o da una corporazione, società, città o governo)*

16 Whether in possession of $50, and if less, how much? | *Se è in possesso di $50, e se di meno, di quanto dispone?*

17 Whether ever before in the United States, and if so, when and where: Yes or No. If yes—year or period of years. Where? | *Se è mai stato prima negli Stati Uniti, e se così, quando e dove: Si o No. Se Sì—anno o anni. Dove?*

18 Whether going to join a relative or friend, and if so, what relative or friend, and his name and complete address | *Se raggiunge un parente o un amico, e se così, quale parente o amico, ed il suo nome ed il suo indirizzo completo*

19 Ever in prison or almshouse or institution for care and treatment of the insane, or supported by charity? If so, which? | *Se è mai stato in prigione o in un ospizio o in un istituto per la cura ed il trattamento delle malattie mentali, o aiutato da associazioni caritative? Se si, quale?*

20 Whether a Polygamist | *Se è un poligamo?*

21 Whether an Anarchist | *Se è un anarchico?*

22 Whether coming by reason of say, an offer, solicitation, promise, or agreement, expressed or implied, to labor in the United States | *Se arriva a causa di un'offerta, una richiesta, una promessa, o un accordo, chiaramente espresso o implicito, di lavorare negli Stati Uniti?*

23 Condition of Health, Mental and Physical | *Condizioni di salute, mentale e fisica*

24 Deformed or Crippled. Nature, length of time, and cause | *Deforme o invalido. Natura della patologia, durata nel tempo e causa*

25 Height: Feet / Inches | *Altezza: Piedi / Pollici*

26 Complexion | *Carnagione*

27 Color of: Hair / Eyes | *Colore di: Capelli / Occhi*

28 Marks of Identification | *Segni distintivi*

29 Place of Birth: Country / City or Town | *Luogo di Nascita: Nazione / Città o paese*

Column 3 (Age)—The return of age in column 3 should be expressed in years or months, the latter applying only to those under 1 year of age.

Column 4 (Sex)—The entry in column 4 should be either M (male) or F (female).

Column 5 (Married or Single)—The Entry in column 5 should be either M (married), S (single), Wd (widowed), or D (divorced).

Column 6: (Calling or occupation)—The entry in column 6 should describe as accurately as possible the occupation, trade, or profession of each alien arrival, as for example: Civil engineer, stationary engineer, locomotive engineer, mining engineer, brass polisher, steel polisher, iron molder, wood turner, etc., and not simply as engineer, polisher, molder, turner or other indefinite designations.

A distinction should be made between *farmers* and *farm laborers*, regardless of the amount of money shown, as follows:

A farmer is one who operates a farm, either for himself or others.

A farm laborer is one who works on a farm for the man who operates it.

Column 7 (Able to read, and write)—Column 7 is subdivided and the entries therein should be either Yes—Yes (can read and write), No—No (can neither read nor write), or Yes—No (can read but not write).

Column 8 (Nationality)—Column 8 should be constructed to mean the country of which immigrant is a citizen or subject.

Column 9 (Race or people)—The entry in column 9 should show the race or people as given in list on reverse side of alien manifest. Special attention should be paid to the distinction between race and nationality. and manifests should be carefully revised by inspectors and registry clerks in this regard. For instance, "France" appearing on a manifest does not necessarily mean "French" by race or people, and similarly, "French" appearing on a manifest does not necessarily mean "France" by nationality. An alien who is Irish, German, or Hebrew by race might properly come under the heading of United Kingdom or any other country by nationality. In this connection the following distinctions should be specially observed:

[Clarification of distinctions as they relate to specific racial groups: Cuban / West Indian / Spanish-American / African (Black).

Followed by ...]

Italian (North)

The people who are native to the basin of the River Po in northern Italy (i.e., compartments of Piedmont, Lombardy, Venetia and Emelia) and their descendants, whether residing in Italy, Switzerland, Austria-Hungary, or any other country should be classed as "Italian (north). Most of these people speak a Gallic dialect of the Italian language".

Italian (South)

The people who are native to that portion of Italy south of the Basin of the River Po (i.e., compartments of Liguria, Tuscany, the Marches, Umbria, Rome, the Abruzzi and Moise, Campania, Apulia, Basilicata, Calabria, Sicily, and Sardinia) and their descendants should be classed as "Italian (south)".

Column 10 (Last permanent residence)—The entries in column 10 should show the *country and city or town* of last permanent residence. It is important for statistical purposes that country of last permanent residence independent of country of temporary residence, nationality, or race.

Aliens who are permanent residents of the United States and are returning from a visit abroad should be recorded on manifests as United States for country of last permanent residence.

Column 11 (Name and complete address of nearest relative or friend in country whence alien came)—The entry in column 11 should give name and address of such relative. If no such relative living, give name and address of friend.

Column 12 (Final Destination)—The entry in column 12 should show definitely the place (city or town) of final destination if within the United States; country, if outside the United States.

Column 13 (Number on List)

Column 14 (Whether having a ticket to such final destination)—The entry in column 14 should be either Yes (ticket) or No (no ticket).

Column 15 (By whom was passage paid)—The entry in column 15 should show definitely by whom passage was paid, as self; husband, father, brother, or other relative; friend; steamship company, etc.

Column 16: (Whether in possession of $50; and if less, how much)—The entry in column 16 should give in each case (individual or family) the exact amount of money shown. Money brought by head of a family should not be divided among the several members of the family.

Column 17 (Whether ever before in the United States; and if so, when and where)—The entries in column 17 should show whether or not (Yes or No) in the United States before; and if so, the year (or period of years), place; as, 1894-97; Philadelphia.

Column 18 (Going to join relative or friend; and if so, what relative or friend)—The entry in column 18 should show whether going to join either a relative or friend; and if so, what relative or friend, with name and complete address.

Column 19 to 29—The answers in these columns are subject to revision by any inspection officer in the examination of aliens.

Istruzioni, in inglesi, per la compilazione dei manifesti di imbarco degli stranieri.

APPENDICE 2: ISTRUZIONI PER LA COMPILAZIONE DEI MANIFESTI DI IMBARCO DEGLI STRANIERI

I manifesti della nave, essenzialmente una lista di due pagine con nome, provenienza, destinazione e altre personali informazioni dei passeggeri, venivano compilati al porto di imbarco dei passeggeri (per i Calabresi solitamente Napoli) e queste linee guida erano utilizzate dai responsabili della compilazione dei manifesti.

A questo scopo, l'Italia venne suddivisa in nord e sud, il bacino del fiume Po rappresentava la linea di demarcazione tra gli Italiani del Nord e gli Italiani del Sud.

Le linee guida erano in inglese, la lingua del porto di sbarco dei passeggeri.

Queste istruzioni includevano inoltre chiarificazioni circa la distinzione in riferimento a specifici gruppi etnici: Cubano/Indiano d'America/Ispano-americano/Africano *(Neri)*.

APPENDICE 3: AFFIDAVIT DEL CAPITANO O DELL'UFFICIALE COMANDANTE, O DEL PRIMO O DEL SECONDO UFFICIALE

La dichiarazione qui riportata veniva firmata dall'Ufficiale di grado più elevato a bordo dell'imbarcazione, in cui si confermava che, per quanto questi avesse potuto accertare, tutti i passeggeri erano nel pieno delle loro facoltà mentali, cittadini rispettosi della legge e di comprovata moralità e che le informazioni contenute nel manifesto di imbarco erano degne di fede.

338

APPENDICE 4: AFFIDAVIT DEL CHIRURGO DI BORDO

La dichiarazione qui riportata veniva firmata dal Chirurgo o dal Medico di bordo, in cui si confermava che questi aveva esaminato tutti i passeggeri e riteneva di averli trovati in adeguate condizioni di salute mentale e fisica, in vista del loro ingresso negli Stati Uniti d'America.

BIBLIOGRAFIA SELEZIONATA

Peter Chiarella, *Calabrian Tales* (Regent Press, 2002)

Nicholas P Ciotola, *Italians in Albuquerque* (Arcadia Publishing, 2002)

Norman Douglas, *Old Calabria* (edizioni varie dal 1915 ad oggi)

Dorothy e Thomas Hoobler, *The Italian American Family Album* (Oxford University Press, 1994)

Stephen Puleo, *Boston Italians* (Beacon Press, 2007)

Niall Allsop ...

... è nato e si è formato a Belfast, Irlanda del Nord, ma ha cominciato a lavorare a Londra come insegnante di scuola elementare e nel 1971 è diventato dirigente scolastico.

Nel 1981 ha lasciato l'insegnamento, per dedicarsi alla professione di giornalista fotografico freelance, specializzandosi nei canali dell'entroterra del Regno Unito, scrivendo ampiamente sull'argomento, e come collaboratore a numerose riviste nazionali, e, più tardi, come autore di numerosi libri.

Dai primi anni Novanta è stato grafico per un'azienda internazionale di pubblicazioni fotografiche sita a Manchester, prima di diventare grafico freelance, con base nel sud-ovest dell'Inghilterra.

Nel 2008, lui e la moglie Kay si sono trasferiti in Calabria, dove hanno apprezzato il pensionamento e lottato ogni giorno con la lingua italiana, in un piccolo paese in cima ad una collina e dove erano le sole persone a parlare inglese.

Da quando si è trasferito in Calabria, Niall ha scritto numerosi libri sull'Italia, ma anche due libri di carattere autobiografico.

Niall ha lasciato la Calabria nel 2017 e ha vissuto in Irlanda e in Sardegna prima di tornare in Calabria nel 2023

NIALL ALLSOP

Dello stesso autore sull'Italia

Keeping up with DH Lawrence
Sulle tracce di David e Frieda Lawrence in Sicilia e in Sardegna

Stumbling through Italy
Racconti dalla Toscana, Sicilia, Sardegna, Puglia, Calabria e da altri luoghi

Scratching the toe of Italy
Inaspettati imprevisti in Calabria

A Taste of Calabria
140 ricette dal Sud Italia di Salvatore Vona, tradotte da Niall Allsop

Calabria
Viaggi nella punta dello stivale

Under a Calabrian sky [published spring 2025]
Riconnettersi con Santa Severina

Altre pubblicazioni

Heads will roll
Una storia vera di corruzione, complotti e conflitti in una scuola elementare inglese

Experiencing prostate cancer
Storia d'un piccolo intoppo

Chasing the craic
Travels of an Irish rover

Fact & Fiction [with Elizabeth Starr]
Two authors | 40 stories | 20 titles

www.ingramcontent.com/pod-product-compliance
Lightning Source LLC
Chambersburg PA
CBHW050434290526
45786CB00006B/2031